社会保険の考え方

法的理解と実務の論点

西村健一郎・朝生万里子・金川めぐみ・河野尚子・坂井岳夫
【著】

ミネルヴァ書房

はしがき

　本書は，社会保険の基本的な考え方について，理論的，実務的な観点から研究者および実務家が執筆したものである。
　現在では，いうまでもなく，国民生活を保障する制度として「社会保障」が存在する。社会保障は，社会保険，社会手当，社会福祉サービス，生活保護など種々の制度によって構成されているが，これらの制度の中で現在なお圧倒的な比重・重要性を有しているのが，労働保険を含む社会保険である。社会保障を理解するためには，社会保険の法的な理解が不可欠であり，社会保険を理解することによって社会保障を構成する他の制度と社会保険の相違点も明確になり，社会保障の他の制度の理解もより容易になると思われる。現在，わが国には，医療保険，介護保険，年金保険，労災保険，雇用保険の5つの社会保険が存在する。労災保険と雇用保険は，労災および失業という労働者の労働関係に関わる危険（労働関係上の危険）に対処する制度であるということで，一般の社会保険と区別して「労働保険」と呼ばれている。
　わが国の社会保険は，多くの修正にもかかわらず，なお部分的にドイツで生成・発展した労働者保険ないし職域保険としての性格・特徴を有している。そのような性格を有しながらも，他方，1960年代には「皆保険・皆年金」が，重要な社会保障政策として指向され，それを実際上もほぼ実現しているところにわが国社会保険制度の大きな特徴が見られる。「皆保険・皆年金」実現の方法自体は，ある意味で極めてシンプルであり，全体集合としての国民から職域保険としての社会保険に属している者（被保険者，医療保険では被扶養者を含む）を除いた，いわば補集合として国民健康保険（国保），国民年金（国年）の被保険者等が設定されることによって「皆保険・皆年金」体制の実現を図っているのである。その意味で本書においても，医療保険と年金保険については，かなりの分量をとっている。また，介護保険は，従来，主として家族が担っていた介護負担を相互扶助による社会保険制度に移した，比較的に新しい制度で

ある。その重要性は，認知症に罹る高齢者が増加している今日，改めて指摘するまでもないであろう。さらに，労働保険（労災保険と雇用保険）は，使用関係にある労働者に最も身近な社会保険のシステムであるが，雇用関係が労働者にとって不可欠な意味をもつことからして，その実務的な重要性はますます大きくなっている。

他方で，わが国の超高齢化・少子化の中で，社会保険に関しても，種々の解決すべき課題ないし問題が登場してきていることも否定できない事実である（例えば，国民年金の「空洞化」の問題，世代間格差の問題など）。これらの問題について，現在，理論的・政策的な対処が求められている。

本書では，3つの一般の社会保険と労働保険に属する2つの保険（労災保険と雇用保険）を対象として，実務的な論点をわかりやすく記述するとともに，理論的な論点についてもその解決の道筋を考察している。社会保障を勉強している学生のみならず，企業の実務担当者，社会保険労務士，司法書士，弁護士，さらには労働組合のリーダーに対しても，本書が役立つものと考えている。

なお最初に，社会保険の総論的な課題をいくつか取り上げている。第2章以下の社会保険の各部門で詳しく取り扱われる保険者，被保険者，保険事故，社会保険の管理・運営，費用の負担などに共通する論点を総括的に取り上げている。また，各社会保険に共通する「社会保険給付と損害賠償との調整」の問題，社会保険の法的紛争の処理に関する社会保険審査制度，労働保険審査制度も最初に触れておいた。

本書が実務的なことも数多く含んでいるため，京都社会保険労務士会の元副会長であり，京都労働局の調整委員会でご一緒に活動したこともある，社会保険の実務について大変お詳しい佐藤博治氏にゲラを読んでもらって有益で貴重な指摘を受けた。ここに記して深く感謝申し上げたい。また，本書の編集に当たっていただいたミネルヴァ書房の梶谷修氏には，細かな法令の点検を含めて大変お世話になった。執筆者を代表して心からお礼を申し上げたい。

2018年2月

執筆者を代表して　西村健一郎

社会保険の考え方
――法的理解と実務の論点――

目　次

はしがき
主要法令略語一覧

第1章　5つの社会保険の総論的課題……1
1　社会保険とは……2
- 1　社会保険の沿革と歴史…2
- 2　社会保障制度の中の社会保険…4
- 3　社会保険の基本的特徴…6

2　社会保険法の法源……9
- 1　法源の種類…9
- 2　憲　法…10
- 3　条　約…15
- 4　法律・命令・告示…16

3　社会保険の権利の保護と制限……18
- 1　社会保険給付の受給権…18
- 2　受給権の保護…18
- 3　過誤による給付の支払いと給付処分の取消・不当利得の返還請求…21
- 4　未支給の給付の処理…22
- 5　給付制限…22
- 6　消滅時効…23

4　社会保険給付と損害賠償との調整……26
- 1　問題の所在…26
- 2　「第三者」による保険事故の惹起…27
- 3　労災保険における使用者災害の場合の損害賠償との調整…33

5　権利救済……38
- 1　問題の所在…38
- 2　救済手続（争訟手続）…38
- 3　行政訴訟…39

目　次

第2章　医 療 保 険 …………………………………………………………… 45
1　医療保障と医療保険 ………………………………………………… 46
2　健康保険法 …………………………………………………………… 46
- ①　意　義 … 46
- ②　健康保険の保険者 … 47
- ③　保険の適用 … 48
- ④　報酬と標準報酬 … 54
- ⑤　保険給付 … 56
- ⑥　自由診療・混合診療 … 65
- ⑦　健康保険の財源 … 66

3　国民健康保険 ………………………………………………………… 69
- ①　沿革・目的 … 69
- ②　持続可能な医療保険制度の改革 … 69
- ③　保険者 … 70
- ④　被保険者 … 70
- ⑤　保険給付 … 73
- ⑥　財　源 … 74

4　医療供給体制 ………………………………………………………… 78
- ①　医療供給体制の意義 … 78
- ②　医療機関と保険医療機関の指定 … 78
- ③　診療報酬 … 83
- ④　薬価基準 … 84
- ⑤　診療報酬の支払い体制 … 85

5　高齢者の医療 ………………………………………………………… 86
- ①　老人保健法とその後の改革 … 86
- ②　高齢者医療保険制度 … 87

第3章　介 護 保 険 …………………………………………………………… 91
1　介護保険法の成立経緯 ……………………………………………… 92
- ①　介護保険法の成立と法改正 … 92
- ②　介護保険制度導入まで … 92
- ③　医療保険制度との関係 … 94
- ④　老人福祉法との関係 … 95

v

- 2 介護保険の目的と基本方針 …………………………………………… 95
  - 1 目　的 … 95
  - 2 基本方針 … 97
- 3 介護保険の保険関係 …………………………………………………… 97
  - 1 保険者 … 97
  - 2 被保険者・受給者 … 98
  - 3 事業者および介護保険施設 … 103
- 4 要介護認定とケアプラン ……………………………………………… 107
  - 1 要介護認定・要支援認定 … 107
  - 2 ケアプランとケアマネジメント … 112
- 5 保険給付 ………………………………………………………………… 112
  - 1 保険給付の種類 … 112
  - 2 保険給付の内容 … 113
  - 3 予防給付・保険給付の制限等 … 116
  - 4 保険給付の支給方式 … 116
- 6 財　源 …………………………………………………………………… 118
  - 1 費用負担の全体構成 … 118
  - 2 保険料 … 118
  - 3 利用者負担 … 121
- 7 介護保険給付の供給システム ………………………………………… 122
  - 1 介護保険事業計画 … 122
  - 2 地域支援事業と地域包括ケアシステム … 122
- 8 不服申立と権利擁護 …………………………………………………… 124
  - 1 不服申立 … 124
  - 2 権利擁護 … 125

第4章　年金保険 …………………………………………………………… 127

- 1 年金保険の基本構造 …………………………………………………… 128
  - 1 年金保険の実施体制 … 128
  - 2 年金支給の法的構造 … 130
- 2 国民年金 ………………………………………………………………… 136
  - 1 適用構造 … 136
  - 2 保険給付 … 140

　　　　　3　保険財政 … 148
　3　厚生年金 … 150
　　　　　1　適用構造 … 150
　　　　　2　保険給付 … 155
　　　　　3　保険財政 … 164
　4　企業年金 … 165
　　　　　1　厚生年金基金 … 165
　　　　　2　確定給付企業年金 … 167
　　　　　3　確定拠出年金（企業型年金）… 170

第5章　労災保険 … 173

　1　労災補償とは … 174
　　　　　1　労災補償制度の背景 … 174
　　　　　2　わが国の労災補償の特徴 … 174
　　　　　3　労災保険の法的性格 … 175
　　　　　4　昨今注目されている労働災害 … 176
　2　労災保険制度の仕組みと運用 … 177
　　　　　1　労災保険の目的 … 177
　　　　　2　「適用事業」と「暫定任意適用事業」… 178
　　　　　3　「労働保険」の意義 … 178
　　　　　4　保険関係の成立 … 179
　　　　　5　保険加入者としての事業主 … 179
　　　　　6　適用労働者 … 180
　　　　　7　特別加入制度 … 182
　　　　　8　労働保険料 … 184
　　　　　9　労働保険事務組合 … 185
　3　業務災害 … 186
　　　　　1　認定のしくみ … 186
　　　　　2　業務上認定の具体例 … 188
　4　業務上の疾病 … 192
　　　　　1　業務上の疾病とその特徴 … 192
　　　　　2　業務上の疾病の範囲 … 193

- 5 通勤災害 …………………………………………………………… 197
  - ① 通勤災害制度制定の背景 … 197
  - ② 業務災害と通勤災害の相違点 … 198
  - ③ 労災保険法上の「通勤災害」とは … 198
- 6 労災補償の内容 …………………………………………………… 202
  - ① 労災保険給付の概要 … 202
  - ② 保険給付の請求と時効 … 203
  - ③ 給付基礎日額 … 204
  - ④ 算定基礎日額 … 205
  - ⑤ 労災保険給付 … 206
- 7 社会復帰促進等給付 ……………………………………………… 213
  - ① 意　義 … 213
  - ② 特別支給金 … 213
- 8 給付制限・費用徴収・受給権の保護・他の社会保険等との調整 … 214
  - ① 給付制限 … 214
  - ② 費用徴収 … 215
  - ③ 受給権の保護 … 215
  - ④ 他の社会保険等との調整 … 215

第6章　雇用保険 …………………………………………………… 217

- 1 失業と雇用保険 …………………………………………………… 218
  - ① 雇用保険法の意義 … 218
  - ② 雇用保険制度に内在する問題 … 218
  - ③ 雇用保険の適用等の状況 … 219
- 2 保険関係の当事者 ………………………………………………… 219
  - ① 適用事業 … 219
  - ② 保険者 … 220
  - ③ 被保険者 … 220
  - ④ 保険関係の変動に関する届出と「確認」… 226
- 3 保険事故としての「失業」 ……………………………………… 229
  - ① 雇用保険法における「失業」とは … 229
  - ② 「離職とは」… 229
  - ③ 「労働の意思」とは … 229

          4　「労働の能力」とは … 230
          5　「職業に就くことができない状態」とは … 231
　　4　失業等給付の体系 …………………………………………………… 231
          1　失業等給付の概要 … 231
          2　求職者給付 … 233
          3　就職促進給付 … 244
          4　教育訓練給付 … 246
          5　雇用継続給付 … 247
　　5　給付制限・不正受給，未支給の失業等給付，受給権の保護 ……… 250
          1　給付制限の3つの類型 … 250
          2　未支給の失業等給付 … 253
          3　受給権の保護 … 253
　　6　雇用安定事業等 ……………………………………………………… 254
          1　制度の意義 … 254
          2　雇用安定事業 … 254
          3　能力開発事業 … 255
          4　求職者支援制度 … 255
　　7　費用の負担・不服申立て・時効・罰則等 ………………………… 256
          1　費用の負担 … 256
          2　不服申立て・時効・罰則等 … 257

事項索引 … 259

判例索引 … 264

主要法令略語一覧

安衛	労働安全衛生法
医療	医療法
介保	介護保険法
確給	確定給付企業年金法
確拠	確定拠出年金法
管理運用	年金積立金管理運用独立行政法人法
行審	行政審査法
行訴	行政訴訟法
健保	健康保険法
高齢医療	高齢者の医療の確保に関する法律
厚年	厚生年金法
国年	国民年金法
国年令	国民年金法施行令
国保	国民健康保険法
雇保	雇用保険法
地自法	地方自治法
徴収	国税徴収法
独法	独立行政法人通則法
入管法	出入国管理及び難民認定法
労災	労働者災害補償保険法
労基	労働基準法

第1章

5つの社会保険の総論的課題

Introduction

　本章では，第2章以下で詳しく取り扱われる医療保険，介護保険，年金保険，労働保険（労災保険，雇用保険）の5つの社会保険の総論的な課題を取り上げる。

　第2次世界大戦の前後から，国民生活を保障する制度として大きな注目を集めるようになったのが，「社会保障制度」である。社会保障（social security）という用語は，当初，社会保険と生活保護に代表される公的扶助を統合する概念として用いられるようになったものである。社会政策の分野では，「社会保険から社会保障へ」と表現されることもある。

　社会保障は，社会保険，社会手当，社会福祉サービス，生活保護など種々の制度によって構成されているが，特にわが国では，国民すべてに医療保険（皆保険），年金保険の保護（皆年金）を与えることを目的とした「皆保険，皆年金」の政策が採用されていることもあり，これらの制度の中で圧倒的な比重を占めているのが，社会保険である。社会保障をよく理解するためには，社会保険の法的な理解が不可欠であり，社会保険を理解することによって，社会保障の他の制度との違いもよくわかるようになると思われる。

　社会保険の総論的な課題としては，①社会保険とはなにか，どのような沿革・歴史をもつか，②だれに適用されるのか，③社会保険の「保険事故」とされるのはどのようなもので，「保険事故」が生じた場合にどのような給付がなされるのか，④社会保険の費用はどのように賄われるのか，⑤社会保険の管理・運営はだれによって，どのように行われるのか（保険者の問題，保険者自治の問題），⑥社会保険に関わる費用は誰がどのように負担するのか（社会保険の財政）などである。②から⑥は，第2章以下のそれぞれの章で取り上げられるが，これ以外に，社会保険に共通する課題として，⑦社会保険給付と損害賠償との調整の問題，⑧法的紛争の処理について，社会保険審査制度，労働保険審査制度がある。ここでは，主として①および⑦⑧を簡単に概観しておきたい。

1　社会保険とは

1　社会保険の沿革と歴史
1）労働者の自助的組織
　社会保険の淵源を探れば，労働者相互の自助的組織である共済制度が存在する。例えば，イギリスでは，組合員の拠出した基金で組合員の疾病，失業，死亡などの事故に際して手当を支給する友愛組合（friendly society）が数多く形成された。もっともこのような自助的共済制度は，組合員になりうる者の資格が限られていたり，給付が量的にも質的にも不十分であったため，労働者およびその家族を窮乏から守る機能を十分に果たし得なかった。同じことがドイツの扶助金庫（Hilfskasse）についてもほぼ当てはまる。このような事情のもとで，災害・疾病・老齢・障害・失業などの災厄が労働者にもたらす窮状から広い範囲の労働者を守るために，新しい制度，すなわち社会保険の創設が企図されたのである。社会保険は，危険の分散という保険の原理と，社会的困窮者たる労働者の救済という扶助の原理を結合させた形で，ドイツでは1880年代に，イギリスでは1910年代に成立することになる。

2）ビスマルクの社会保険
　1881年，ドイツ社会政策のマグナ・カルタとして知られる「カイゼルの詔勅」が出るが，そこでは，「社会的害悪を救済するには，単に社会民主党的な暴挙を鎮圧するだけでは足らない。進んで労働者の福祉をも積極的に増進するの策をとらなければならない」として社会保険の創設が予告されていた。
　世界最初の社会保険は，1883年にドイツにおいて，疾病保険として成立する。この疾病保険は，工鉱業で使用されているブルーカラー労働者および一定範囲のホワイトカラー労働者の傷病についての強制保険を定めたものであるが，上記の者の傷病について，業務上・外を問わず，13週間を限度として療養の給付および傷病手当金（1日について賃金の2分の1相当）を支給するものであった。財源は，3分の2を被用者に，残り3分の1を使用者に負担させることになっていた。疾病保険の運営は，市町村疾病金庫，地区疾病金庫，経営疾病金庫などによって行われた。

続いて，1884年に災害保険（労災保険）が成立する。これによって業務上の災害を被った工鉱業労働者は，災害発生後，第14週目から療養費を，同じく第14週目からその所得無能力となった期間，年金が支給された。また，死亡の場合にはその遺族には埋葬料，遺族年金が支給された。労働災害に対する使用者の補償責任の思想に基づいて，財源は，もっぱら事業主の拠出する保険料によって賄われ，労働者には負担はなかった。保険の運営は，同一業種の事業主の団体である労災保険組合（Berufsgenossenschaft）によって行われた。なお，事業主の団体が業務上の災害について，過失の有無に関係なく補償を行うことの代償として，個々の事業主の労働者・遺族に対する損害賠償はほぼ全面的に免責されることになった。

老齢・廃疾保険は，上記の疾病・災害保険にかなり遅れ，ようやく1889年に成立したが，これによりブルーカラー労働者および一定範囲のホワイトカラー労働者は，男女を問わず，満70歳に達したとき，あるいは継続的な廃疾（「障害」）状態に陥ったときには，権利として一定の年金が支給されることになった。

1911年に制定されたライヒ保険法（Reichsversicherungsordnung）は，上記の3つの社会保険部門を社会保険の総則，手続きを含めて1つの法典に編纂したものである。現在ドイツでは，社会法典（Sozialgesetzbuch）の編纂が進められ，主要な社会保険部門はすべてそこに包摂されるにいたっている（第1編・総則，第2編・求職者の基本保障，第3編・雇用促進法，第4編・社会保険通則，第5編・疾病保険，第6編・年金保険，第7編・災害保険，第8編・青少年援助，第9編・リハビリテーション／障害者の参加，第10編・行政手続き，第11編・介護保険）。

3）イギリスの社会保険

イギリスで社会保険は，1911年に国民保険法（National Insurance Act）として成立する。自由党の大蔵大臣，ロイド・ジョージによって提案された同法は，第1部・健康保険法，第2部・失業保険法から構成されていた。健康保険は，16歳から70歳までのすべてのブルーカラー労働者および年収160ポンド以下のホワイトカラー労働者に対して加入を強制し，その傷病につき医療費，疾病手当金を，さらに女性の出産について出産手当金を支給するものであった。失業保険は，5週間の保険料の支払いを条件に，15週間に限って一定額の失業手当

を支給するものであった。当初，財政上の都合で，失業発生の危険性の高い建築，土木，造船，機械，製鉄など7産業部門に限って実施されたが，世界ではじめての強制的失業保険制度であった（ドイツで失業保険制度が作られたのは1927年）。

　イギリスの社会保険の特徴としては，保険給付および保険料について，フラット・システム（均一給付・均一拠出）が採用された点をあげることができる。ドイツの社会保険では，保険給付も保険料も原則として賃金・報酬に比例する方式が採用されていたが，イギリスでは，この点，均一給付・均一拠出の方式が採用されたのである。これによって，被保険者は，傷病，失業などの保険事故につき，一律に一定限度の生活が保障されることになるが，それを上回る水準の生活の維持は，各個人の責任に委ねられたのである。イギリスでは，第2次世界大戦中の1942年に出されたベヴァリッジ報告書に基づいて，戦後，国が国民生活の最低水準（national minimum）を統一的・包括的に保障することを目指した社会保障制度が形成されていくが，そこでも基本的にフラット・システムが維持されている。

2　社会保障制度の中の社会保険
1）社会保障制度審議会の「社会保障制度に関する勧告」

　社会保障の領域になにが含まれるかを考える場合，参考になるのが，1950（昭和25）年に社会保障制度審議会が出した「社会保障制度に関する勧告」である。この勧告は，国が憲法25条に示された社会保障，社会福祉，公衆衛生についての責務をどのように果たしていくかについての行政の指針となったものであるが，社会保障制度は次のように定義されている。

　「社会保障制度とは，疾病，負傷，廃疾，死亡，老齢，失業，多子その他困窮の原因に対し，保険的方法又は直接公の負担において経済保障の途を講じ，生活困窮に陥った者に対しては，国家扶助によって最低限度の生活を保障するとともに，公衆衛生及び社会福祉の向上を図り，もってすべての国民が文化的社会の成員たるに値する生活を営むことができるようにすることをいう。」

　この勧告では，社会保険，公的扶助，社会福祉，公衆衛生が包括的に社会保障の制度領域に含まれている。社会福祉，公衆衛生は，社会保障とともに憲法

25条2項において国による向上・増進義務の対象とされたものであり，同勧告の意義は，これらを広く社会保障に包摂すると同時に，狭義の社会保障については，「疾病，負傷，廃疾，死亡，老齢，失業，多子その他困窮の原因に対し，保険的方法又は直接公の負担において経済保障の途を講じ，生活困窮に陥った者に対しては，国家扶助によって最低限度の生活を保障する」として，社会保険および公的扶助を重要な制度として例示している。

2）社会保障制度の構成

社会保障をそれを構成する制度という点からみると，社会保険，社会手当，社会福祉サービス，公的扶助の4つの制度部門に区分できる。公的扶助は，健康で文化的な最低限度の生活を維持できない困窮者に対して，国がその責任において行う扶助制度であり，その財源はもっぱら税金で行われ，受給権者に拠出義務はない。しかし，自らの力で最低限度の生活を維持できないことが給付の要件とされているため，それを確認するための資産調査（ミーンズ・テスト）が行われる。社会手当は，社会保険の形をとらない所得保障の制度であるが，資産調査を伴わず，通常，定型化された金銭給付である点で公的扶助と区別される（児童手当，児童扶養手当がその典型である）。社会福祉サービスは，身体障害，老齢など生活を営む上での社会的ハンディキャップを要保障事故としてとらえ，それに対して，通常，非金銭的な給付（サービス）を支給することにより，その軽減・緩和あるいは除去をめざす制度である。

これらの社会保障制度の中で現在なお圧倒的な比重を占めているのが，本書で取り上げる社会保険である。特にわが国では，1961（昭和36）年に国民のすべてに医療保険および年金制度を及ぼす国民「皆保険・皆年金」体制が達成するために，被用者を対象にした職域保険（被用者保険）を地域保険（住民保険）で補完したため，社会保険は，職域中心のドイツ型モデルから離れて，イギリス，北欧等でみられる普遍主義的モデルをも勘案した折衷的な制度になっていると評価されている（広井良典，1999，『社会保障』岩波新書，44頁）。

なお，一般的に，国民が自分と家族の生活を自ら支えることを「自助」といい，様々な生活上のリスクを社会連帯等の精神に基づき支え合うことを「共助」という。上記の自助・共助で対応できない困窮等について公費で必要な援助を行うことを「公助」といい，この三者の最適な組合せ・バランスをとるこ

とが重要であるが（2013年「社会保障制度改革国民会議報告書」参照），「共助」を具体化・制度化したものが社会保険である。もっとも，わが国の社会保険は，財政的に脆弱な保険者が少なくないことから，かなりの公費（税財源）が投入されており（国民健保の場合，50％以上が公費であり，基礎年金もその2分の1が公費によって賄われている），被保険者，事業主の保険料負担だけで営まれているわけではないことに留意する必要がある。

3　社会保険の基本的特徴
1）保険の意義
「保険とは，危険にさらされている多数の場合を集めて全体としての収支が均等するように共通の準備金を形成し，そのことによって危険の分散をはかる技術」をいう（近藤文二，1963，『社会保険』岩波書店，68頁）。社会保険は，保険の技術を労働者あるいは国民の生活事故に対する生活保障のために用いるものであり，「保険」に固有の原理と「社会性」（扶養性）原理の2つの相異なった考え方を結びつけるところにその特徴がある。したがって，私保険とは，共通性をもちながらも，多くの点で異なっている。

私保険は，通常，次の3つ，すなわち，①収支相当の原則，②給付・反対給付均等の原則，③保険技術的公平の原則（加入者平等待遇の原則），に立脚している（近藤，1963，69頁以下）。①は，当該保険団体において収入（保険料）総額と支出（保険金）総額が見合ったものでなければならないとの原則であり，②は，保険料はその対象とされる保険事故の発生率（確率）と保険金額に比例しなければならないとの原則をいう。③は，各被保険者の保険料は，すべてその危険に応じて定められるべきであるとの原則をいう。社会保険においても，同一危険集団内で①の収支相当の原則が貫徹され，その危険集団内部で危険に対する同一の確率が前提となって大数の法則が実現されるのであり，その意味で社会保険も「保険」技術を利用していることになる。

もっとも，社会保険においては，②および③の原則は妥当しない。健康保険の被扶養者の制度に典型的にみられるような扶養性の原理に基づく修正が行われるからである。

2）社会保険の基本的特徴

わが国では，疾病，老齢，障害，死亡（遺族），失業，業務災害・通勤災害，要介護などの法が定める保障事由（「保険事故」）について，健康保険，厚生年金保険，失業保険（雇用保険），労働者災害補償保険（労災保険），介護保険の5つの社会保険が制度化されている。雇用保険と労災保険は，労働関係上の危険（失業，労働災害）に対処する保険ということで，他の社会保険と区別して，「労働保険」と呼ばれている。

上記の社会保険の基本的特徴として次の3点をあげることができる。

（1） 強制保険

社会保険の基本的特徴としてまず，強制保険であることをあげることができる。社会保険は，適用対象たる労働者・住民等について社会的保護を行うために，適用対象たる労働者・住民等を被保険者としてその意思に関係なく，強制加入させることになっている。危険を分散する制度としての社会保険制度において，当事者の意思に加入を委ねる任意加入の制度にすると，その事故発生が予め確定している者あるいはその危険の高い者，保険料の負担が少ない者だけが保険関係に入る「逆選択」が生じることになりかねないのであり，これが生じると，保険料がリスクに対応しないため，保険制度の危険分散機能が著しく弱められることになる。社会保険では，この逆選択の防止を目的として，一定の条件に合致する者の強制加入を原則としているのである。

社会保険が強制保険であることによって，社会保険の保険関係は，所定の事由が生じることで自動的に（当事者の意思に関係なく）成立する。すなわち，法所定の要件が備われば，労働者・住民には，一方で保険料の納付・負担義務が生じ，他方，保険事故が発生した場合には，所定の要件が満たされていることを前提に保険給付の請求権が発生することになる。

（2） 被用者保険と地域保険（住民保険）

保険関係の成立の基礎に労働関係（使用関係）が存在するかどうかによって，被用者保険と地域保険（住民保険）の区別がある。先に述べた国民「皆保険・皆年金」体制が採用されていることとの関係でみれば，国民（全体集合）から被用者保険を適用されていない残りの者全部について地域保険を適用することで（補集合），すべての国民が医療保険，年金保険のネットから漏れないよう

にしているのである（もちろん，生活保護世帯に国民健保が適用されないなど例外はある）。

　もっとも，労働関係（使用関係）が存在する被用者はすべて被用者保険に加入しているわけではなく，労働関係（使用関係）が存在しても地域保険に加入する例が少なからず存在する（健康保険・厚生年金保険が適用されていない事業で使用される被用者）。被用者保険と地域保険とでは制度の構成，給付，保険料において顕著な差異が存在するため，同じ被用者でも，どちらの保険に属するかによって大きな格差が生じることになる。例えば，被用者保険においては，通常，給付は所得に比例し，保険料も報酬に比例して算定される（なお，保険料には上限があり，それに伴って給付にも自ずから限定されることになる）。また，健康保険では存在する傷病手当金制度は，国民健康保険にはほとんど存在しない。さらに保険料の負担についてみると，健康保険，厚生年金，雇用保険などでは，保険料の労使折半負担が定められるとともに，事業主には，社会保険料の納付が義務づけられている。

　これに対して，地域保険では，応益的な要素（応益割）と応能的な要素（応能割）の双方を考慮して保険料を算定する等の工夫を行うか（国民健康保険），単純に均一拠出（均一給付）の原則を採用するか（国民年金），の方法が採用されている。また，地域保険では，被用者保険のように事業主の保険料負担がないため，それを補う意味で公費負担が財源の大きな割合を占めている。

　上で述べたわが国の社会保険の中で大きな比重を占める被用者保険（職域保険）は，1960年代から70年代にかけての高度経済成長による安定した雇用拡大と雇用者の安定した賃金所得に支えられて順調に発展してきたが，90年代以降の非正規雇用・非典型就業の増大は，被用者保険を地域保険・住民保険で補完するというわが国の社会保険の基本構造に様々な深刻な影響を与えるにいたっている（倉田聡，2009，『社会保険の構造分析：社会保障における「連帯」のかたち』北海道大学出版会，105頁以下；田中耕太郎，2012，『社会保険の現代的課題』放送大学教育振興会，206頁以下参照）。パートタイム労働者への健康保険・厚生年金保険の適用拡大とそれによるセーフティネットの強化と公平な費用負担，財源確保は，それに対する1つの対応策であるが，論者の中には，被用者と自営業者の区分そのものが時代遅れの区分であると指摘するものもある（ジェ

フ・ファンゲンドルフ「社会保障の将来像」河野正輝他，2010，『社会保険改革の法理と将来像』231頁以下参照）。しかし，この点に手をつけて改革を行うことは，わが国の社会保険の構造に抜本的な変更を生じさせるため，実際上はきわめて困難な課題であるといわざるを得ないであろう。

（3） 社会保険の扶養的性質

第3の特徴として，社会保険の扶養的（社会的）性質を指摘することができる。健康保険法の場合，被扶養者は，自らの保険料負担なしに家族療養費を受けることができる。年金給付にあってはその実質価値を維持するために，物価・賃金スライド制が採用され（もっとも，この点は，財政的な考慮から様々な制約が課せられている。第4章3節等参照），遺族年金・障害年金にみられるように受給要件の緩和（拠出期間の短縮等）が行われているのは，その扶養的性質を示すものである。

（4） 保険給付請求権：金銭給付と現物給付

社会保険の被保険者は，次節 4 でみる社会保険各法が定める「保険事故」の発生と法定の受給要件の充足により保険給付請求権を取得する。その給付は，所得保障を目的とする保険にあっては従前の報酬に比例するにしろ，定額にしろ，通常，定型化された金銭給付の形をとる。それに対して，医療保険においては，医療の現物給付が原則である。介護保険においても，法形式はサービス費（金銭給付）の形をとっているものの，実際は「代理受領方式」（第3章第5節参照）をとることで現物給付化が行われている。

2 社会保険法の法源

1 法源の種類

社会保険法の法源は，憲法，条約，法律等の成文法と，慣習法，判例法のような不文法に区別できる。成文法は，憲法を頂点として法律，命令，告示，条例・規則等から構成されている。社会保険の給付の要件を行政機関の内規・要綱・通知等で定める場合があり，これらの内部的基準も給付が具体的なケースで支給されるかどうかの判断において重要な意味をもつが，これらは厳密な意味での法源とはいえない。上級行政機関が下級行政機関に対して法令の解釈，

運用方針等を示す行政解釈（通達）も，社会保険法の運用で大きな役割を果たしているが（特に労災保険の分野での業務上認定に関するおびただしい通達があり，雇用保険の分野でも「行政手引」が重要な役割を果たしている），裁判所を拘束するという意味での規範ではない。

不文法としては，慣習法，判例法，条理が重要である。

2 憲　法

1）憲法と社会保険

わが国の憲法は，基本的人権として自由権，平等権とともに社会的基本権を保障している。25条の生存権，26条の教育権，27条の勤労の権利・労働条件基準の法定・児童の酷使禁止，28条の団結権・団体交渉権・団体行動の権利（いわゆる労働3権）の保障がそれである。25条は，「社会保障法」の根拠規定であるとともに，他の社会的基本権の総則的地位を占める。しかし，社会保障に関わるのはこれらの社会的基本権だけではない。法の下での平等を規定した14条，財産権を保障した29条等も，社会保障法と密接に関わるものである（これらの点については，西村健一郎，2003，『社会保障法』有斐閣，35頁以下；菊池馨実，2014，『社会保障法』有斐閣，52頁以下参照）。

ここでは主として社会保険との関わりで問題となる憲法の条文をみていきたい。

2）憲法25条

憲法25条は，その第1項において，「すべて国民は，健康で文化的な最低限度の生活を営む権利を有する」と定め，第2項で，「国は，すべての生活部面について，社会福祉，社会保障及び公衆衛生の向上及び増進に努めなければならない」と規定している。憲法25条の意義をどのようにとらえるかについて，いわゆるプログラム規定説，抽象的権利説，具体的権利説の対立があるが，判例（「朝日訴訟」最大判昭42・5・24民集21巻5号1043頁）は，傍論で憲法25条は「すべての国民が健康で文化的な最低限度の生活を営み得るように国政を運営すべきことを国の責務として宣言したにとどまり，直接個々の国民に対して具体的な権利を賦与したものではない」としながらも，健康で文化的な最低限度の生活は抽象的な相対的概念であり，その認定判断は厚生大臣の合目的的な

裁量に委ねられており，憲法および生活保護法の趣旨・目的に反し，その裁量権の限界を超えた場合，または裁量権を濫用した場合に，違法な行為として司法審査の対象となると判示している。行政裁量を広く認める考え方を示すとともに，限定的な範囲ではあるが，憲法25条に裁判規範としての意義を認めているのである。

　問題になるのは，年金給付等の社会保険給付の切り下げにつき憲法25条違反，特に同条2項の努力義務違反が問えるかどうかである。この点，①合理的理由の存在，②必要最小限に止めるべきこと，③期待権，既得権のできる限りの尊重を行うこと，④急激な変化がないように経過措置を設けるべきこと，といった歯止めを加えれば給付削減も憲法25条2項違反とはいえないとするものがある（堀勝洋，2004，『社会保障法総論（第2版）』東京大学出版会，146頁）。給付の切り下げ等を行う場合，これらは，基本的に押さえるべき点であると思われるが，結局は，給付の切り下げ，支給要件の厳格化・制限等が行われる際の財政状況如何によるのであり，立法府の政策判断・立法裁量の問題に帰着する。

3）社会保険と憲法14条

　憲法14条1項前段の「法の下の平等」の意義に関しては，それが単に法律の適用に当たって行政機関等を拘束するだけでなく，法律の制定について立法機関を拘束するという立法者拘束説が通説的位置を占めている。問題は，14条1項後段の人種，信条，性別等に基づく差別の禁止をどのようにみるかであるが，判例・通説は，これらの明示された差別禁止の事由の有無にかかわらず，差別的取扱いが不合理的である場合には違憲の問題が生じるが，その「区別」が合理的である限り，違憲の問題は生じないとしている。社会保険に関していえば，給付要件，給付内容の差における不合理な差別は，憲法14条1項の禁止するところであるが，その格差が合理的なものであれば，許容されることになる。

　注目されるのは，妻を公務災害で亡くした男性が，妻が遺族の場合は年齢制限がないのに，夫が遺族の場合には年齢制限があるのは憲法14条の定める法の下の平等に反するとして訴えていた事件である。裁判所は，次のように判示する。地方公務員災害補償法（地公災法）が立法された昭和40年代には，企業は，終身雇用，年功序列賃金といった日本型雇用慣行により主として男性労働者を正社員として処遇していたため，その妻の多くが就業することには相当困難が

伴った。したがって，妻について年齢や障害の有無にかかわらず類型的に生計自立能力のない者として年齢要件等を設けずに遺族補償年金の受給権者としたことには一定の合理性があった。しかし，立法当時には一定の合理性があった制度も，女性の社会進出が進み，男性と比べれば依然不利な状況にあるというものの，相応の就業の機会を得ることができるようになってきている今日，配偶者の性別において受給権の有無を分けるような差別的取扱いはもはや立法目的との間に合理的関連性を有しないというべきであり，遺族補償年金の第1順位の受給権者である配偶者のうち，夫についてのみ60歳以上（当分の間は55歳以上）との年齢要件を定める地公災法32条1項ただし書および同法附則7条の2第2項の規定は，憲法14条1項に違反する不合理な差別的取扱いとして違憲・無効である，と（地公災大阪支部長事件，大阪地判平25・11・25労判1088号32頁）。もっともこの事例は控訴審（大阪高判平27・6・19労判1125号27頁）で取り消され，最高裁（最三小判平29・3・21労判1162号5頁）でも，国会の立法裁量を理由に憲法違反ではないとして確定した。しかし時代状況は変化しており，国家公務員災害補償法（16条1項），労災保険法（16条の2第1項），さらには厚生年金保険法の遺族年金制度にも同様な制度があることを考えると，この点は，今後，何らかの具体的措置・対応が迫られているといえる。

4）憲法19条の思想・良心の自由，憲法29条1項の財産権の保障

　国民からの社会保険料の徴収は，財産権を保障した憲法29条1項に違反するであろうか。この点が争われたケースでは，被保険者から応能負担原則に基づいて保険料を徴収する，強制加入の市町村公営の医療保険制度（国民健康保険制度）が，思想・良心の自由を保障した憲法19条および財産権を保障した憲法29条に違反するとして訴えられたが，最高裁（最大判昭33・2・12民集12巻2号190頁）は，「国民健康保険は，相扶共済の精神に則り，国民の疾病，負傷，分娩又は死亡に関し保険給付をすることを目的とするものであって，その目的とするところは，国民の健康を保持，増進しその生活を安定せしめ以て公共の福祉に資せんとするものであること明白であるから，その保険給付を受ける被保険者は，なるべく保険事故を生ずべき者の全部とすべきこともむしろ当然であり，また，相扶共済の保険の性質上保険事故により生ずる個人の経済的損失を加入者相互において分担すべきものであることも論をまたない」と述べ，上記

の強制加入の医療保険について、「憲法19条に何等かかわりないのは勿論、その他の憲法上の自由権および同法29条1項所定の財産権を故なく侵害するものということはできない」と判示した。

憲法25条による生存権の保障、社会保障制度の確立・増進についての国の義務の反面で、強制加入、保険料の強制徴収に基づく社会保険が制度化されているが、これは、憲法19条の思想・良心の自由、憲法29条1項の財産権の保障に違反しないということである（安念潤司「国民健康保険条例の合憲性」『社会保障判例百選〔第3版〕』13頁参照）。

5）憲法84条

憲法84条は、「あらたに租税を課し、又は現行の租税を変更するには、法律又は法律の定める条件によることを必要とする」と定めている。これを租税法律主義というが、その意義は、公権力による国民の財産への恣意的な干渉を防止することにある。その具体的内容としては、課税要件および租税の賦課・徴収手続が法律によって明確に定められていること（課税要件法定主義、最大判昭60・3・27民集39巻2号247頁）、課税要件および租税の賦課・徴収手続に関する定めは一義的に明確であること（課税要件明確主義）、課税要件が充足される限り、租税行政庁は法律の定める通りの税額を徴収する義務があること（合法性の原則）、さらに租税の賦課・徴収が適正な手続で行われるべきこと（手続的保障原則）を意味するものと解されている（金子宏、2013、『租税法（第18版）』弘文堂、74頁以下）。

憲法84条に関してはこれまで、①国民健康保険法の定める保険税（地方税法703条の4）についてその適用があるかどうか、②社会保険料に憲法84条の直接的な適用があるかどうか、③国民健康保険法の保険料についても租税法律（条例）主義の適用があるかどうか、等が問題となった。

（1）国民健康保険の保険税

国民健康保険の保険税について、条例が、課税総額の上限のみを定め、その課税総額を確定するべき基準や確定金額、さらにその税率確定手続を定めた規定も存在しない場合が問題となったが、判例は、地方税条例主義に違反するとしている（仙台高秋田支判昭57・7・23判時1052号3頁）。

（2） 社会保険料と憲法84条の適用

上記の②については，憲法84条にいう「租税」の意義が問題となるが，判例では，「国家が，その課税権に基づき，特別の給付に対する反対給付としてでなく，その経費に充てるための資金を調達する目的をもって，一定の要件に該当するすべての者に課する金銭給付である」とされている（最大判昭60・3・27民集39巻2号247頁）。社会保険の場合，実際の保険給付費をベースに財源調達を行うため，医療・介護等のサービス需要に対応した柔軟な財源調達を可能とする方式が求められる点で，租税法律主義の適用について租税とは異なった扱いが許容されるというべきであろう（倉田聡「社会保険財政の法理論」『北海学園大学法学研究』35巻1号17頁以下参照）。

③の国民健康保険法の保険料について，判例では次のように下級審での対立があった。すなわち，保険料条例の下で保険料率を告示したケースで，国民健康保険が強制加入制であること，保険料または保険税が選択的であり，いずれも強制的に徴収されること，その収入の3分の2が公的資金で賄われ，保険料収入は3分の1にすぎず，保険というより社会保障政策の一環としての公的サービスとしての性格が強く，その対価性が希薄であること等から，保険税という形式をとっていなくても，民主的コントロールの必要性が高い点で，租税と同一視でき，租税法律（条例）主義の適用を肯定することができるとした上で，本件条例が賦課総額および保険料率を市長の告示で定めるとしていたことを課税要件法定主義の要請を充たしていないとする（旭川地判平10・4・21判時1641号29頁）のに対して，その控訴審では，「租税法律（条例）主義は，本来，特別の給付に対する反対給付としての性質を有しない租税について，行政権による恣意的な課税から国民を保護するための原則であ」り，保険料は，租税と共通するところがあり，憲法84条の趣旨はふまえる必要はあるが，保険料率は，保険事故に対して必要な保険給付額等を予測し，それに基づいて算定されるものであるため，「本来，固定的に定額・定率では決めがたい要素をもっていること，保険料率は各年度においてできるだけ早期に決定する必要があることを考慮すると，条例において，保険料率算定の基準・方法を具体的かつ明確に規定した上，右規定に基づく具体的な保険料率の決定を下位の法規でその内容が明確にされている場合には，課税要件法定主義・課税要件明確主義の各趣旨を

実質的に充たしている」として，保険料率自体を条例に明記しなくても租税法律（条例）主義の趣旨に反するものではなく，憲法84条違反の問題は生じないとした（札幌高判平11・12・21判時1723号37頁）。

このように1審・2審で見解が対立していたが，最高裁は，「市町村が行う国民健康保険の保険料は……被保険者において保険給付を受けることに対する反対給付として徴収されるものである」として，その保険料に憲法84条の規定が直接に適用されることはないとしている（最大判平18・3・1民集60巻2号587頁）。

3 条 約

憲法98条2項に定めるように，わが国が締結した条約および確立された国際法規は，「これを誠実に遵守することを必要とする」。したがって，社会保障に関係する条約および確立された国際法規は，社会保障法の重要な法源となる。わが国が批准した社会保障法に直接関係する国際条約としては，ILOの「社会保障の最低基準に関する条約」（102号条約）がある。わが国は，ILO102号条約の第3部・疾病給付，第4部・失業給付，第5部・老齢給付，第6部・業務災害給付に係る条約の義務を受諾して，同条約を1976（昭和51）年に批准している。また，1974（昭和49）年に「業務災害の場合における給付に関する条約」（121号条約）も批准しており，関係する国内法を条約に沿って整備している。これ以外に，わが国は，国際人権規約・A規約（社会権規約）を1979（昭和54）年に批准し（昭和54年8月4日発効），また，難民条約を1981（昭和56）年に批准した（昭和57年1月1日発効）。難民条約の批准に伴う国内法の整備の際に国民年金法に存在した被保険者の国籍要件が撤廃されている。

なお，最高裁は，1979年に批准した国際人権規約・A規約（社会権規約）についても，A規約2条1項が「権利の完全な実現を漸進的に達成する」と規定していることを根拠に，本規約は，個人に即時に具体的な社会保障の権利を認めたものではないとする。また，本規約は，自動執行的条約ではなく，国内法の改正によってはじめて法的効力を生じるのであり，障害福祉年金の国籍要件は，それが撤廃された1982（昭和57）年1月1日までは，有効であったとしている。

なお，2国間の社会保障協定については，第4章「年金保険」において取り扱う。

4　法律・命令・告示
1）法　律
　わが国には，社会保険法というタイトルの統一的法典は存在せず，社会保険に関する個別の法律が，社会保険法の法源として重要な役割を果たしている。社会保険の法律関係が多様な側面をもつことの帰結として，これらの法律以外にも，民法（特に総則規定），労働法，行政法，刑法等の領域における法律も社会保険の法源として重要な役割を果たす。次に，社会保険に関わる主要な法律をあげると，一般職域の分野では，①健康保険法，②厚生年金保険法，③雇用保険法，④労災保険法，⑤労働保険の保険料の徴収等に関する法律（徴収法，③と④の保険料の徴収等を規定する）があり，地域保険の分野では，①国民健康保険法，②国民年金法，③介護保険法がある。特定職域の分野では，国家公務員に関して，①国家公務員共済組合法，②国家公務員退職手当法，③国家公務員災害補償法があり，地方公務員に関して，①地方公務員等共済組合法，②地方公務員災害補償法がある（地方公務員の退職後の年金等に関しては，退職手当に関する条例で規定されている）。私学の教職員の医療・年金に関しては，私立学校教職員共済法が重要である（これらの私学の教職員にも，雇用保険法，労災保険法が適用される）。

2）命令・告示
　法律は，その具体的事項（行政庁の権限配分・下位の機関への権限の委任，給付の細則，給付・サービスの請求・支給の手続等）を国の行政機関によって制定される命令（政省令等）に委ねていることが少なくない（健康保険法施行規則，労災保険法施行規則等）。

　また，各省大臣，各委員会，各庁長官がその機関の所掌事務に関する決定・指示につき公示を必要とする場合，「告示」という形式が用いられる（国家行政組織法14条1項）。社会保険法の分野でも，健康保険法の診療報酬点数表，薬価基準などで告示の形式が用いられている。関係当事者がそれに拘束されるという意味で，これらの告示も法規範である。

3）条例・規則

社会地方公共団体の定める法である条例は，「法律の範囲内で」定めるべきものとされており（憲法94条），国の法令に違反しない範囲で効力をもつ（地自法14条1項）。特定の事項については，「条例」で定めることが要求されている場合もある（介保62条，国保81条等）。

4）判例・裁決例

社会保険法は民法などと比較すると，新しい法分野であるため，社会保険法に関わる裁判例はそれほど多くはないが，それでも戦後70数年経った今日までの間に蓄積された最高裁判所および下級審の裁判例はかなりの数にのぼる。これらの裁判例が一種の判例法ともいうべきものを形成している例がみられる。もっとも，下級審の裁判例の場合，相互に矛盾する例も少なくなく，事案の性質等を無視して結論を一般化したり，都合のいい理屈だけを取り出すことには慎重でなければならないであろう（加藤智章・菊池馨実他編，2009，『新版 社会保障・社会福祉判例大系』（全4巻）旬報社，は，社会保険の判例を検索する場合も有益である）。

社会保険審査会，労働保険審査会等の裁決例も，社会保険，労働保険に関する法的ルールの形成に寄与しており，その法理の体系的検討が必要である（加茂紀久男，2011，『裁決例による社会保険（第2版）』民事法研究会）。

5）条理その他

条理とは，法の解釈の基本原理をいい，一方で法律の解釈に当たっての基準となるとともに，法律に規定がない場合に裁判の基準とされる。恩給法の遺族扶助料の支給裁定の取消に伴って，国が不当利得返還を求めた訴訟（松山地宇和島支判昭43・12・10行集19巻12号1896頁，同・高松高判昭45・4・24判時607号37頁）で，裁判所は，処分の取消に「条理上の制限」がある旨判示している。また，被保険者資格がないにもかかわらず，国民年金保険料を納付して受給資格を満たした在日韓国人の年金受給権の存否が争われたケースで，当事者間に形成された「信頼関係を覆すことが許されるかどうかは，事柄の公益的性格に対する考慮をも含めた信義衡平の原則によって規律される」として信頼保護の観点から請求を認容しているのが注目される（東京高判昭58・10・20判時1092号31頁）。

3　社会保険の権利の保護と制限

1　社会保険給付の受給権

　社会保険の給付は，給付を受ける者（受給権者）の生活の確保・安定を目的とするものであるから，適法に支給決定がなされた給付が確実にその者に帰属するように配慮されねばならない。この点から，特に金銭給付について，①租税その他公課の免除，②譲渡・担保提供の禁止，③既得給付の不利益変更の禁止等を規定し，その受給権の保護を図っている。この受給権の保護は，通常，社会保障給付の一身専属性から説明されることが多い。受給権者が死亡した場合に，支給されないままになった，いわゆる未支給の給付が存在する場合には，一定範囲の親族にその請求を認めている。なお，給付を受けるべき者に違法行為，反社会的行為があり，その者に給付を行うことが社会的に不当と考えられるような場合には，一種の制裁的措置として給付制限がなされる。また，過剰給付を防ぐという趣旨から，給付制限がなされることも少なくない（併給制限）。

2　受給権の保護

1）租税その他公課の免除

　社会保険の老齢・退職年金給付を除いて，社会保障の給付として支給された金品を標準として，租税その他公課を賦課することはできない（健保62条，国健保68条，介保26条，労災12条の6，雇保12条，国年25条，厚年41条2項等）。本来これらの給付も所得として課税の対象になるはずのものであるが，これらの給付が，受給権者に負傷，疾病，失業，障害等の要保障事故が発生した場合にその生活を支えるためのものであることを考慮して，非課税の扱いとしている。租税その他公課の禁止の「租税公課」になにが含まれるかが問題となるが，租税には，所得税，印紙税等の国税および都道府県税，市長村民税等の地方税が含まれ，公課には地方自治法の規定により地方公共団体が徴収する使用料，手数料，社会保険料がそれに含まれる。したがって，前記の諸給付は，住民税（所得割）や国民健康保険料・国民健康保険税（所得割）の課税対象から除かれ

ることになる。

　これに対して，社会保険の老齢・退職年金給付（老齢基礎年金，老齢厚生年金，退職共済年金，公的年金制度から支給される脱退一時金等の一時金）は，所得税法上，雑所得として課税対象となる。課税対象にはなるが，老齢年金受給者の税負担の軽減の見地から各種の「控除」があり，これについては，老齢年金受給者を優遇しすぎであるとの議論がある。

2）譲渡・担保提供・差押えの禁止

　給付を受ける権利は，譲り渡し，担保に供し，または差し押えることができない（国年24条）。同様の譲渡・担保提供・差押えの禁止の規定は，他の社会保険立法にもみられる（健保61条，国健保67条，介保25条，労災12条の5第2項，雇保11条，国年24条，厚年41条1項等）。これらの規定は，受給権者が過去の債務（借財）のために受給権を差し押えられたり，一時的な利益のために長期間にわたる給付の利益を失うことのないように法の定める給付を確実に受給権者とされた者に帰属させることを目的としたものである。

　年金給付の場合，譲渡禁止の受給権は，いわゆる支分権だけではなく，基本権も含む。受給権者が第三者に給付の受領権限を与えようとする委任，代理等の法律行為は無効である。判例では，第三者に恩給証書と恩給受領についての委任状を交付し，第三者が受領した恩給によって恩給受領権者の債務を弁済する契約は有効であるが，この委任契約の解除権の放棄または不解約の特約は，担保設定を禁じた恩給法11条の脱法行為として無効としているが（最判昭30・1・27民集9巻11号1720頁），前段の第三者に恩給証書と恩給受領についての委任状を交付し，第三者が受領した恩給によって恩給受領権者の債務を弁済する契約自体を無効とすべきである。

　銀行からの借入金の返済方法として，銀行の普通預金口座に振込まれる老齢年金（厚生年金）を銀行からの借入金の返済に当てることを目的として当該銀行の口座への振込みを指定し，債務が弁済されるまで預金口座の不解約の特約を締結したことについて，これを老齢年金受給権を差押えまたは担保に供するのと同一の目的を達するものとして，預金口座の不解約特約を無効とするもの（新潟地決昭60・1・29判時1276号52頁）と，上記特約等が銀行にとって債権回収の担保的機能を営むことは否定できないとしながらも，普通預金口座に振込

まれた年金は預金に転化し，老齢年金受給権者の一般財産と混同するのであり，銀行が年金受領権自体を差押えたり，またはこれに担保権を設定した者ではないから，本件不解約の特約を厚年41条1項の規定を潜脱するものとはいえないとして，無効とはいえないとするものが対立している（名古屋高決昭63・1・25判1276号49頁）。

　また判例は，年金給付が銀行の預金口座への振込みになっている場合，その法的性質は年金受給者の当該銀行に対する預金債権に変わるものであること等を理由に，「差押えの禁止が定められている給付であっても，いったんそれらが受給者の預金口座に振り込まれた場合は，その全額を差し押えることは何ら違法ではない」としている（東京高決平4・2・5判タ788号270頁）。上記の判例では，受給者（債務者）の側から，民事執行法153条1項所定の申立てがなされた場合，債務者・債権者の生活の状況その他の事情を考慮して，差押命令の全部または一部を取り消すことができることも，その理由としてあげている。

　なお，民事執行法152条は，一定の債権の差押えを4分の3につき禁止しているが，この規定と給付の全額の差押えを禁止している社会保険各法との関係が問題となる。後者は，前者の特別法であるとして，後者が優先して適用されると考えるべきであろう。

　厚生年金の遺族年金を第三者が管理する預金口座に振込ませ，その一部（遺族年金と老齢年金の差額の半分の額）が当該第三者の所有に帰するというような取扱いを行うことは，受給権の一部譲渡に当たり，受給権の譲渡を禁じた厚年41条1項の趣旨に反し，また，民法90条の公序違反により無効であるとして，第三者に対する不当利得返還請求を認める判例がある（名古屋高判昭60・4・30判時1168号76頁）。

　なお，上記の原則については，法律により一定の例外が認められている（国年24条ただし書，厚年41条1項ただし書，労災12条の5第2項ただし書）。第1は，公的な機関による年金を担保とした金銭の融資の場合である。例えば，独立行政法人福祉医療機構法に基づく，年金たる給付の受給権を担保として行う小口資金の貸付けが認められている。第2に，老齢年金・退職年金を国税滞納処分（その例による処分を含む）によって差押えることである。

3）既得給付の不利益変更の禁止

　労災法12条の5第1項によれば，保険給付を受ける権利は労働者の退職によって影響を受けない（労基83条1項参照）。この規定は，受給権者の法的地位の安定を図ることを目的としている。なお，ここで「保険給付を受ける権利」は，現に受給者が受けている給付だけではなく，将来受けるべき給付についての権利を含む趣旨であり，「退職」は，使用者による解雇，労働者の自発的な退職，定年による退職，期間雇用の満了・雇止め等による労働関係の終了が含まれる。

③　過誤による給付の支払いと給付処分の取消・不当利得の返還請求

　社会保険庁長官が社会保険の遺族年金の支給裁定を行った後で，あるいは労働基準監督署長が，被災者・遺族から労災保険給付の請求に関して支給決定の処分を行った後で，当該支給決定処分に係る事実認定等に瑕疵があったこと等を理由にこれらの処分を取消すことができるであろうか。これが，行政法上，行政行為（行政処分）の職権取消の問題である。

　この点，裁判例では，「行政処分は適法かつ妥当なものでなければならないから，いったんなされた行政処分も，のちにそれが違法もしくは不当であることが明らかとなったときには，処分庁みずからこれを職権で取り消し，遡及的に処分がなされなかったのと同一の状態に復せしめることができるのが本来であるが，ただ，取り消されるべき行政処分の性質，相手方その他の利害関係人の既得の権利利益の保護，当該行政処分を基礎として形成された新たな法律関係の安定の要請などの見地から，条理上取り消しをなすことが許されず，もしくは，制限されることがある」との立場に立った上で，「本件扶助料の支給裁定の取り消しは適法になされたというべきであり，しかも，これによって既得権が侵害され，もしくは，既成の法律秩序が破壊されるものとは認められない……以上，その効果が既往に遡って生ずることは多言を要しないところであるから，控訴人が支給を受けた本件扶助料は法律上の原因を欠く利得というべく，控訴人は民法703条に基づいて国に対し，その利益の存する限度でこれを返還すべき義務を負う」とするものがある（高松高判昭45・4・24判時607号37頁）。もっとも，控訴人が受けた利益は現存しないとして，結果的には，国の償還請求は棄却されている。

4 未支給の給付の処理

　社会保険の受給権は，民法896条ただし書にいう受給権者本人の一身専属的権利であり，その死亡によって消滅する。したがって，受給権が被相続人の相続財産に含まれることはない。しかし，年金保険，労災保険，公務災害補償，雇用保険の分野では，①保険事故が発生したがまだ請求が行われていない場合，②請求が行われたが，まだ支給・不支給の決定がなされていない場合，③支給決定がなされたが，給付の履行期がまだ到来していない場合のようなケースで，受給権が死亡すると，支給されない給付が生じることになる。

　このような受給権者が死亡した場合に，受給権者が支給を受けることができたはずの給付で支給されないままになっている給付については，いわゆる未支給の給付として，一定の親族に支給する形での処理を行っている。すなわち，①受給権者の配偶者（事実上の配偶者を含む），子，父母，孫，祖父母または兄弟姉妹であって，受給権者の死亡当時その者と生計を同じくしていたものは，自己の名で，未支給の給付を請求でき，②未支給の給付を請求できる遺族の順位は，法が定める遺族の順位による。同順位者が複数いる場合には，その者の間で等分することになる。なお，国民年金法等では，「同順位者が2人以上あるときは，その1人のした請求は，その全員のためその全額につきしたものとみなし，その1人に対してした支給は，全員に対してしたものとみなす」との定めをおいて請求および支給の手続きを簡素化している。このように未支給の給付については，相続とは異なるルールが採用されているのである。

5 給付制限

　給付を受けるべき者に違法行為，反社会的行為があり，その者に給付を行うことが適切ではないと考えられる場合，それに対する制裁措置として給付制限が行われる。

1）不正受給

　第1に，給付の不正受給の場合である。詐欺や偽りその他不正の手段・行為によって給付を受けたときは，社会保険の保険者は，受給額（給付に要した費用）に相当する金額の全部または一部をその者から徴収することができる（健保58条第1項，国保65条1項，介保22条1項，国年23条，厚年40条の2，労災12条

の３第１項，雇保10条の３第１項等）。なお，健康保険においては，事業主や被保険者等の診断に当たる医師あるいは保険医療機関が虚偽の報告，証明を行い，または診断書等に虚偽の記載をなすことによって給付の不正受給が生じる危険があることを考慮して，これらの行為に関与した事業主や医師等に徴収金の納付につき，連帯責任が課せられている（健保58条２項）。さらに，医療機関等が詐欺や不正な行為によって診療報酬の支払いを受けた場合，上記の返済額に加えて，返済額の４割に当たる加算金を支払わせることができる（健保57条第３項，国保65条３項，老健42条３項，介保22条３項）。

２）被保険者の故意の犯罪行為，重大な過失等

第２は，保険事故が被保険者の故意の犯罪行為，重大な過失その他，闘争，泥酔，著しい不行跡によって生じた場合の給付制限である（健保116条・117条，国保60条，厚年73条の２，国年69条等）。被保険者の故意の犯罪行為の場合，給付を受ける権利が発生しないのに対して，闘争，泥酔，著しい不行跡の場合の給付制限は，保険者の裁量に任されている。なお，被保険者が自殺した場合の埋葬料については，この給付が実際に埋葬を行う者に支給されることから，支給制限の対象とはされていない。

第３は，医療を受ける際に，療養上の指示に従わない場合の給付制限である（健保119条，国保62条等）。療養上の適正な指示に従わないことは，治癒を遅らせ，給付費を増大させ，ひいては他の被保険者に不当な負担をかけることになることを考慮したものである。

３）併給制限

種々の制度が併立している場合，所得の喪失を填補するという点で同一の機能を有する給付が重複するのは避けられないが，これをどのような考え方に立って，またどのような仕方で調整するのが妥当かは，立法論を含めて検討すべき課題である。併給制限の詳細については，年金保険のところで取り上げる。

6 消滅時効

１）消滅時効の意義

時効制度は，一定の事実状態が法の定める一定期間継続した場合に，その継続的な事実状態に法的効果を与えて権利の取得または消滅の効果を生ぜしめる

制度である。社会保険で問題になるのは，主として給付請求権（受給権）の消滅に関する消滅時効である。

　国が当事者となる公法上の金銭債権の消滅時効については，会計法が民法と異なる規定をおいており（30条），社会保険の個々の法律に規定がない場合には，会計法の規定が適用される。国以外の者が当事者となっているときは，民法の規定が適用される。国が当事者となっているものであっても，私法上の金銭債権・債務と評価されるもの（例えば安全配慮義務に基づく損害賠償債務）については，会計法30条の適用はない（最判昭50・2・25民集29巻2号143頁，民法167条により10年とされている）。なお，療養を受ける権利（療養給付請求権）のような現物給付については，消滅時効は問題とならない。

2）社会保険給付の消滅時効

　社会保険給付については，年金のような長期の給付を予定するものについては，5年（厚年92条1項・170条1項，国年102条1項等），それ以外の給付については，2年の消滅時効期間が定められている（健保193条1項，国保110条1項等）。労災保険については，療養補償給付，休業補償給付，介護補償給付，葬祭料を受ける権利は2年経過したとき，障害補償給付，遺族補償給付を受ける権利は，5年経過したとき，それぞれ時効により消滅する（労災42条）。ここで「補償を受ける権利」とは，保険給付を定期的に受けることを目的とした一個の債権，すなわち基本権であると解されており，これが5年経過により消滅時効にかかると解されている。基本権から派生する支分権だけが消滅時効にかかるわけではない。保険給付を受ける基本権自体は，消滅時効にかからないとの考え方は採用されていないが，きわめて長期の保険料納付期間の存在を考えると，5年経過で年金等の基本権自体を消滅時効にかかるとすることについては，実際の運用で妥当な対処がなされるべきであろう。

3）消滅時効の起算点

　消滅時効は，権利を行使することができる時点から進行する（民166条1項）。年金給付を受ける権利は，年金給付の基本権（支給を受ける権利）については，受給権が発生した日である。厚生年金保険の老齢年金についてみると，被保険者期間を有する被保険者が65歳に達した日，障害年金については，障害認定日，遺族年金については，6か月以上の被保険者期間を有する被保険者が死亡した

日である。

　労災保険の給付についてみると，休業補償給付の場合は，労働不能の日ごとにその翌日から，障害補償給付の場合は，当該傷病が治った日の翌日から，遺族補償給付および葬祭料については，労働者の死亡の翌日から，それぞれ時効が進行することになる。

　問題になるのは，被災労働者あるいはその遺族が労働災害の存在に気がつかずに，あるいは業務上との確信がもてないままに，補償を請求せずにときを過ごしてしまったような場合である。この点，裁判例では，休業補償請求権に関して，その「消滅時効の起算点は，不法行為に基づく損害賠償請求権に準じて，民法722条の類推により，被害者が損害及び加害者を知ったとき，すなわち，業務上の疾病であることを覚知した時点である」とするものがみられる（名古屋高金沢支判昭56・4・15労判365号25頁，名古屋高判昭61・5・19労判476号23頁等）。

　4）時効の中断・停止

　時効期間の進行は，一定の事実の発生によって断絶し，これまでの時効期間の経過が効果を失い，または一時進行を停止する。前者を時効の中断といい，後者を時効の停止という。民法では，時効の中断事由として，①請求，②差押え，仮差押えまたは仮処分，③承認をあげている（147条）。社会保険・労働保険の審査請求・再審査請求は，時効の中断に関しては，裁判上の請求とみなされる（厚年90条3項，国年101条3項，労災38条3項，雇保69条3項等）。年金給付がその全額について支給が停止されている場合は，年金給付を受ける権利の時効は進行しない（国年102条2項，厚年92条2項）。民法上は，時効は，その援用によってその効果が発生するが，会計法31条1項は，国が当事者である公法上の権利の時効による消滅については，援用を必要とせず，またはその利益を放棄することができない旨定めている。したがって，国が保険者である場合については，権利は，時効期間の満了によって絶対的に消滅することになる。学説では，「給付を受ける権利」を絶対的に消滅させるのは受給権者の保護に欠けるとして，保険者が「給付を受ける権利」の消滅時効の利益を享受するには援用を必要とすると解すべきであるとする有力な見解がある（岩村正彦，2001，『社会保障法Ⅰ』弘文堂，112頁）。これに対して，健康保険組合，厚生年

金基金，各種の共済組合については，民法145条，146条が適用されるので，消滅時効が完成しただけでは権利は確定的に消滅しない。

4 社会保険給付と損害賠償との調整

1 問題の所在

　被保険者が社会保険法上の保険事故をこうむった場合，被災者・遺族（以下，単に「被災者」という）は，法定の要件を満たした上で社会保険給付を社会保険者に対して請求することができる。その一方で，当該保険事故に関して民法上の要件（例えば不法行為あるいは安全配慮義務違反等）が備われば，被災者等はその事故を発生させた加害者たる第三者に対して損害賠償を請求することができることになる。その場合，被災者が取得することになる社会保険法上の給付請求権と民法等に基づく損害賠償請求権とが競合するが，この両者が同一の事故により発生し，その機能の点で被災者の損害を填補する機能を果たすところから，それをどのように調整するかが問題となる。

　社会保険法では，社会保険者が保険給付を行った場合に，給付の価額の限度で被災者が加害者たる第三者に対して有する損害賠償請求権を代位取得し，逆に，被災者が加害者たる第三者から「同一の事由」につき損害賠償を受けた場合には，その価額の限度で給付を免れるというのが基本的な考え方である（健保57条，厚年40条，国年22条，国保64条，労災12条の4等）。代位に関する規定が存在しないような場合には，損益相殺の法理が調整の根拠として用いられることになる。

　上で述べた損害賠償との調整の問題は，従来，主として労災保険給付について論じられてきたものであり，判例も労災保険に関するものが多数を占めるが，労災保険給付に特有な問題というよりも社会保険に共通する問題である。労災保険給付に関しては，その保険料をもっぱら事業主（使用者）が支払っていることに伴う，使用者の保険利益をどのように評価するかの問題があり，この点に関しては，本章第3節で取り上げる。

2　「第三者」による保険事故の惹起

1）「第三者」の意義

　社会保険各法にいう「第三者」とは，社会保険の当事者たる保険者と被保険者（共済組合の組合員，健康保険法等の被扶養者を含む）以外の者をいう。直接の加害者がこれに当たることはいうまでもないが，それ以外に，被用者の行為につき責任を負うべき使用者（民法715条），請負人の行為につき責任を負うべき注文者（民716条），土地の工作物の設置保存に瑕疵があったことで責任を負うべき占有者・所有者（民717条），動物の加害により責任を負うべき占有者・保管者（民718条），さらには自動車損害賠償保障法（自賠法）に基づく運行供用者（自賠3条）およびその責任を負うべき保険会社（昭和31・10・26保文発8811号）も第三者に入る。ただし，労災保険においては，いわゆる使用者行為災害（被災した労働者と労災保険関係にある使用者が損害賠償責任を負うべき災害）に関しては，当該使用者（事業主）およびその被用者は第三者に含まれない。これは，労災保険が責任保険的な性質をも有していることから，被害者に労災保険の給付が行われても，求償権の行使が差し控えられるからである。

2）代位取得の範囲と要件

　実務では，保険者が，被保険者の第三者に対する損害賠償請求権を代位取得するためには，①保険事故が第三者の不法行為によって生じたこと，②その事故に対して保険者が保険給付を行ったこと，③当該被保険者の第三者に対する損害賠償請求権が消滅していないこと（存続していること），の3つの条件が必要であるとしている。特に問題となるのが，上記の③の要件であり，保険者は，被保険者が有している損害賠償請求権を代位取得するものであり，損害賠償請求権が現に存在していることが代位取得の前提となる。したがって，被保険者が保険給付を受ける前に損害賠償を受けた場合，損害賠償請求権は消滅し，もはや代位の余地はない。判例も同様の立場をとる（最判平10・9・10判時1654号49頁）。

　その一方で，保険者の損害賠償請求権の代位取得は，法律（国保64条1項等）の規定により，当然に行われるものであり，保険者の第三者に対する通知，対抗要件の具備は必要がない。保険者は，保険給付を行う都度，その給付の価額の限度で，被保険者が第三者に対して有する損害賠償請求権を当然に代位取

得することになる（最判昭42・10・31集民88号869頁）。これとは逆に，被保険者が第三者から保険給付に先立って同一の事由について損害賠償を受けると，保険者は，その価額の限度で保険給付を行う義務を免れることになる（国保64条2項）。被災者の重複給付を防ぐというのがその趣旨である。なお，被保険者が損害賠償を受けたこと，したがって損害賠償請求権がすでに消滅したことを知らずに保険給付を行っても，不当利得の問題が生じるのはともかく，保険者による損害賠償請求権の代位取得は生じない（示談に関しては後述，最判昭38・6・4民集17巻5号716頁参照）。

このようにわが国では，社会保険者の保険給付と被害者・加害者間の損害賠償請求権をいわば同列において，相互に重複が起こらないように保険給付と損害賠償の時間的先後関係だけを基準として両者の調整を行っている。この点は，社会保険者の保険給付を優先させ，保険給付によってカバーされない範囲においてだけ損害賠償請求権の行使を認めるドイツ等の取扱いと異なる点である（社会法典第10編116条参照）。

3）「同一の事由」の意義

被保険者が先に損害賠償を受けた場合，「同一の事由」については，保険者は，保険給付の義務を免れる。ここで問題になるのは，「同一の事由」の意義をどのように解するかである。これについて判例は，「同一の事由」であるということは，単に両者が同一の災害から生じた損害であるということではなく，保険給付（災害補償）の対象となる損害と民法上の損害賠償の対象となる損害が同性質のものであることを意味するものであるとしている（労災保険法12条の4第2項に関して，最判昭62・7・10民集41巻5号1202頁，労災保険法の事例）。

そこで社会保険・労災保険の各給付項目（費目）と損害賠償のどの項目が具体的に「同一の事由」に当たるかが検討されねばならない。健康保険法でいえば，療養の給付が医療費と，傷病手当金が逸失利益とそれぞれ同一性質のものとして調整の対象になる。労災保険の場合，業務災害にかかる給付は，現在，①療養補償給付，②休業補償給付，③障害補償給付，④遺族補償給付，⑤傷病補償年金，⑥葬祭料，⑦介護補償給付の7種類である。このうち①療養補償給付は，業務上の傷病が治癒するまで必要な療養の現物給付を行うことを原則としており，⑥葬祭料は，業務上の災害により死亡した労働者の葬儀を行う者に

対して支給される給付である。また，⑦は介護に要する費用についての補償であり，これらはいずれも被災者のこうむった積極損害（医療費，介護費用等）に対応するものである。これに対して，②休業補償給付は，業務上の傷病の療養のため働くことができなかった間で賃金を受けなかった場合に支給されるものであり，③障害補償給付は，業務上の傷病が治った後に，身体に障害が残った場合に当該障害の程度に応じて支給されるものである。さらに，④遺族補償給付は，労働者が業務上の事由により死亡したときその労働者の収入によって生計を維持していた遺族に対して支給されるものである。⑤傷病補償年金は，療養補償給付を受けている労働者の傷病が1年6か月たっても治らず，かつその傷病が一定の傷害状態にある場合，および療養開始後1年6か月経過したあと上記の要件を満たした場合に支給されるものであり，これら②ないし⑤の各保険給付は，いずれも被災労働者あるいはその遺族のこうむった逸失利益ないし被扶養利益の損失（消極損害）を填補する機能を果たすものであるといえる。

社会保険の給付は，上記の対比で明らかなように被保険者等がこうむった財産的損害をカバーする役割を果たすものであり，被保険者等の精神的苦痛を慰謝するための給付は含まれていない。したがって，被保険者等の慰謝料請求権については，「同一の事由」に当たる給付は存在しないのであり，健康保険，厚生年金，労災保険等の保険者は，慰謝料請求権については，代位取得ができない。労災保険の各保険給付も，労働者あるいは遺族のこうむった財産上の積極・消極の損害を填補することを目的としたものであり，労働者のこうむった物的損害および精神的損害（慰謝料）の填補を目的とするものではない。したがって，精神的苦痛に対する慰謝料については，被災労働者あるいはその遺族は労災保険給付とは「同一の事由」の関係にないものとして使用者に対して損害賠償の請求をなすことができる。この点は，すでに確定した判例法といえる（最判昭37・4・26民集16巻4号975頁，なお労基法上の災害補償と慰謝料について，最判昭41・12・1判時470号58頁，最判昭58・4・19民集37巻3号321頁）。

4）調整の対象になる受給権者の範囲

第三者の行為によって被保険者・被扶養者が負傷・疾病をこうむり，あるいは後遺症（障害）を残したような場合には，被災者自身が社会保険給付の受給権者であり，また損害賠償請求権者となるのであり，問題は起こらないが，死

亡事故が生じたような場合，遺族給付（遺族年金），遺族補償給付の受給権者と損害賠償請求権者となる者（民法上の相続人）が一致しないことは実際上しばしば生ずる。このような場合，受給権者に支給された社会保険給付・遺族補償給付が受給権者ではない相続人の損害賠償額にどのような影響を及ぼすであろうか。

この点について，下級審の裁判例は対立していたが，最高裁は，労災保険法に基づいて妻に支給された遺族補償の額が，同一事故に基づいて妻が使用者に対して有する損害賠償請求権の額を超える場合でも，妻以外の遺族は，そのことと関係なく，使用者に対して不法行為による財産的損害の賠償を求めることができるとして，受給権者ではない者の損害賠償額からの労災保険給付の控除を認めなかった（前掲最判昭37・4・26）。また，労災保険の第三者行為災害に関して，最高裁は，「遺族の加害者に対する前記損害賠償債権額の算定をするにあたって，右給付相当額［妻の受給した遺族補償金，遺族年金等］は，妻の損害賠償債権額からだけ控除すべきであって，子の損害賠償債権額から控除することはできない」として，前記最高裁判例の立場を踏襲している（最判昭50・10・24判時798号16頁）。

これらの判例の立場からすると，第三者の賠償責任の減免は，社会保険給付および労災補償の受給権者と相続人が一致する範囲で行われるにすぎないことになる。

5）示談とその効力

第三者災害の際に被災者と加害者との間で災害補償請求権の全部または一部を放棄する旨の示談がなされる場合がある。通説によれば，保険者が被災者の損害賠償請求権を代位取得するのは，「保険給付をしたとき」，すなわち，実際に保険給付が行われたときである。したがって，保険給付が現実に行われる以前においては，被災者は加害者に対して損害賠償を請求することができ，その損害賠償請求権を自由に処分することができる。

問題は，被災者が第三者に対する損害賠償請求権を示談で免除した後で，保険者が保険給付をした場合に，保険者による損害賠償請求権の代位取得が認められるか否かである。この点，労災保険給付に基づく政府の求償権と示談の関係が争われたケースで，判例は，①「労働者が第三者の行為により災害をこう

むった場合にその第三者に対して取得する損害賠償請求権は、通常の不法行為上の債権であり、その災害につき労働者災害補償保険法による保険が付されているからといって、その性質を異にするものとは解されない」から、他に別段の規定のない限り、被災労働者らは、第三者の損害賠償請求権の全部または一部を免除する自由を有する、②補償を受けるべき者が、第三者から損害賠償を受け、または第三者の負担する損害賠償債務を免除したときは、その限度において損害賠償請求権は消滅するのであるから、政府がその後保険給付をしても、損害賠償請求権がなお存在することを前提とする政府の法定代位権は発生する余地がない、としている（最判昭38・6・4民集17巻5号716頁）。

問題になるのは、他方、同判例が、「労災保険制度は、もともと、被災労働者らのこうむった損害を補償することを目的とするものであることにかんがみれば、被災労働者自らが、第三者の自己に対する損害賠償債務の全部又は一部を免除し、その限度において損害賠償請求権を喪失した場合においても、政府は、その限度において保険給付する義務を免れることは規定をまつまでもなく当然のこと」としていることである。この結論に従えば、不用意に示談をした者は保険給付を受ける権利を失うという大きな不利益をこうむることになる（なお、昭38・6・17基発687号参照）。この考え方は健康保険についても採用されていることに留意する必要がある（厚生省保険局保険課編、2003、『健康保険法の解釈と運用（第11版）』法研、409頁）。

しかし行政上の取扱いにおいては、不用意な示談による苛酷な結果は一部緩和されている。すなわち、示談によってすべての損害賠償債務を免除してしまっても、障害補償年金、遺族補償年金についてはその支給停止を最大限災害発生後3年にとどめ、3年経過後は、債務免除がなかったと同様に前述の年金を支給することにしている（昭41・6・17基発610号参照）。

6）年金給付の将来給付分と損害賠償との調整

社会保険の年金給付は、一時金の形で算定され支払われる損害賠償とどのように調整されるであろうか。厚生年金の障害年金あるいは遺族年金については、年金受給者およびその家族の生活保障のために支給されるもので、調整になじまないとの考え方もありうるが、すでに支給を受けた分（既受領分）については調整の対象になるというのが、判例の立場である。問題になるのは、社会保

険・労災保険の将来の給付分が控除の対象になるか否かである。この点は，損害賠償が社会保険の年金給付とは異なり一時金であること，また，社会保険の受給権者と損害賠償の権利者が必ずしも一致しないことなどから難しい問題を提起してきた。

　この点については，労災保険では，後述するように（本章第3節），使用者が賠償責任を負う使用者行為災害と使用者以外の第三者が賠償責任を負う第三者災害を区別して考える必要があるが，第三者災害について，最高裁は，労災保険および厚生年金の給付が確定してもいまだ現実の給付がない以上，受給権者は第三者に対する損害賠償の請求に当たり，このような将来の給付額を損害額から控除することを要しないとして非控除説をとった（最判昭52・5・27民集31巻3号427頁）。

　なお，この点につき，最高裁の大法廷判決（最大判平5・3・24民集47巻4号3039頁）は，損害賠償額からの遺族年金の控除に関連して，債権が将来にわたって継続的に履行されるもので，その存続自体に不確実性が伴うような場合には，当該債権を取得しただけでは，これによって被害者に生じた損害が現実に補塡されたということができないのであり，「被害者又はその相続人が取得した債権につき，損益相殺的な調整を図ることが許されるのは，当該債権が現実に履行された場合又はこれと同視し得る程度にその存続及び履行が確実であるということができる場合に限られるものというべきである」，との観点から，控除される遺族共済年金の範囲は，「支給を受けることが確定した遺族年金の額の限度で」，すなわち，原審の口頭弁論終結時で受給が確定していたが，まだ支給されていなかった分をも含むとの見解を示し，上記判例（最判昭52・5・27）に若干の微調整を行っている（最大判平5・3・24民集47巻4号3039頁）。

　7）過失相殺と労災保険給付の控除の先後

　労災保険給付が支給されるようなケースで被災者側にも過失があり過失相殺（民418条・722条2項）がなされる場合，①過失相殺を行った後で労災保険給付の控除を行うか，あるいはこれとは逆に，②労災保険給付の控除を行った後で過失相殺を行うかによって被災者側の受け取る賠償額に差が出てくる。計算上は②の控除後相殺の方式のほうが常に被災者に有利である。例えば，損害総額

（逸失利益等）を1000，被害者の過失を3割，加害者の過失を7割，保険給付を500とすると，①では200（1000×0.7−500＝200），②では350（(1000−500)×0.7＝350）となり，被災者にとっては常に②の方式のほうが有利となる。

　学説上，上記①と②の対立があり，裁判例においても下級審の判断は分かれていたが，この点が直接の争点となったケースで最高裁は，労災保険「法に基づく保険給付の原因となった事故が第三者の行為により惹起され，第三者が右行為によって生じた損害につき賠償責任を負う場合において，右事故により被害を受けた労働者に過失があるため損害賠償額を定めるにつきこれを一定の割合で斟酌すべきときは，保険給付の原因となった事由と同一の事由による損害の賠償額を算定するには，右損害の額から過失割合による減額をし，その残額から右保険給付の価額を控除する方法によるのが相当である。……けだし……政府が保険給付をしたときは，給付の原因となった事由と同一の事由については，受給権者が第三者に対して取得した損害賠償請求権は，右給付の価額の限度において国に移転する結果減縮すると解されるところ……，損害賠償額を定めるにつき労働者の過失を斟酌すべき場合には，受給権者は第三者に対して右過失を斟酌して定められた額の損害賠償請求権を有するにすぎないので，〔労災12条の4〕1項により国に移転するとされる損害賠償請求権も過失を斟酌した後のそれを意味すると解するのが，文理上自然であり，右規定の趣旨にそうものといえる」として，いわゆる控除前相殺説の立場に立つことを明らかにしている（最判平元・4・11民集43巻4号209頁，なお，伊藤正己裁判官の反対意見がある）。法文の定める「給付の価額の限度」を文言に忠実に解釈したもので，被害者救済の視点が抜け落ちていると思われる。

③　労災保険における使用者災害の場合の損害賠償との調整

1）問題の所在：労災補償給付と損害賠償との調整についての考え方

　労災保険の給付によって使用者の損害賠償を排除（免責）するような方式を採用している国（例えば，ドイツ，フランス，オーストリア等）では，損害賠償との調整の問題は生じないが，このような方式を採用していないわが国では，被災者が取得することになる労災保険給付と損害賠償請求権との競合が生じるため，その調整をどのように行うかが問題となる。

2）「使用者行為災害」と将来給付分の控除の可否

　労働者の使用者が加害者として損害賠償責任を負担するケースを「第三者災害」と区別して「使用者行為災害」というが，使用者災害の場合は，労災保険の年金給付と使用者の一時金の形での損害賠償という種類の異なるものの間の調整であるという点だけではなく，使用者（事業主）の労災保険への加入のメリット（保険利益）をどう評価すべきかという点で種々の困難な問題を提起した。学説では，控除説と非控除説が対立していたが，最高裁は，第三者災害の場合と同様に，損害賠償額からの控除は現実に行われた保険給付に限られ，将来の年金給付は，たとえその支給が確定されていても控除の対象にはならないとした（最判昭52・10・25民集31巻6号836頁）。

　その点を考慮して1980（昭和55）年の労災保険法の改正により設けられたのが，使用者（事業主）の損害賠償の履行猶予制度である（現在，労災64条1項）。それによれば，労働者またはその遺族が，障害（補償）年金または遺族（補償）年金を受けるべき場合（当該年金給付にかかる前払一時金を請求することができる場合に限る）であって同一の事由について当該労働者を使用または使用していた事業主から損害賠償を受けることができるときは，①事業主は，当該労働者または遺族の年金給付を受ける権利が消滅するまでの間，当該年金給付にかかる前払一時金の最高限度額（法定利率により割り引いた現価）の限度で，その損害賠償の履行を猶予され，②上記①により損害賠償の履行が猶予されている場合において，年金給付または前払一時金給付がなされた場合には，事業主はその給付（法定利率により割り引いた現価）の限度で損害賠償の責任を免れる，ことになっている。

　さらに同一の事由について労災保険給付に相当する部分を含む損害賠償が事業主によって行われた場合には，政府はそれ以降，「労災保険審議会の議を経て労働大臣の定める基準により」その行われた損害賠償の労災保険給付の価額の限度で，その損害賠償に相当する労災保険給付を行わないことができる，とされた（労災64条2項）。

3）使用者による損害賠償債務の履行と国に対する未支給の労災保険金の代位請求の可否

　問題になるのは，控除されなかった給付金につき，被災者に損害賠償を支払

った使用者が上記給付の代位請求をなしうるか否かである。最高裁（最判平元・4・27民集43巻4号278頁）は，民法422条の賠償者による代位の規定が不法行為による損害賠償に類推適用される場合についてみると，「賠償者が取得するのは不法行為により侵害された権利又はこれに代わる権利であると解されるところ，労災保険法に基づく保険給付は，業務上の事由又は通勤による労働者の負傷，疾病，障害又は死亡に対して迅速かつ公平な保護をすること等を目的としてされるものであり（労災1条），労働者が失った賃金等請求権を損害として，これを填補すること自体を目的とする損害賠償とは，制度の趣旨，目的を異にするものであるから，労災保険法に基づく給付をもって賠償された損害に代わる権利ということはできない。したがって，労働者の業務上の災害に関して損害賠償債務を負担した使用者は，右債務を履行しても，賠償された損害に対応する労災保険法に基づく給付請求権を代位取得することはできない」として，この問題に決着をつけた。

4）特別支給金の損害賠償額からの控除

　労災保険法は，業務災害または通勤災害の被災者・その遺族に対してそれぞれ7種類の保険給付を定めている（第5章第6節 1 ）が，これらの本来の保険給付に付随して社会復帰促進等事業を行うことができることになっている（労災23条）。その一環として行われているのが，各種の特別支給金あるいは就学援護費等の支給の事業である。

　労災民事訴訟に関連して問題となったのは，特別支給金が損害賠償額から損益相殺として控除されるかどうかである。この点について，最高裁（最判平8・2・23民集50巻2号249頁）は，①特別支給金の支給は，労働福祉事業の一環として，被災労働者の療養生活の援護等によりその福祉の増進を図るために行われるものであること，②「使用者又は第三者の損害賠償の履行と特別支給金の支給との関係について，保険給付の場合における前記各規定〔労基84条2項，労災64条・12条の4〕と同趣旨の定め」がないこと，③このような保険給付と特別支給金との差異を考慮すると，特別支給金が被災労働者の損害を填補する性質を有するということはできないことといった点を根拠に，「被災労働者が労災保険から受領した特別支給金を損害額から控除することはできないというべきである」として，やはり非控除説に立つことを明らかにしている。

なお，遺族補償年金についての損益相殺的な調整の場合，損害額（元本）から同年金を差し引くべきであるとされた事例がある（フォーカスシステム事件，最大判平27・3・4労判1114号6頁）。本件は，過度の飲酒による急性アルコール中毒から心停止にいたり死亡したKの相続人であるXら（原告，上告人）が，Kの死亡は，長時間の時間外労働等による心理的負荷の蓄積によって精神障害を発症し，正常な判断能力を欠く状態で飲酒したためであると主張し，Kの雇用主であるY社（被告，被上告人）に対して，不法行為または債務不履行に基づきXら各自にそれぞれ5000万円の支払い（損害賠償）を求めていたものである。なおYは，コンピュータ，その周辺機器，通信機器およびそのソフトウエアの開発，設計，製造，販売等を業とする会社であり，Kは，Yにシステムエンジニアとして入社し，死亡時，通信ネットワーク事業部第二システム部に所属していた。Kの死亡は東京の中央労働基準監督署長により労災認定がなされ，X1に葬祭料，遺族補償年金の支給等が行われている。第1審（平23・3・7）は，葬祭料，遺族補償年金について，それぞれ同一の事由に当たる葬儀費用と死亡逸失利益について損害の填補がなされているとして，それぞれ不法行為に基づく損害賠償請求権の遅延損害金から充当してその残額について，Yに損害賠償を命じていた。これに対して原審（東京高判平24・3・23）は，填補の対象となる損害は，不法行為の日に填補されたものと法的に評価して損益相殺的な調整を行うべきであるとした。なお，平成16年12月20日の最高裁判決（判時1886号46頁）では，保険金等が支払時における損害金の元本および遅延損害金の全部を消滅させるに足りないときは，遅延損害金の支払債務にまず充当されるとして給付金の遅延損害金への充当を認める判断をしているのに対して，平成22年9月13日の最高裁判決（民集64巻6号1626頁，判時2099号20頁）では，これを認めていなかったため，最高裁の判決の間で矛盾・対立が生じていた。大法廷判決は，この対立を「調整する」ことを目指したものである。
　大法廷判決は，まず，相続人が受ける利益が，被害者の死亡に関する労災保険法に基づく保険給付であるときは，民事上の損害賠償の対象となる損害のうち，当該保険給付による填補の対象となる損害のうち，当該保険給付による填補の対象となる損害と同質であり，かつ，相互補完性を有するものについて，損益相殺的な調整を図るものである，としたが，これは，従来の最高裁判決を

確認するものである（最判昭62・7・10民集41巻5号1202頁）。ついで，遺族補償年金について，次のように判示する。遺族補償年金は，労働者の死亡による遺族の被扶養利益の喪失を填補することを目的とするものであって，その填補の対象とする損害は，被害者の死亡による逸失利益等の消極損害と同性質であり，かつ，相互補完性があるものと解され，他方，損害の元本に対する遅延損害金に係る債権は，あくまでも債務者の履行遅滞を理由とする損害賠償債権であるから，遅延損害金を債務者に支払わせることとしている目的は，遺族補償年金による填補の目的とは明らかに異なるものであって，遺族補償年金による填補の対象となる損害が，遅延損害金と同性質であるということも，相互補完性があるということもできない。

　被害者が不法行為によって死亡した場合において，その損害賠償請求権を取得した相続人が遺族補償年金の支給を受け，または支給を受けることが確定したときは，損害賠償額を確定するに当たり，遺族補償年金につき，その填補の対象となる被扶養利益の喪失による損害と同性質であり，かつ，相互補完性を有する逸失利益等の消極損害の元本との間で，損益相殺的な調整を行うべきである。他方，遺族補償年金は，制度の趣旨に沿った支給がなされる限り，その支給分については，当該遺族に被扶養利益の喪失が生じなかったとみることが相当であり，不法行為により死亡した被害者の相続人が遺族補償年金の支給を受け，または支給を受けることが確定することにより，上記相続人が喪失した被扶養利益が填補されたこととなる場合には，その限度で，被害者の逸失利益等の消極損害は現実にないものと評価できる，と。このように大法廷は，平成22年判決の立場を採用し，遺族補償年金が支給される場合には，特段の事情がない限り，その填補の対象となる損害は不法行為のときに填補されたものと法的に評価して損益相殺的な調整を行うべきであり，遺族補償年金等がその支払時における損害金の元本および遅延損害金の全部を消滅させるに足りないときは，遅延損害金の支払債務にまず充当されるとした平成16年12月20日の最判（判時1886号46頁）は，上記判断と抵触する限度で変更されるべきであるとされた。

　損益相殺的な調整を行う場合の，平成22年判決の方法で調整すれば，遺族側が受け取る分が平成16年判決の方法によるよりもかなり減額されることになる。

実務上きわめて重要な意味のある判決である。

5 権利救済

1 問題の所在

社会保険の給付は，その多くが受給者の日々の生活に必要・不可欠な糧として用いられるものであり，確実にその者に帰属するように種々の保護が行われている（第3章第3節）。しかし，その受給にいたる手続きは複雑で一般の市民にはわかりにくいことが少なくない。また，受給権が社会保険者や行政庁の違法・不当な処分によって侵害され実現しないことも生じる。社会保険の給付が権利として保障されるといえるためには，そうした事態に対処する救済手続が整備されている必要がある。この救済手続（争訟手続）は，社会保障給付の性格からいって，簡易・迅速に救済が行われ，かつ特段の費用負担なしに必要な手続がとれることが要請される。

2 救済手続（争訟手続）

社会保険法の分野では，救済手続（争訟手続）は，社会保険者，行政庁等が行う給付に関する決定（裁定等）が行政処分とされることもあって，行政処分に対する事後的な救済としての性格をもつことになる。それは，大きくまず行政内部で救済を求める不服申立てと，さらに裁判所に行政処分の取消を求める行政訴訟の2つに分けることができる。

行政不服申立てには，異議申立て，審査請求および再審査請求がある（行審3条1項）。このうち，審査請求は，行政庁の違法または不当な処分（不作為の場合も含まれる）に不服がある場合に認められるもので，処分をした行政庁（処分庁）または不作為に係る行政庁（不作為庁）以外の行政庁に対して行うものであり，異議申立は，処分庁または不作為庁に対して行うものをいう（行審3条2項）。社会保険・労働保険では，特に法律により次に述べる第三者的機関（審査制度）が設けられている。

1）社会保険における審査制度

社会保険については，給付等に関わる紛争を簡易・迅速に解決するために，

行政不服申立制度の特別手続として「社会保険審査官及び社会保険審査会法」に基づき社会保険審査制度が設けられている。現在，健康保険，船員保険，厚生年金保険，石炭鉱業年金基金および国民年金に関する法律の規定による審査請求，再審査請求に関する事件は，各地方社会保険事務局におかれている社会保険審査官および厚生労働大臣の所管の下におかれている社会保険審査会が取り扱っている。

国民健康保険は，市町村が運営主体になって行われているが，その不服申立についての審査は，都道府県ごとに設置された国民健康保険審査会が行うことになっている（国保92条）。審査会は，被保険者を代表する委員，保険者を代表する委員および公益を代表する委員各3名によって構成されている。審査の対象になるのは，保険給付に関する処分および保険料その他法律の規定による徴収金に関する処分である。2審はない。

介護保険の保険給付に関する処分，または保険料等に関する処分に不服がある者は，都道府県に設置されている介護保険審査会に審査請求をすることができる（介保183条・184条）。

2）労働保険審査制度

労災保険給付に関する処分は労働者・その遺族等の請求に基づいて労働基準監督署長が行い，雇用保険の給付に関する処分は労働者等の請求に基づいて公共職業安定所長が行う。これらいわゆる労働保険（労災保険および雇用保険）について支給・不支給決定に不服がある者の審査請求については，「労働保険審査官及び労働保険審査会法」に基づく労働保険審査制度があり，各都道府県労働局におかれる労災保険審査官・雇用保険審査官および厚生労働大臣の所轄の下におかれている労働保険審査会が設けられている。

3 行政訴訟

1）取消訴訟

社会保険のように権利関係の形成に行政庁の行政行為が介在しているものについては，当該行政処分に関する抗告訴訟，なかでも処分（原処分）の取消の訴え（取消訴訟）が最も典型的なものである。裁決の取消の訴えは，裁決固有の瑕疵を理由とする場合に限られ，原処分を正当として審査請求・再審査請求

を棄却した決定・裁決の取消訴訟では，原処分の違法を理由として取消を求めることができない（原処分主義，行訴10条2項）。

取消訴訟は，「当該処分又は裁決の取消を求めるにつき法律上の利益を有する者」（原告適格，行訴9条）が処分庁または裁決庁を被告として提起する。問題は，どのような者がこの「法律上の利益を有する者」に当たるかである。判例では，当該処分により自己の権利もしくは法律上保護された利益を侵害され，また必然的に侵害されるおそれがある者がそれに当たるとしている（最判昭53・3・14民集32巻2号211頁）。したがって，社会保険者の行った保険給付や社会保険料に関する処分の名宛人には当然，原告適格が認められる。

2）審査請求前置

不服申立前置が採用されている結果，審査請求（2段階の不服申立手続がとられている場合は，再審査請求）を経ずになされた取消訴訟は，不適法として却下される。いうまでもなく，不服申立前置の要件を満たすためには，適法な不服審査を経ることが必要であり，審査請求期間あるいは再審査請求期間を徒過してしまった場合には，審査請求あるいは再審査請求は不適法として却下されるので，不服申立前置の要件を満たさなくなり，原処分の取消の訴えは，やはり不適法として却下される（最判昭30・1・28民集9巻1号60頁，最判平4・2・4労判610号6頁等）。

もっとも，この場合でも，①審査請求から3か月を経過して裁決がないとき，②処分，処分の執行または手続の続行により生じる著しい損害を避ける緊急の必要があるとき，③その他裁決を経ないことにつき正当な理由があるときは，裁決を経ないでもよいとされている（行訴8条2項1号ないし3号）。2段階の不服申立手続がとられている場合は，審査請求から3か月を経過して決定がないとき，再審査請求を飛ばして取消訴訟が提起できるかどうかが問題となる。

この点，まず，健康保険，厚生年金保険，国民年金では審査請求をした日から60日以内に決定がないときには，請求が棄却されたものとして再審査請求に進めることになっており（健保189条2項，厚年90条2項，国年101条2項），再審査請求がなされた日から60日以内に再審査請求につき決定がないときには，処分の取消訴訟が提起できることになる。

同様に，労災保険，雇用保険では審査請求をした日の翌日から起算して3か

月を経過しても審査請求についての決定が出ない場合は，決定を経ないで再審査請求に進めることになっている（労災38条2項，雇保69条2項）。このようにして再審査請求に進んだ場合，審査請求についての裁決が3か月を経過しても行われない場合，直接，処分の取消訴訟が提起できる（労災40条1号，雇保71条1号）。なお，最高裁は，審査期間の大幅な遅延を考慮に入れて，最初の審査請求から3か月を経過しても決定が出ない場合，直接裁判所に訴訟を提起できるとの判断を示していたが（最判平7・7・6労判678号13頁），その後，上記のように，審査請求から一定期間（3か月）を経過しても労働保険審査官による決定が出ない場合，その決定をまたずに，再審査請求を認めるという形で労災保険法が改正されたのである（労災38条2項）。

取消訴訟の対象になるのは，いうまでもなく行政処分としての性格（行政処分性）を有するものでなければならない。処分性は「特定人の具体的権利義務ないし法律上の利益に直接関係する」場合に認められる（東京地決昭40・4・22行集16巻4号708頁）。社会保険に関していえば，被保険者資格に関する処分，健康保険・厚生年金保険の標準報酬決定，保険給付に関する処分，保険料その他の徴収金に関する処分がそれに当たる。

3）管　轄

行政庁を被告とする取消訴訟は，当該行政処分を行った行政庁の所在地の裁判所の管轄に属する（行訴12条1項）。民事訴訟とは異なり，地方裁判所の支部は行政事件につき管轄権をもたない（地方裁判所及び家庭裁判所支部設置規則1条2項）。労災保険・雇用保険の給付に関する処分であれば，その処分を行った労働基準監督署長・職業安定所長の所在地の地方裁判所が管轄裁判所になり，組合管掌健康保険の場合，当該健康保険組合の所在地の地方裁判所が管轄裁判所である。市町村が行う国民健康保険および介護保険に関わる行政処分についての取消訴訟にあっては，当該市町村の所在地の地方裁判所である。行政処分に関し事案の処理に当たった下級行政機関の所在地の地方裁判所にも，取消訴訟は提起できる（行訴12条3項）。ここで「事案の処理に当たった下級行政機関」とは，当該機関が単に処分庁の依頼で資料の収集の補助をしたとか，申請書を経由したとかでは足らず，事案の処理に必要な調査を行い，その結果を処分庁に具申をするなど，処分の成立に実質的に関与し，また，行政処分に

ついて実質的な判断を行っていることが必要である（最決平13・2・27判タ1058号98頁）。これは，老齢基礎年金を受けることになったことを理由に社会保険庁長官が障害基礎年金の支給を停止したのは憲法違反であるとして和歌山市に住む身体障害者の男性が，支給停止処分の取消などを求めて和歌山地裁に提起していた行政訴訟に関するケースであるが，国側が本件訴訟は行政事件訴訟法12条1項により，社会保険庁長官の所在地の裁判所である東京地方裁判所の管轄に属する旨主張して，同訴訟を東京地方裁判所に移送する旨の申立てをしていた。

　行政事件訴訟法11条1項本文では，「処分の取消しの訴えは，処分をした行政庁を……被告として提起しなければならない」とされ，また，同12条1項では，「行政庁を被告とする取消訴訟は，その行政庁の所在地の裁判所の管轄に属する」と規定されている。したがって，裁判管轄で決定的に重要な意味をもつのは，だれが「処分をした行政庁」に当たるかである。例えば，遺族が労働者の死亡を業務上に当たるとして労災保険の遺族補償給付（遺族補償年金）の支給を求めるようなケースでは，不支給処分を行うのは所轄の労働基準監督署長であり，この不支給処分についての取消訴訟では，当該労働基準監督署長の所在地の地方裁判所が管轄権をもつことになる。その一方で，行政事件訴訟法12条3項では，「取消訴訟は，当該処分……に関し事案の処理に当たった下級行政機関の所在地の裁判所にも提起することができる」とされており，本件の原告は，和歌山県知事は本件処分（障害基礎年金の支給停止，老齢基礎年金の受給の特定，障害基礎年金の過誤払い分の処理方法に関する処分等）について，「事案の処理に当たった下級行政機関」に当たるから，本件訴訟は同知事の所在地の裁判所たる和歌山地方裁判所の管轄にも属する旨主張していた。この点，本件の最高裁決定は，「事案の処理に当たった下級行政機関」とは「当該処分等に関し事案の処理そのものに実質的に関与した下級行政機関をいうもの」と従来の下級審判例と同様な考え方を示している。その上で，本件に関する関係法令，具体的事実関係について詳細に検討し，「和歌山東社会保険事務所における年金受給選択に関する……事務の処理こそが併給の調整に係る本件事案の核心的部分に当たる」ものであり，したがって，「和歌山県知事は，抗告人社会保険庁長官の下級行政機関として，本件各処分に関し事案の処理そのものに実

質的に関与したと評価することができる」から,「事案の処理に当たった下級行政機関」に該当するとして,被告側主張の東京地裁への移送を認めなかった。

管轄裁判所が東京ということになれば,地方に住む者にとっては訴訟提起が実際上難しくなることが起こりうる。法律扶助や訴訟救助の制度を充実させることによってこうしたケースに対処する必要もあるが,前頁の事例は,改めて裁判管轄（土地管轄）に関する課題を提起したともいえる。

4) 出訴期間

取消訴訟は,処分または裁決があったことを知った日から3か月以内に提起しなければならない（行訴14条1項）。不服申立前置により審査請求または再審査請求が行われる場合,この出訴期間は,裁決があったことを知った日から3か月以内ということになる（同4項）。この期間は,不変期間であり伸長できないが（同3項,民訴96条1項ただし書）,当事者が「その責めに帰することができない事由により」不変期間を遵守することができなかった場合は,その事由が消滅した後1週間以内に限り,不変期間にすべき訴訟行為の追完をすることができる（民訴97条1項）。なお,取消訴訟は,処分または裁決の日から1年を経過すると,もはや提起できない（行訴14条3項）。ただし,正当な理由があるときは,この限りではない（同条3項ただし書）。

5) 訴訟の承継

訴訟の当事者が死亡した場合,訴訟手続きは中断するが,この場合,訴訟物に関する権利義務を承継した者（相続人等）がその訴訟を承継して当事者になる（民訴124条1項1号）。当事者が死亡したとき,訴訟物である権利関係を承継する者がいない場合,死亡とともに訴訟は当然に終了する。訴訟物である権利が一身専属的なものである場合には,この権利関係は承継されないことになり,結局,当事者の死亡とともに訴訟は当然に終了し,中断は生じないとされる（朝日訴訟,最大判昭42・5・24民集21巻5号1043頁）。また,最高裁は,国民年金法19条所定の遺族についても訴訟承継を否定している（最三小判平7・11・7民集49巻9号2829頁）。

（西村健一郎）

第2章 医療保険

Introduction

　わが国では，社会保障制度の重要な一領域として，社会保険方式による医療保険制度が採用されている。医療保険制度は，被用者および被扶養者を適用対象としている被用者保険（健康保険，各種共済制度等）とそれ以外の国民を適用対象とする地域保険（国民健康保険）の2本立てにより構成され，国民皆保険を実現させている。もっとも，医療保険制度においては，人口の少子高齢化，雇用環境の変化や貧困・格差の問題に伴い，医療保険制度の財政基盤の安定化，保険料にかかる国民の負担に関する公平の確保，保険給付の対象となる療養の範囲の適正化等が課題とされている。

　また，国民への医療提供に関わる制度の仕組みとなる医療供給体制については，医療法に基づき，医療提供施設等に関する定めがおかれており，特に，良質かつ適切な医療提供体制の確保を図るための取組みがなされている。加えて，医療保険制度においては，厚生労働大臣の指定を受けた保険医療機関等による診療や調剤等に関する報酬の算出や支払い方法に関する規制が存在する。

　さらに，高齢化の進展に伴い，重要な課題とされているのが，高齢者の医療についてである。1982（昭和57）年には，老人保健法が制定されたが，医療費が増大していく中，医療制度を持続可能なものにしていくため，その後も制度の抜本的な見直しが必要とされてきた。そこで，2008（平成20）年には，高齢者医療確保法が制定された。これにより，75歳以上の後期高齢者については，独立した医療制度（後期高齢者医療制度）が創設される。一方，65歳から74歳の前期高齢者については，退職者が国民健康保険に加入することが多く，保険者間で医療費の負担に不均衡が生じていることから，これを是正する制度が導入されている。

　本章では，こうした医療保険制度における健康保険法，国民健康保険，医療供給体制，高齢者の医療について取り上げ，理解を深めたい。

1　医療保障と医療保険

　医療保障制度は，病気・負傷等が発生した後に治療を行い，病後のアフター・ケアを施す他，病気を予防することを目的として，医療を保障するシステムである（西村健一郎，2008，『社会保障法』有斐閣，151頁）。良質で適切な医療を保障するためには，税方式の国民の保険サービス（イギリス）や社会保険の給付によって医療を保障する方式（ドイツやフランス）等の方式が考えられるが，わが国では，社会保険方式が採用されている。社会保険方式は，国と国民が直接対峙するのではなく，その間に保険者が中間団体として挟まり，個人がその意思決定に主体的に参画し給付と負担の同時決定を自律的に行う仕組みと解されている（島崎謙治，2011，『日本の医療——制度と政策』東京大学出版会，206，398頁）。

　わが国の医療保険制度は，全国民が何らかの医療保険の適用を受けることができる，国民皆保険制度が採用されているという点に大きな特徴がある（なお，例外として，生活保護世帯は，国保の適用が除外され，医療扶助を受けている〔国保6条6号・8号〕）。すなわち，健康保険，共済組合等被用者保険の被保険者（組合員，私学共済の場合は加入者）およびその被扶養者である者に対しては被用者保険（職域保険）が適用され，それ以外の市町村住民については，国民健康保険が強制的に適用される仕組み（住民保険）となっている。なお，75歳以上の高齢者（後期高齢者）や一定程度の障害のある65歳以上75歳未満の者については，後期高齢者医療制度が適用される（第5節参照。医療保険改革をめぐる政策動向については，菊池馨実，2010，『社会保障法制の将来的構想』有斐閣，122頁を参照）。

2　健康保険法

1　意　義

　健康保険法（以下，健保法）は，労働者またはその被扶養者の業務災害以外の疾病，負傷もしくは死亡または出産に関して保険給付を行い，もって国民の

生活の安定と福祉の向上に寄与することを目的としている（健保1条1項）。まず，同法は，労働者ないしその被扶養者の医療保険の給付を行うという点に特徴があり，労働者（被用者）が健保法の適用事業場に使用されることにより，強制的に加入させる方法を採用している。また，保険給付の対象とされる被保険者の保険事故として，疾病，負傷，死亡，出産を掲げている。制定当初（1922〔大正11〕年），健保法において，労働者の業務上の事由による保険事故に関しても，保険給付の対象とされていたが，1947（昭和22）年に労働者災害補償保険法が制定されたことにより，適用除外とされるにいたった（労災保険については，第5章を参照）。

2　健康保険の保険者

健保の保険者には，健康保険組合（健保組合）と全国健康保険協会（協会けんぽ）の2つがある。健保組合は，その組合員たる被保険者の保険を管掌し（健保6条），協会けんぽは，健保組合の組合員ではない被保険者の保険を管掌する（健保5条）。健保組合は，主として大企業被用者を対象とし，適用事業所の事業主，その事業に使用される被保険者および任意継続被保険者（退職，解雇等で被保険者資格を喪失した者に，一定の条件で一定期間，被保険者資格を認める制度〔健保3条4項〕）によって組織される公法人である。一方，協会けんぽは，日雇特例被保険者を除いて，主に中小企業被用者を適用対象としている。

健保組合の設立においては，任意設立と強制設立の2種類があるが，現在まで強制設立の例はほとんどない。任意設立とは，事業主およびその事業に使用される被保険者の設立の希望に基づいて設立されるものであり，さらに，単独設立と共同設立に区分される。単独設立の場合，1または2以上の適用事業所において，常時政令で定める数（健保令1条の2第1項によれば700人）以上の被保険者を使用する事業主が，組合員となる資格を有する被保険者の2分の1以上の同意を得て規約（健保16条）を作成し，厚生労働大臣の認可を受けて設立する（健保11条1項・12条1項）。共同設立の場合，被保険者の員数は合算して常時3000人以上であるときに（健保令1条の2第2項），厚生労働大臣の認可を受けて設立する。

健保組合は，設立の認可を受けたときに成立し（健保15条），適用事業所の

事業主およびその事業所に使用される被保険者は，すべて当該健保組合の組合員となる（健保17条1項）。健保組合には，その意思決定機関としての組合会（健保18条1項），意思執行機関としての理事（健保21条1項）ないし理事会がおかれる。理事長は，対外的に健保組合を代表するとともに，その業務を執行する他（健保22条1項），業務の執行および財産の状況を監査するため，監査がおかれる（健保21条1項・22条4項）。

一方で，協会けんぽは，理事長の他，理事6人以内および幹事2人の役員がおかれる（健保7条の9）。協会は，事業主および被保険者の意見を反映させ，協会の業務の適正な運営を図るため，運営委員会をおき（健保7条の18），また，都道府県ごとの実情に応じた業務の適正な運営に資するため，支部ごとに評議会を設け，当該支部における業務の実施について，評議会の意見を聴くものとしている（健保7条の21）。なお，この制度においては，健保組合のように組合会として被保険者の参加手続が法定されていない（菊池馨実，2014，『社会保障法』有斐閣，335頁）。

3 保険の適用

1）被保険者

健保法上の被保険者とは，適用事業所に使用される者および任意継続被保険者をいう（健保3条1項本文）。つまり，適用事業所に使用される者は，強制的に被保険者となる。適用事業所とは，健保3条3項1号に掲げる事業の事業所であって，常時5人以上の従業員を使用するもの，その他，国，地方公共団体または法人の事業所であって，常時従業員を使用するもの（同項2号）をいう。

一方，健保3条3項1号で適用事業所として掲げられていない事業（農林業，畜産業，水産業，飲食業，美容業，サービス業，弁護士・社会保険労務士の事務所等）については，強制適用事業にはならない。もっとも，このような事業主は，当該事業所に使用される者の2分の1以上の同意を得て，厚生労働大臣に申請し，その認可を受けて，当該事業所を適用事業所とすることができる（任意包括被保険者，健保31条1項・2項）。

（1）「使用される者」の概念

適用事業所に「使用される者」の概念は，行政解釈によると，事業主との間

に事実上の使用関係が存在することであり，法律上の使用関係がなくとも，事業主に使用される者と同様の状態であれば，被保険者の該当性が肯定されるものと解される（厚生省保険局編著，1959，『健康保険法・厚生年金保険法』労務行政研究所，477頁）。それに伴い，基本的には，労基法9条の労働者と同様，使用従属関係の存否（①勤務時間の拘束，勤務時間指定の有無，②業務遂行過程での指揮命令の有無，③専属関係の有無，④第三者による代行性の有無，⑤仕事の依頼・業務に対する諾否可能性の有無，⑥生産器具・道具等の所有関係，⑦報酬の労務対価性）によって判断される（西村，2008，160頁）。

ただし，実務上は，雇用関係が否定されるような「法人の代表者又は業務執行者であっても，法人から，労務の対償として報酬を受けている者は，法人に使用される者として被保険者の資格を取得させる」（昭和24・7・28保発74号）との見解が採用されてきた。そこで，健保法上の「使用される者」が，労基法9条のいう労働者概念と同一視されるか否か問題とされた。この点，判例は，健保法が労働生活に直接関係のない事項を災害補償の対象とし，国民の生活の安定と福祉の向上に寄与することを目的としていることから，労使間の実勢上の差異を考慮すべき必要はないものとして，労基法上の「労働者」とは一致しないものと位置づけた（広島高岡山支判昭38・9・23行集14巻9号1684頁，大阪高判昭55・11・21労判357号52頁同旨）。本件は，雇用契約関係にはないような株式会社の代表取締役における健保法および厚年法上の被保険者資格の存否が争われた事案であるが，被保険者に該当するものと判断がなされている。

また，従来，健保法は，業務外について健保の給付を行うものとしていたことから，労災保険法上の給付対象とされない，代表取締役等の役員の業務上の災害も，適用を除外するという事態が生じていた。そのため，2003（平成15）年以降，被保険者が5人未満である適用事業所に所属する法人の代表者等であって，一般の従業員と著しく異ならないような労務に従事している者については，その者の業務遂行の過程において業務に起因して生じた傷病に関しても，健保の保険給付の対象とされた（平成15・7・1庁保発0701001号）。その後，2013（平成25）年改正により，健保法の被保険者または被扶養者の仕事中の負傷等が労災保険の給付対象とならない場合には，原則として，健保の給付対象とされることが明らかにされた（健保1条）。

（2） 適用除外

　健保法の被保険者は，常用的な使用関係を前提とされている。一方，法は，船員保険の被保険者や日雇労働者（2か月以内の期間を定めて使用される者）等について，適用を除外している（健保3条1項各号）。もっとも，適用事業所に使用される日雇労働者については，健保による給付等が必要とされる場合があるため，原則，日雇特例被保険者に該当し，適用対象となる（健保3条2項）。

　また，短時間労働者にかかる被保険者資格の取扱いについて，1980（昭和55）年6月6日付の厚生省保険局保険課長等による内簡（内部向けの書簡）は，常用的使用関係にあるか否かは，当該就労者の労働日数，労働時間，就労形態，職務内容等を総合的に勘案して認定すべきものであるとしていた。その際，所定労働日数が当該事業所において同種の業務に従事する通常の就労者の所定労働時間および所定労働日数のおおむね4分の3以上である就労者については，原則として健保の被保険者として取り扱うべきものであるとした。しかしその後，4分の3を満たしていない場合でも，2012（平成24）年の年金機能強化法により，短時間労働者への健康保険・厚生年金の適用拡大が行われ，①労働時間が週20時間以上であること，②賃金が月額8.8万円以上であること，③勤務期間が1年以上見込まれること，④学生でないこと，⑤従業員501人以上の企業であることといった要件が設けられた（健保3条1項9号，2016〔平成28〕年10月1日施行）。加えて，2017（平成29）年4月1日からは，上記①〜④の要件が常時500人以下の企業等にも適用拡大され，①労使合意（過半数組合あるいは過半数代表者，同意対象者の2分の1以上の同意）に基づき申出をする法人・個人の事業所，②地方公共団体に属する事業所に勤務する短時間労働者も，新たに適用対象となる。

（3） 任意継続被保険者

　任意継続被保険者とは，適用事業所に使用されなくなったため，または上記適用除外の要件に該当するにいたり，資格を喪失した者であって，喪失の日の前日まで継続して2か月以上被保険者であったもののうち，保険者に申し出て，継続して当該保険者の被保険者となった者をいう（健保3条4項）。この申出は，被保険者の資格を喪失した日から20日以内にしなければならない（健保37条1項）。もっとも，保険者は，正当な理由があると認めるときは，この期間

を経過した後の申出であっても，受理することができる（同項ただし書）。また，この資格は，任意継続被保険者となった日から起算して2年を経過すると喪失する（健保38条1号）。

（4） 資格得喪の時期

被保険者（任意継続被保険者を除く）は，適用事業所に使用されるにいたった日もしくはその使用される事業所が適用事業所となった日または健保法3条1項ただし書の規定に該当しなくなった日から，被保険者の資格を取得する（健保35条）。そして，被保険者は，死亡，あるいは，解雇，退職，事業所の閉鎖等その事業所に使用されなくなったときはその翌日から，被保険者の資格を喪失する（健保36条1号・2号）。ここでいう「使用されなくなった」とは，労働関係の解消を意味するのか，それとも，労務提供の事実上の終了を意味するのかによって，差異が生じる。例えば，休職や育児休業・介護休業，解雇の係争中，労働争議の間，労務提供がなされていない場合，事実上の使用関係の存否が問題となりうる。

（あ） 休　職

通達によると，被保険者が休職期間中，労務の対償としての報酬がなく，実質的に使用関係の消滅であるとみるのが相当である場合，資格を喪失させるのが適当と認められる（昭和25・11・2保発75号）。例えば，被保険者の長期にわたる休職状態が続き実務に服する見込がない場合や，公務に就任しこれに専従する場合等においては被保険者資格を喪失せしめるのが妥当と認められる（昭和26・2・28保文発619号）。

（い） 育児・介護休業

育児介護休業法に基づく育児・介護休業の期間中は，使用関係は存続しているものとされることから，被保険者資格は維持される（平成7・3・29保険発52号・庁保険発16号，平成11・3・31保険発46・庁保険発9号）。また，育介法24条の規定により，3歳から小学校就学の始期に達するまでの子を養育する労働者に関する措置として育児休業に準じた休業期間が設けられている場合において，①当該休業期間の長さが社会通念上妥当なものであること，②当該休業期間満了後は必ず復職することを前提として認められたものであること，③当該休業期間中は他で就労しないことを前提としていること等により事業主等と被

保険者との使用関係が継続すると認められる場合，被保険者資格は存続する（平成17・3・29保保発0329001号・庁保険発0329002号）。

　（う）　解　雇

　事業主が被用者を不当に解雇したとして，被用者が当該解雇の無効を争っている場合，事業主に「使用されなくなった」と評価されるか否かが問題とされる。通達によると，解雇が労働法規または労働協約に違反することが明らかな場合を除き，事業主より被保険者資格喪失届の提出があった場合，保険者は，一応資格を喪失したものとしてこれを受理し，被保険者証の回収等所定の手続をしなければならない。この結果，労働委員会または裁判所が解雇無効の判定をなし，かつ，その効力が発生したときは，当該判定に従い遡及して資格喪失の処理を取り消し，被保険者証を事業主に返付することになる（昭和25・10・9保発68号）。

　（え）　労働争議

　労働組合がストライキを実施した場合，組合員による労務提供がなされない一方，労働関係は存続しているため，原則として，使用関係は終了せず，被保険者資格を保持するものと解される。しかし，ストライキにより長期にわたって労務提供がなされていない場合にも，被保険者資格が保持されるか否かが問題となる。これに関し，労働争議による14年間の不就労を理由に事業主が被保険者資格を喪失したことを確認する処分を行ったことから，被保険者が本件処分の取消しを求めた事案がある（本山製作所事件・仙台高判平4・12・22判タ809号195頁）。これによると，「たとえ法律上の雇用関係が存在する場合であっても，被保険者による就労拒否が著しく長期間に及び，その間，事業主が不就労を理由として報酬（賃金）の支払をせず，その結果，被保険者の負担すべき保険料が報酬から控除されることがないこととなり，かつ，被保険者が近々再就労する具体的な見通しが立たないような場合には，事業主と被保険者との間の使用関係は，事実上消滅したものとみられる」。

（5）　資格の得喪の確認

　被保険者の資格の取得および喪失は，保険者等（協会が管掌する健保の被保険者である場合，厚生労働大臣，健保組合が管掌する健保の被保険者である場合，当該健保組合をいう）の確認によって，その効力を生ずる（健保39条1項）。そ

れに伴い，適用事業所の事業主は，被保険者の資格の取喪等の事項を保険者等に届け出なければならない（健保48条）。もっとも，確認は，資格取得ないし喪失の日を基準として行われるものと解され，この確認が行われると，届出の日ではなく，資格取得ないし喪失の日に遡ってその効力が生じる（山本工務店事件・最判昭40・6・18判時418号35頁）。資格取得の場合，被保険者は，その間に受けた保険給付にかかる療養費等を請求することが可能となる。

2）被扶養者

健保法は，被保険者の他に，その被扶養者を保護対象として，疾病，負傷もしくは死亡または出産に関して保険給付を行っている（健保1条）。

制定当初，健保制度の保護対象は，被保険者のみであったが，被保険者の経済的負担をふまえ，1939（昭和14）年改正で，その被扶養者に対する保険が任意給付とされ，その後，1942（昭和17）年改正により，法定給付が創設された。

被扶養者の範囲は，①被保険者の直系尊属，配偶者（事実婚を含む），子，孫および兄弟姉妹であって，主としてその被保険者により生計を維持する者（健保3条7項1号），②1号以外の被保険者の3親等内の親族で，被保険者と同一の世帯に属し，主としてその被保険者により生計を維持する者（同項2号），③被保険者の事実上の父母および子であって，その被保険者と同一の世帯に属し，主としてその被保険者により生計を維持する者（同項3号），④3号の配偶者の死亡後におけるその父母および子であって，引き続きその被保険者と同一の世帯に属し，主としてその被保険者により生計を維持する者（同項4号）である。②ないし④については，生活維持関係の存在に加え，同一の世帯に属することが必要とされる。同一世帯に属するとは，被保険者と住居および家計を共同にすることを意味し，その被保険者が世帯主であることも要しない（昭和15・6・26社発7号，昭和27・6・13保文発3533号）。

（1）生活維持関係の基準

被扶養者として認定されるためには，その者（以下，認定対象者という）が，「主としてその被保険者により生計を維持するもの」に該当しなければならない。通達によると，以下の通り，認定対象者が被保険者と同一世帯に属している場合と，被保険者と同一世帯に属していない場合に区分される（昭和52・4・6保発9号・庁保発9号）。

第1に，認定対象者が被保険者と同一世帯に属している場合，①年間収入が130万円未満（60歳以上である場合または厚年法による障害年金の受給要件に該当する程度の障害者である場合にあっては180万円未満）であって，かつ，被保険者の年間収入の2分の1未満である場合は，原則として被扶養者に該当するものとし，②①の条件に該当しない場合であっても，当該認定対象者の年間収入が130万円未満（60歳以上である場合または厚生年金保険法による障害年金の受給要件に該当する程度の障害者である場合にあっては180万円未満）であって，かつ，被保険者の年間収入を上回らない場合には，当該世帯の生計を総合的に勘案して，当該被保険者がその世帯の生計維持の中心的役割を果たしていると認められるときは，被扶養者に該当するものとして差し支えないものとされる。
　第2に，認定対象者が被保険者と同一世帯に属していない場合，年間収入が130万円未満（60歳以上である場合または厚生年金保険法による障害年金の受給要件に該当する程度の障害者である場合にあっては180万円未満）であって，かつ，被保険者からの援助に依る収入額より少ない場合には，原則として被扶養者に該当する者とされる。

（2）　夫婦共同扶養

　夫婦が共働きで，共同で子や親族を扶養している場合，被扶養者とすべき者の人数にかかわらず，原則として，年間収入（前年分の収入）の多い方の被扶養者とし，夫婦双方の年間収入が同程度である場合は，被扶養者の地位の安定を図るため，届出により，主として生計を維持する者の被扶養者とする（昭和60・6・13保険発66号・庁保険発22号）。

4　報酬と標準報酬

　保険者は，健保事業に要する費用に充てるため，保険料を徴収することになる（健保155条）。その保険料の算定の基礎となるのが，被保険者の標準報酬月額および標準賞与額である。標準報酬月額は，健保事業の運営が円滑かつ迅速に行われるために，現実の報酬に基づき仮定的に定められたものであり，保険料の算出や傷病手当金等の算定において用いられる（法研編著，2003，『健康保険法の解釈と運用〔第11版〕』法研，335頁）。

1）報酬・賞与

報酬とは，賃金，給料，俸給，手当，賞与その他いかなる名称であるかを問わず，労働者が，労働の対償として受けるすべてのものをいう（健保3条5項）。ただし，臨時に受けるものおよび3か月を超える期間ごとに受けるものは，報酬に該当しない（同項ただし書）。

一方で，賞与とは，賃金，給料，俸給，手当，賞与その他いかなる名称であるかを問わず，労働者が，労働の対償として受けるすべてのもののうち，3か月を超える期間ごとに受けるものをいう（同条6項）。いわゆるボーナスが，年に2，3回支給される場合，同項にいう賞与に該当し，その賞与額に基づき，その月における標準賞与額が決定される（健保45条）。

なお，2015（平成27）年10月より，給与規定等によりボーナス等を分割して毎月支給する場合については，毎月支給される報酬には含めないこととし，保険料算定にかかる報酬額の算定に当たっては，1年間のボーナス等の支給額の総額を12で除して得た額を報酬額とする等，「賞与に係る報酬」（年間を通じ4回以上支給されるもの）として取り扱われることになった（平成27・9・18保発0918第1号・年管管発0918第5号）。

2）標準報酬

標準報酬は，被保険者の報酬月額に基づき，第1等級（5万8000円）から第50等級（139万円）に区分されている（健保40条1項）。この上限は，受益（保険給付）の程度からかけ離れた応能負担に一定の限界を設けるという趣旨から生じているものとされる（横浜地判平2・11・26判時1395号57頁）。また，毎年3月31日における標準報酬月額等級の最高等級に該当する被保険者数の被保険者総数に占める割合が1.5％を超える場合，その状態が継続すると認められるときは，その年の9月1日から，政令で，当該最高等級の上にさらに等級を加える標準報酬月額の等級区分の改定を行うことができる（同条2項）。ただし，その年の3月31日において，改定後の標準報酬月額等級の最高等級に該当する被保険者数の同日における被保険者総数に占める割合が1％を下回ってはならない（同項ただし書）。

3）標準報酬の決定

被保険者資格を取得した場合，以下のとおり標準報酬月額が決定される。す

なわち，標準月額として，月，週その他一定期間によって報酬が定められる場合，被保険者の資格を取得した日の現在の報酬の額をその期間の総日数で除して得た額の30倍に相当する額（健保42条1項1号），日，時間，出来高または請負によって報酬が定められる場合，被保険者の資格を取得した月前1か月間に当該事業所で，同様の業務に従事し，かつ，同様の報酬を受ける者が受けた報酬の額を平均した額（同項2号）とされる（随時改定）。

また，標準報酬は，被保険者が毎年7月1日現に使用される事業所において同日前3か月間（4月から6月）に受けた報酬の総額をその期間の月数で除して得た額を報酬月額として，決定される（健保41条1項）。これを定時決定という。決定された標準報酬月額は，その年の9月から翌年の8月までの各月の標準報酬月額とされる（同条2項）。もっとも，継続して3か月間に受けた報酬月額が，著しく高低を生じた場合，その高低を生じた月の翌月から，標準報酬月額が改定される（健保43条1項）。その他，育児休業等を終了した被保険者が3歳に満たない子を養育する場合，あるいは，産前産後休業を終了した被保険者が子を養育する場合，被保険者の申出により標準報酬月額が改定される（健保43条の2第1項，43条の3第1項）。

さらに，上記の報酬月額の算定が困難であるとき，または，算定した額が著しく不当であると認めるときは，これらの規定にかかわらず，保険者が算定する額を当該被保険者の報酬月額とする（健保44条1項）。

5　保険給付

1）概　要

健保法は，労働者またはその被扶養者の業務災害以外の疾病，負傷もしくは死亡または出産に関して保険給付を行う（健保1条1項）。すなわち，被保険者および被扶養者が，業務災害の負傷，疾病，障害または死亡を対象とする労災保険の給付（労災7条1項1号）を受けられない場合，原則として，健保の保険給付を受けることとなる。また，業務上の災害に該当する通勤災害も，労災保険法の保険事故とされるため（労災7条1項2号），同一の疾病，負傷または死亡について，被保険者にかかる保険給付の支給を行わないものとしている（健保55条1項）。

もっとも，従来，健保法1条は，被保険者の「業務外の事由による」傷病や死亡についてのみ保険給付を行うことを目的としていた。この背景として，1947（昭和22）年に労災保険法が制定され，「業務上の事由」による傷病や死亡に関する保険給付は，労災保険から行われることになり，健保は「業務外の事由による」傷病や死亡に関する保険給付を対象とすることにされたという経緯がある。そのため，「業務外の事由」による傷病や死亡が，「業務上の事由」によらない場合に該当するものと解釈され，その結果，副業として行う請負業務，インターンシップや請負形式のシルバー人材センター業務等，労災保険が給付されない場合に，健康保険についても「業務上」と判断され，給付されないケースがあった。そこで，2013（平成25）年法改正により，このような労災保険の給付が受けられない場合にも，健保の給付を受けることが可能とされるにいたった。

2）保険給付の種類

保険給付の種類は，被保険者が受ける給付と被扶養者が受ける給付に区分される。まず，被保険者が受ける給付として，①療養の給付，②入院時食事療養費，③入院時生活療養費，④保険外併用療養費，⑤療養費，⑥訪問看護療養費および⑦移送費（健保52条1項1号），⑧傷病手当金（2号），⑨埋葬料（3号），⑩出産育児一時金（4号），⑪出産手当金（5号）がある。次に，被扶養者が受ける給付として，⑫家族療養費，⑬家族訪問看護療養費および⑭家族移送費（6号），⑮家族埋葬料（7号），⑯家族出産育児一時金（8号）がある。最後に，被保険者と被扶養者双方が受ける給付として，⑰高額療養費および⑱高額介護合算療養費（9号）がある。

これらの保険給付は，大きく分けて，傷病給付，出産給付，死亡給付に分類される。また，保険給付の性質により，療養の給付のように現物給付の形で行われるものと，療養費のような金銭給付とで区別され，その給付の性質により，支給をめぐる法律関係が異なる。すなわち，金銭給付は，保険者と被保険者との間に直接の法律関係が形成されるのに対して，現物給付は，両者の間に直接の法律関係が原則として形成されないのである。なお，法律上金銭給付の形式であっても，実際には，現物給付の形で行われることが多いものとして，入院時食事療養費，入院時生活療養費，保険外併用療養費，訪問看護療養費，家族

療養費，家族訪問看護療養費といったものがある。

3）傷病給付
（1） 療養給付
（あ） 現物給付

被保険者の疾病または負傷に関する療養給付として，診察（健保63条1項1号），薬剤または治療材料の支給（2号），処置，手術その他の治療（3号），居宅における療養上の管理およびその療養に伴う世話その他の看護（4号），病院または診療所への入院およびその療養に伴う世話その他の看護（5号）が行われる。これらの給付は，現物給付の形式でなされることから，保険医療機関（厚生労働大臣の指定を受けた病院もしくは診療所）が給付を行い，その給付にかかる費用を次に述べる一部負担金を除き，保険者が負担をすることにより，被保険者の負担を軽減している。一方，償還制方式の場合，保険者と被保険者の当事者間で保険給付の内容（対象や割合）について取り決めることが可能であるから，保険者と保険医療機関との利害調整をする必要性がなくなるという側面もある（西村，2008，172頁）。

（い） 一部負担金

療養の給付を受ける者は，療養給付を受ける際，一部負担金として，当該保険医療機関または保険薬局（厚生労働大臣の指定を受けた薬局）に支払わなければならない（窓口払）。具体的には，70歳未満の一部負担金は3割，70歳以上は2割で，現役並みの所得がある者については，3割とされている（健保74条1項）。一部負担の基本的趣旨は，濫受診の防止および診療費増高に対する保険経済の安定を図ることにある。なお，70歳以上75歳未満の者については，2008（平成20）年4月以降，軽減特例措置により1割負担とされてきたが，世代間の公平の観点から，2014（平成26）年4月1日以降に70歳に達する者につき，規定通り2割負担とされている。

（う） 家族療養費

被扶養者が保険医療機関等のうち自己の選定するものから療養を受けたときは，被保険者に対し，その療養に要した費用について，家族療養費が支給される（健保110条1項）。法律上，金銭給付の形式を採用しているが，実際は現物給付の形式で給付がなされているため，被扶養者は，医療費の3割または2割

の自己負担を医療機関に支払う。つまり，保険者が，その被扶養者が当該病院等に支払うべき療養に要した費用について，家族療養費として被保険者に対し支給すべき額の限度において，被保険者に代わり，当該病院等に支払うことになる（同条4項ないし6項）。家族療養費の額は，被扶養者が6歳以上70歳未満である場合，療養（食事療養および生活療養を除く）につき算定した費用の7割，6歳未満および70歳以上75歳未満の場合は，8割となる（健保110条2項）。

（2） 入院時食事療養費

入院時の食事は，従前，療養の給付の一部とされていたが，食事は，入院，在宅医療において共通して必要となる費用で，入院と在宅において負担の不均衡が生じていたため，1994（平成6）年法改正により，入院時食事療養費が創設された。入院時食事療養費として，療養の給付と併せて受けた食事療養に要した費用の一部について，支給がなされる。その額は，当該食事療養につき食事療養に要する平均的な費用の額を勘案して厚生労働大臣が定める基準により算定した費用の額から，平均的な家計における食費の状況を勘案して厚生労働大臣が定める額（食事療養標準負担額）を控除した額である（健保85条2項）。

（3） 入院時生活療養費

入院時生活療養費は，療養病床の入院する65歳以上の者（特定長期入院被保険者）が，療養の給付と併せて受けた生活療養に要した費用について支給されるものをいう（健保85条の2）。その額は，生活療養に要する平均的な費用の額を勘案して厚生労働大臣が定める基準により算定した費用の額から，平均的な家計における食費および光熱水費の状況等を勘案して厚生労働大臣が定める額（生活療養標準負担額）を控除した額である（同条2項）。

（4） 保険外併用療養費

保険が適用されない保険外診療がなされた場合，保険診療として認められた部分も併せて，原則，保険給付の対象とされず，自由診療となり，療養に要した費用が自己負担となる。混合診療を無制限に認めると，保険外診療の自己負担の増大や科学的根拠のない特殊な医療の実施を助長するおそれがあることから，原則として，混合診療が禁止されている（混合診療原則禁止の適法性については，第2節 6 を参照）。ただし，例外的に，保険外併用療養費が支給される（健保86条）。保険外併用療養制度が導入されるまでは，特定療養費制度

が存在していた。これは，医療に対する国民のニーズの多様化，医療サービスの高度化に対応して，必要な医療の確保を図るための保険給付と患者の選択によることが適当な医療サービスとの間の適切な調整を図る趣旨で創設されたものである。この制度は，高度先進医療と選定療養を給付の対象として，基礎的な診療の給付にかかる部分について特定療養費として支給し，対象外の部分については，自己負担としていたが，その後，患者の自己負担の増大を考慮して見直しが図られ，保険外併用療養費制度へと移行した。

保険外併用療養費は，評価療養または選定療養を受けたとき，その療養に要した費用が支給される（健保86条）。評価療養は，将来的な保険導入のための評価を行うものであるかどうかの観点から評価を行うことが必要な療養とされるものである。また，選定療養は，保険導入を前提としない，被保険者の選定にかかる療養（特別の療養環境〔差額ベッド〕，歯科の金合金等，金属床総義歯，予約診療，時間外診療，大病院の初診，大病院の再診，小児う蝕（虫歯）の指導管理，180日以上の入院，制限回数を超える医療行為）をいう。

これに加え，2016（平成28）年4月には，国内未承認医薬品等の使用や国内承認済みの医薬品等の適応外使用などを迅速に保険外併用療養として可能にし，患者の治療の選択肢を拡大するため，保険外併用療養費制度の中に患者申出療養が創設された（健保63条2項4号）。すなわち，患者が，療養を行う臨床研究中核病院（保険医療機関）の開設者の意見書その他必要な書類を添えて，厚生労働大臣に申出を行うことにより，必要と認められる場合，当該療養を患者申出療養として，保険外併用療養費の支給を受けることができる（健保63条4項，5項）。

（5）　療養費

やむを得ない事情により，保険医療機関で保険診療を受けることができず，自費で受診した場合，保険者がやむを得ないものと認めるときは，療養の給付等に代えて，療養費を支給することができる（健保87条1項）。具体例として，無医村で諸般の状況上，療養の給付をなすことが困難と認められる場合（昭和13・8・20 社庶第1629号），事業主が資格取得届の提出を怠ったため，保険医に対して，被保険者たる身分を証明し得ない状態であった場合（昭和3・4・30 保理発第1089号），柔道整復師の施術（昭和63・7・14保発89号等）やあんま，

はり，きゅう等の施療（昭和25・1・19 保発4号等）を受けた場合等がある。
 （6） 訪問看護療養費・家族訪問看護療養費
　被保険者が，疾病または負傷により，居宅において継続して療養を受ける状態にある場合，医師の指示により，厚生労働大臣が指定した指定訪問看護事業者から訪問看護（指定訪問看護）を受けたときは，訪問看護療養費が支給される（健保88条1項）。これは，1994（平成6）年に，訪問看護ステーションによる訪問看護事業の対象を，難病患者，末期のがん患者等に拡大することにより，在宅医療の推進を図ろうとする趣旨で創設されたものである。訪問看護療養費の額は，指定訪問看護に要する平均的な費用の額を勘案して厚生労働大臣が定めるところにより算定した費用の額から，その額に一部負担金（健保74条1項各号）を控除した額とする（健保88条4項）。また，被保険者の被扶養者が指定訪問看護事業者から指定訪問看護を受けたときも，家族訪問看護療養費が支給される（健保111条1項）。
 （7） 移送費・家族移送費
　被保険者が療養の給付（保険外併用療養費にかかる療養を含む）を受けるため，病院または診療所に移送されたときは，移送費が支給される（健保97条）。同様に，被保険者の被扶養者が家族療養費にかかる療養を受けるため，病院等に移送されたときは，家族移送費が支給される（健保112条）。移送費は，最も経済的な通常の経路および方法により移送された場合の費用により算定した金額であるが，現に移送に要した費用の金額を超えることができない（健保則80条）。また，移送費の支給が認められるのは，被保険者が，移送により法に基づく適切な療養を受けたこと，移送の原因である疾病または負傷により移動をすることが著しく困難であったこと，緊急その他やむを得なかったことのいずれにも該当する場合である（健保則81条）。
 （8） 高額療養費
　療養の給付について支払われた一部負担金の額または療養（食事療養および生活療養を除く）に要した費用の額からその療養に要した費用につき保険外併用療養費，療養費，訪問看護療養費，家族療養費もしくは家族訪問看護療養費として支給される額に相当する額を控除した額が著しく高額であるとき，高額療養費が支給される（健保115条1項）。高額療養費は，1か月当たりの自己負

担額が，年齢（70歳未満・以上）と所得水準によって区分された上限額を超える場合に支給される。また，複数の受診や同一世帯にいる他の者の受診の合算（世帯合算）や多数回該当（直近の12か月間に，すでに3回以上高額療養費の支給を受けている場合）により，最終的な自己負担額が軽減される。なお，70歳未満あるいは70歳以上の非課税世帯等の被保険者等については，入院や外来診療の際，事前に保険者に申請して交付を受けた限度額適用認定証を提示すると，自己負担限度額を超える分を窓口で支払う必要はない。

　近年，医療の高度化等により，がんの患者など長期にわたって高額な医療を受ける者が増えており，療養費の負担が過重となりうること，また，70歳未満の一般所得者の所得区分の年収の幅が大きく，低所得層の負担が重いことから，その負担軽減および医療保険のセーフティネット機能を強化することが求められてきた。そこで，健保令改正により，負担能力に応じた負担とする観点から，70歳未満の被保険者等にかかる高額療養費の算定基準額について，上位所得者と一般所得者の所得区分を細分化するにいたった（2015〔平成27〕年1月）。また，2017（平成29）年8月より，70歳以上の被保険者等の上限額について，見直しがなされ，引き上げがなされた。

（9）　傷病手当金

　労働者が，負傷，疾病により，療養のため労務に服することができない場合，その期間については，使用者に賃金支払義務が生じないことから，健保法は，傷病手当金を支給することにより，被保険者である労働者の所得を保障している。傷病手当金は，労務に服することができなくなった日から起算して3日を経過した日から労務に服することができない期間，1日につき，その支給開始日の属する月以前の直近の継続した12か月間の各月の標準報酬月額の平均額の30分の1に相当する額の3分の2に相当する額を支給される（健保99条1項，2項）。なお，国保では，傷病手当金は任意給付であり（国保58条2項），零細な個人事業主のもとで就労する労働者は，傷病手当金が支給されないといった問題が生じている（西村健一郎・水島郁子・稲森公嘉編，2015，『よくわかる社会保障法』有斐閣，41頁）。

（あ）支給要件

　傷病手当金は，被保険者が業務外の事由による療養のため労務に服すること

ができない場合に支給される。この判断については，保険者が必ずしも医学的基準によらず，その被保険者の従事する業務の種別を考え，その本来の業務に堪えうるか否かを標準として社会通念に基づき認定するとの考え方が示されている（昭和31・1・19保文発第340号）。

　被保険者は，傷病手当金の支給の申請書に医師等の意見書等を添付して保険者に申請することとされており（健保則84条），企業内で当該被保険者の診療を行う産業医も，意見書を作成することが可能である。なお，被保険者のメンタルヘルスの不調について，主治医が就労して差し支えないと診断した一方で，産業医がまだ就労することには慎重であるべきであり，休業を要するという意見であった場合，書類等に基づき，被保険者が診療を受けている医師等の意見に加え，産業医からの当該被保険者にかかる就業上の意見も参酌し，傷病手当金の支給の可否について判断される（「傷病手当金の支給に係る産業医の意見の取扱いについて」〔平成26・9・1事務連絡〕）。

　（い）　支給額

　従前の傷病手当金制度は，休業前の標準報酬日額を基礎として支給額が決定される仕組み（標準報酬日額の3分の2）であったため，休業直前に標準報酬を相当高額に改定することで，高額な傷病手当金の受給をもたらしていることが指摘されていた。そこで，高額な受給を防ぐ観点から，傷病手当金の額については，原則として，1日につき，傷病手当金の支給をはじめる日の属する月以前の直近の継続した12か月間の各月の標準報酬月額を平均した額の30分の1に相当する額の3分の2に相当する額とするものとされるにいたった（健保99条2項，2016〔平成28〕年4月施行）。

　（う）支給期間

　傷病手当金は，労務不能日から起算して3日を経過した日から支給される。この待機期間は，報酬も受けられず，傷病手当金の支給もないが，収入の喪失を犠牲にしてまで病気と偽る者がないよう，詐病防止を趣旨とするものである。そして，支給期間は，同一の疾病または負傷およびこれにより発した疾病に関しては，支給開始日から起算して1年6か月を超えないものとする（健保99条4項）。例えば，過去の傷病が治癒した後再び悪化した場合，再発として過去の傷病とは別傷病として取り扱われ，また，治癒が認められない場合は，過去

の傷病と同一傷病が継続しているものとして取り扱われる。さらに，医学的には治癒していないと認められても，軽快と再度の悪化との間に「社会的治癒」があったと認められる場合，再発として取り扱われるものとされている（平成23・8・31裁決）。「社会的治癒」とは，臨床的に症状がなくなったかまたは悪化のおそれのない状態に固定して治療の必要がないと判断され，かつ，このような状態が相当期間継続し，その間一般人と同様，労務に服することができた場合には，疾病が治癒したとみる考え方である（平成23・9・30裁決）。

4）出産給付

（1） 出産育児一時金・家族出産育児一時金

被保険者が出産した場合，出産に要する費用の経済的負担の軽減を図るため，出産育児一時金（健保101条）として，一児につき42万円が支給される。同様に，被保険者の被扶養者が出産した場合も，家族出産育児一時金（健保114条）が支給される。出産とは，妊娠85日（4か月）以上の分娩であり（昭和3・4・10保発11号），死産，流産，早産を問わず出産育児一時金・家族出産育児一時金が支給される。一方，妊娠4か月未満の場合は，療養給付のみの対象となる（昭和27・9・29保発56号）。

一時金の支払方法については，被保険者の選択により，出産育児一時金の請求と受け取りを被保険者に代わって保険医療機関等が直接行う制度（直接支払制度）を利用することができる。一方，受取代理制度を導入している分娩施設は，被保険者が保険医療機関等に受け取りを委任することを事前に申請することにより，保険者が直接保険医療機関等に支払うことができ，出産費用を事前に用意しなければならない被保険者の負担を軽減している。

（2） 出産手当金

被保険者が出産したときは，出産の日（出産の日が出産の予定日後であるときは，出産の予定日）以前42日（多胎妊娠の場合においては，98日）から出産の日後56日までの間において労務に服さなかった期間，出産手当金が支給される（健保102条）。出産手当金は，傷病手当金と同様，労務に服さなかったことによる所得の喪失または減少を補う趣旨で支給されている。出産手当金の額は，従前，1日につき，標準報酬日額の3分の2に相当する金額であったが，傷病手当金と同様，高額な出産手当金を受給する事案を防ぐ観点から，原則として，

1日につき，出産手当金の支給をはじめる日の属する月以前の直近の継続した12か月間の各月の標準報酬月額を平均した額の30分の1に相当する額の3分の2に相当する額とするものとされるにいたった（2016〔平成28〕年4月施行）。

5）死亡給付

被保険者が死亡したときは，その者により生計を維持していた者であって，埋葬を行うものに対し，埋葬料が支給される（健保100条1項）。埋葬料の支給を受けるべき者がない場合，埋葬を行った者に対し，1項の金額の範囲内において，その埋葬に要した費用に相当する額が支給される（同条2項）。被扶養者が死亡した場合にも，同様に，家族埋葬料が支給される（健保113条）。埋葬料・家族埋葬料の額は，5万円である（健保令35条）。

6 自由診療・混合診療

1）自由診療

自由診療とは，公的医療保険を適用しない診療のことをいい，先進医療等の保険で認められていない治療を行う場合に用いられる。もっとも，自由診療は，交通事故の被害者が診療を受ける場合にも多く用いられる。その背景として，被害者は，加害者に対する損害賠償請求として，治療費用を請求できるため，自由診療であっても差し支えないこと，医療機関にとっても，保険診療の報酬単価（1点10円）が不十分であること等が指摘されている（菊池，2014，356頁）。実際に，高額な注射薬を大量に投与し，長期に入院させ，利益本位の立場から施された自由診療の報酬額が高額化した事案につき，健保法の診療報酬体系との均衡について配慮した上で算定するのが相当であるとした裁判例がある（東京地判平元・3・14判時1301号21頁）。実務上，自由診療を用いる場合，日本医師会と日本損害協会との基本的合意により，薬剤等については，1点単価12円，その他の技術料については，20％を加算した額を上限とする取扱いがなされている。

2）混合診療

保険が適用されない保険外診療と保険診療として認められた部分と併せて診療が行われる場合を混合診療という。混合診療は，原則として，保険給付の対象とされず（混合診療の禁止），例外的に，保険外併用療養費が支給される（第

2節 [5] 3)(4)参照)。保険外併用療養費は，評価療養または選定療養を受けたとき，その「療養」に要した費用について支給される（健保86条）。その結果，保険外併用療養費の支給要件を満たさない混合診療の場合，療養に要した費用がすべて自己負担となる取扱いがなされてきた。これに伴い，混合診療の禁止は，法律上の明文の根拠が存在しないことから，混合診療の解禁が主張された。

　これに関して，腎臓癌の治療のため，保険診療と保険外診療との混合診療を受けたことにより，保険診療に相当する診療部分についても，保険給付がなされなかったことから，混合診療の禁止（混合診療保険給付外の原則）のその可否・適法性について争われた事案がある（最判平23・10・25民集65巻7号2923頁）。本判決は，混合診療の禁止が，健保法86条の規定の文理のみから直ちに導かれるものとはいい難いとしつつも，保険外併用療養費制度の趣旨および目的や健保法の法体系全体の整合性等の観点から，「法86条等の規定の解釈として，単独であれば療養の給付に当たる診療（保険診療）となる療法と先進医療であり療養の給付に当たらない診療（自由診療）である療法とを併用する混合診療において，その先進医療が評価療養の要件に該当しないためにその混合診療が保険外併用療養費の支給要件を満たさない場合には，後者の診療部分（自由診療部分）のみならず，前者の診療部分（保険診療相当部分）についても保険給付を行うことができないものと解するのが相当である」と判示し，憲法14条1項，13条および25条に違反しないとした（なお，一審〔東京地判平19・11・7判時1996号3頁〕は混合診療の禁止を違法と判断）。もっとも，本判決の補足意見において，混合診療の禁止の法の明文化や，混合診療の適用の可否が曖昧な場合（単一の疾病につき複数の医療機関において保険の対象となる療養の給付にかかる診療と保険給付外の診療が行われたケース等）における基準の明確化の必要性等が指摘されており，課題が残されている。

[7] 健康保険の財源

　健康保険事業の重要な財源は，保険料，国庫負担および国庫補助である。保険料は，健保事業に要する費用に充てるため，原則として，被保険者と事業主の負担によって賄われており，保険者によって徴収される（健保155条）。これ

に対し，国庫負担および国庫補助は，公費負担とされている。

1）保険料

（1）算　出

　被保険者に関する保険料額は，各月につき，被保険者の区分に応じて決定される。①介護保険第2号被保険者（介保9条2号に規定する被保険者：「市町村の区域内に住所を有する40歳以上65歳未満の医療保険加入者」）である被保険者の場合，一般保険料額（各被保険者の標準報酬月額および標準賞与額にそれぞれ一般保険料率を乗じて得た額をいう）と介護保険料額（各被保険者の標準報酬月額および標準賞与額にそれぞれ介護保険料率を乗じて得た額をいう）との合算額，②介護保険第2号被保険者である被保険者以外の被保険者の場合，一般保険料額である（健保156条1項）。被保険者の標準報酬額月額は，第1等級から第50等級に区分され，受益（保険給付）の程度からかけ離れた応能負担に一定の限界を設けるという趣旨で上限が設定されている（第2節 [4] 参照）。

　まず，一般保険料額の算定基準となる一般保険料率は，特定保険料率と基本保険料率を合算した率のことをいう。協会が管掌する健保の被保険者に関する一般保険料率は，3％から12％までの範囲内において，都道府県ごとの協会支部により決定される（健保160条1項）。同様に，健保組合が管掌する健康保険の一般保険料率も，3％から12％までの範囲内で決定される（同条13項）。一方，特定保険料率は，各年度において保険者が納付すべき前期高齢者納付金等の額および後期高齢者支援金等の額の合算額を当該年度における当該保険者が管掌する被保険者の総報酬額の総額の見込額で除して得た率を基準として，また，基本保険料率は，一般保険料率から特定保険料率を控除した率を基準として，保険者によって定められる（同条14項，15項）。

　次に，介護保険料額の算定基準となる介護保険料率は，各年度において保険者が納付すべき介護納付金の額（協会が管掌する健康保険においては，その額から健保153条2項に基づく国庫補助額を控除した額）を当該年度における当該保険者が管掌する介護保険第2号被保険者である被保険者の総報酬額の総額の見込額で除して得た率を基準として，保険者により定められる。

　なお，育児休業等を取得する被保険者が使用される事業所の事業主は，申出により，育児休業等の開始日の属する月から終了する日の翌日が属する月の前

月までの期間，当該被保険者に関する保険料が免除される（健保159条）。産前産後休業をしている被保険者が使用される事業所の事業主も，同様に当該保険者に関する保険料が免除される（健保159条の3）。一方で，介護休業をしている被保険者の保険料については，免除がなされない。
　（2）　負担・徴収方法
　保険料は，原則として，被保険者と事業主がそれぞれ保険料額の2分の1を負担する（健保161条1項）。ただし，任意継続被保険者は，その全額を負担する（同項ただし書）。なお，健保組合は，規約で定めるところにより，事業主の負担すべき一般保険料額または介護保険料額の負担の割合を増加することができる（健保162条）。
　次に，被保険者および事業主の負担する保険料の納付義務を負うのは，事業主である（健保161条2項）。被保険者の保険料を徴収するため，事業主は，被保険者の負担すべき前月の保険料を報酬および賞与から控除することができる（健保167条1項・2項）。このように，賃金から保険料を控除する取扱いは，法律に基づく控除であることから，労基法24条の賃金全額払原則の例外として位置づけられる（労基24条1項ただし書）。
　2）国庫負担・国庫補助
　国庫は，毎年度，予算の範囲内において，健保事業の事務の執行に要する費用を負担しており（健保151条），健保組合に対して交付する国庫負担金は，各健保組合における被保険者数を基準として，厚生労働大臣により算定される（健保152条）。これに加え，国庫は，協会が管掌する健保の事業の執行に要する費用のうち，被保険者にかかる療養の給付ならびに入院時食事療養費，入院時生活療養費，保険外併用療養費，療養費，訪問看護療養費，移送費，傷病手当金，出産手当金，家族療養費，家族訪問看護療養費，家族移送費，高額療養費および高額介護合算療養費の支給に要する費用（療養の給付については，一部負担金に相当する額を控除するものとする）の額ならびに高齢者医療確保法の規定による前期高齢者納付金の納付に要する費用の額に給付費割合を乗じて得た額の合算額（前期高齢者交付金がある場合には，当該合算額から当該前期高齢者交付金の額に給付費割合を乗じて得た額を控除した額）に13％から20％までの範囲内において政令で定める割合を乗じて得た額を補助する（健保153条1項）。

協会けんぽでは，医療費の支出が増加し，保険料収入との格差が拡大したため，財政支援として，国庫補助につき，13%から16.4%への引き上げ措置が講じられていたが，依然として財政が厳しい状況である。

3　国民健康保険

1　沿革・目的

国民健康保険法は，国民健康保険事業の健全な運営を確保し，もって社会保障および国民保健の向上に寄与することを目的とし（国保1条），被保険者の疾病，負傷，出産または死亡に関して必要な保険給付を行う（国保2条）。同法は，農山村において貧困により，疾病の蔓延があったことを背景に，疾病等に関する保険給付を行うことを目的として，1938（昭和13）年に制定された。当初は，原則として，任意加入の制度とされていたが，その後，1942（昭和17）年に強制設立，強制加入方式がとられた。さらに，1948（昭和23）年に市町村公営を原則とする強制加入方式が導入され，地域保険として発展する他，業種別の国民健康保険組合の設立も認められることとなった。1958（昭和33）年には，全面的改正に伴い，国民皆保険制度の基盤が形成された。その後，財政基盤強化のため，高齢者の医療については，独立した制度として，1982（昭和57）年に老人保健法が制定され，1984（昭和59）年に退職者医療制度が創設された（第5節参照）。しかし，現在も，国民健康保険には様々な課題が残されていることから，持続可能な医療保険制度の改革が図られている。

2　持続可能な医療保険制度の改革

国民健康保険は，①年齢構成が高く，医療費水準が高い，②所得水準が低い，③保険料負担が重い，④保険料（税）の収納率低下，⑤赤字補填目的の一般会計繰入・繰上充用，⑥財政運営が不安定になるリスクの高い小規模保険者が全体の4分の1を占めること，⑦市町村間の格差等の問題が生じていた。そこで，財政支援の拡充のため，2015（平成27）年に「持続可能な医療保険制度を構築するための国民健康保険法等の一部を改正する法律」が成立した（以下，「2015年法改正」といい，新…条は2015年改正法の規定を指す）。

これによると、国保の財政的な構造問題の解決を図るため、2018（平成30）年4月1日より、都道府県が財政運営の責任主体となり、市町村と共同の保険者として位置づけられることになった。それに伴い、給付費に必要な費用は、都道府県が市町村に交付を行い、市町村ごとの標準保険料率の提示を行う他、国保の運営方針を定め、市町村の事務の効率化・広域化等を推進する。一方、被保険者資格の得喪に関する事項、保険料の徴収、保健事業の実施等については、従前どおり、市町村が役割を担う（医療保険制度の改革については、島崎謙治、2015、『医療政策を問いなおす――国民皆保険の将来』ちくま新書、を参照）。

3　保険者

　国保の保険者は、市町村および特別区（国保3条1項）、国民健康保険組合（同条2項）であった。市町村が、地域住民と身近な関係であることから、保険事業の運営を行っていた。ただし、持続可能な医療保険制度の改革における2015年法改正に伴い、2018（平成30）年4月1日からは、保険者として、都道府県が当該都道府県内の市町村とともに保険を行うことになる（国保新3条1項）。一方、国民健康保険組合（国保組合）は、同種の事業または業務に従事する者で当該組合の地区内に住所を有するものを組合員として組織し（国保13条1項）、その地区は、原則として、1または2以上の市町村の区域によるものとする（同条2項）。また、組合設立のためには、15人以上の発起人が規約を作成し、組合員となるべき者300人以上の同意を得た上で、主たる事務所の所在地の都道府県知事の認可を受けなければならない（国保17条1項・2項）。具体的には、医師、歯科技師、薬剤師、食品販売業、土木建築業、美容業、弁護士、税理士等が組合を設立している。

4　被保険者

　これまで、市町村または特別区の区域内に住所を有する者は、当該市町村が行う国民健康保険の被保険者となっていた（国保5条）。ただし、2015年法改正後は、持続可能な医療保険制度の改革に伴い、都道府県の区域内に住所を有する者が、都道府県が当該都道府県内の市町村とともに行う国民健康保険の被保険者とされることになる（国保新5条、2018〔平成30〕年4月1日施行）。

1）住所を有する者

　国保法5条のいう「住所」の所在を認定するためには，民法22条に準拠して，各人の生活の本拠が住所であるとされる。具体的には，客観的な居住の事実とそれを補足する主観的な定住の意思によって認定される（大阪地判昭44・4・19行集20巻4号568頁）。なお，住民基本台帳上の住所は，当該者の住所であると推定されるが，その記載は，形成的効力を有するものではない（昭和44・2・3保険発6号の2）。

2）適用除外

　国保法は，例外として，健保法，船保法，国家公務員共済組合法，地方公務員等共済組合法，私立学校教職員共済法の規定による被保険者および被扶養者，高齢者医療確保法の規定による被保険者，生活保護法による保護を受けている世帯に属する者，国保組合の被保険者等を適用除外としている（国保6条1号〜11号）。

3）外国人の被保険者資格

　国保法は，都道府県（2015年法改正前は市町村または特別区）の区域内に住所を有する者を被保険者としていることから，外国人も上記適用除外に該当しない限り，被保険者としている。従前の行政解釈によると，外国人登録法に基づく登録を受け，かつ，出入国管理および難民認定法に基づく在留資格をもって日本に滞在する外国人で，1年以上の在留期間を決定されたもの，あるいは，1年未満の在留期間を決定されたもののうち，客観的な資料等により，1年以上滞在すると認められるものについて，被保険者資格を有するものと解されていた（平成4・3・31保発41号）。しかし，2012（平成24）年住民基本台帳法改正により，外国人登録制度が廃止され，適法に3か月を超えて在留する等の外国人であって住所を有する者は，住民基本台帳法の適用対象とされるにいたった。これに伴い，被保険者資格は，住民基本台帳法の適用を受ける外国人あるいは3か月以下の在留期間であるため住民基本台帳法の適用を受けないもののうち，客観的な資料等により3月を超えて滞在すると認められるものとされている（国保6条11号，国保則1条1号）。これに対して，入管法に定める在留資格がない者については，適用除外とされる（なお，政令改正前の裁判例として，不法在留の外国人について，一定の要件で被保険者資格を認めた事案〔最判平16・

1・15民集58巻1号226頁〕がある）。

4）資格得喪の時期

　被保険者は，当該都道府県（2015年法改正前は市町村）の区域内に住所を有するにいたった日または6条各号の規定に該当しなくなった日から，その資格を取得する（国保新7条）。そして，被保険者は，原則として，当該都道府県（2015年法改正前は市町村）の区域内に住所を有しなくなった日の翌日または6条各号のいずれかに該当するにいたった日の翌日から，その資格を喪失する（国保新8条1項本文）。なお，被保険者が当該都道府県（2015年法改正前は市町村）の区域内に住所を有しなくなった日に他の都道府県（2015年法改正前は市町村）の区域内に住所を有するにいたった場合や，生活保護法による保護を受けている世帯に属する者，国保組合の被保険者に該当するにいたった場合，被保険者資格の重複を妨げる趣旨で，その日から，資格を喪失する（同項ただし書・2項）。

5）被保険者証の交付

　国保法には，健保法のように，被保険者資格の得喪に関する保険者等の確認の手続き（健保39条1項）はなく，世帯主がその世帯に属する被保険者の資格の得喪に関する事項等を市町村に届け出なければならない（国保9条1項）。それに伴い，世帯主は，市町村に対し，その世帯に属するすべての被保険者にかかる被保険者証の交付を求めることができる（同条2項）。

　また，市町村は，保険料を滞納している世帯主が当該保険料を納付しない場合，当該保険料の滞納につき災害その他の政令で定める特別の事情があると認められる場合を除き，当該世帯主に対し被保険者証の返還を求めることになる（国保9条3項〜6項）。なお，被保険者証の交付の請求または返還に関する処分に不服がある者は，国民健康保険審査会に審査請求をすることができる（国保91条1項）。

6）国保組合の被保険者

　国保組合の組合員および組合員の世帯に属する者は，適用除外となる6条各号および他の組合が行う国保の被保険者に該当しない限りで，当該組合が行う国保の被保険者となる（国保19条1項）。なお，組合は，規約の定めるところにより，組合の世帯に属する者を包括して被保険者としないことができる（同

5 保険給付

1）保険給付の種類

国保の給付には、療養の給付（国保36条）、入院時食事療養費（国保52条）、入院生活療養費（国保52条の2）、保険外併用療養費（国保53条）、療養費（国保54条）、訪問看護療養費（国保54条の2）、特別療養費（国保54条の3）、移送費（国保54条の4）、高額療養費（国保57条の2）、高額介護合算療養費（国保57条の3）がある。これらの給付は、健康保険法による給付の内容と同様である（第2節 5 参照）。なお、被保険者の当該疾病または負傷につき、労働基準法の規定による療養補償、労働者災害補償保険法の規定による療養補償給付もしくは療養給付、国家公務員災害補償法や地方公務員災害補償法の規定による療養補償、その他医療に関する給付を受けることができる場合、療養の給付または入院時食事療養費、入院時生活療養費、保険外併用療養費、訪問看護療養費、特別療養費もしくは移送費の支給は行われない（国保56条1項）。

また、被保険者の出産および死亡に関しては、特別の理由がない場合に、出産育児一時金の支給および葬祭費もしくは葬祭の給付が条例または国保組合の規約に定めるところにより行われる（国保58条1項）。さらに、市町村および組合は、出産および死亡に関する保険給付の他に条例または規約の定めるところにより、任意給付として、傷病手当金の支給その他の保険給付を行うことができるが（同条2項）、実施しているところはみられないのが現状である。

2）一部負担金

保険医療機関等について療養の給付を受ける者は、給付を受ける際、当該給付につき一部負担金として、当該保険医療機関等に支払わなければならない（国保42条）。原則として、6歳以上〜70歳未満は3割、6歳未満および70歳以上は2割、70歳以上で現役並みの所得がある者は3割とされている（同条1号〜4号）。もっとも、市町村および組合は、政令の定めるところにより、条例または規約で、一部負担金の割合を減ずることができる（国保43条1項）。また、市町村および組合は、特別の理由がある被保険者で、保険医療機関等に一部負担金を支払うことが困難であると認められるものに対し、減免や徴収猶予

の措置を講じることができ（国保44条1項1号〜3号），実際の運用では，災害，障害，失業等の具体的な判定基準が設けられている。一部負担金の減免制度は，適切な運用や医療機関・国保・生活保護の連携によるきめ細かな対応により，生活困窮を原因とする医療機関の未収金問題に対する一定程度の未然防止を可能にするものと考えられている（平成21・7・1保国発0710第15号）。

6 財源

　国民健康保険事業のための財源は，被保険者の納付する保険料（保険税），国庫負担・国庫補助，都道府県補助金，市町村の一般会計からの繰入金，前期高齢者交付金（高齢医療32条〜46条，第5節 2 2）参照）等からなり，その中でも，保険料と国庫負担・国庫補助，前期高齢者納付金が大きな割合を占めている。保険料は，被用者保険である健康保険と異なり，原則として，被保険者のみの負担によって賄われており，市町村または組合によって徴収される（国保新76条1項，2項，2018〔平成30〕年4月1日施行）。これに対し，国庫負担・国庫補助，都道府県補助金，市町村の一般会計からの繰入金は，公費負担である。国保では，市町村間での財政的な格差が生じている他，被用者保険と比べ，低所得者の加入者が多く，年齢構成が高いため，医療費水準が高く，所得に占める保険料負担が重い等の構造的な問題が生じている。そこで，2018（平成30）年より，都道府県が財政運営の責任主体となり，安定的な財政運営や効率的な事業の確保等の国保運営を行うことで，国保の財政的な構造問題の解決が図られることになった（第3節 2 参照）。

1）保険料

（1）保険料と保険税

　国保においては，国保事業に要する費用に充てるため，市町村または組合により，世帯主または組合員の保険料を徴収する（国保新76条1項，2項）。保険料のうち，介護納付金の納付に要する費用に充てるための保険料は，介護保険第2号被保険者について賦課するものとする（国保新76条3項）。保険料は，世帯主がまとめて支払うことになるが，世帯に保険料納入義務のある被保険者がいる場合，世帯主自身が被保険者である必要はない（山口地判昭44・3・31行集20巻2＝3号323頁〔擬制世帯主〕）。保険料の賦課および徴収等に関する事

項は，政令で定める基準に従って条例または規約で定められる（国保81条，国保令29条の7）。一方で，保険者は，保険料ではなく，地方税法の規定により国民健康保険税（国保税）を課すこともできる（国保76条1項ただし書，地方税法703条の4）。国保税は，市町村の目的税として位置づけられており（地方税法5条6項5号），当該地方団体の条例により賦課・徴収される（地方税法3条1項）。現在では，保険税形式をとる市町村が多くを占めている。

（2）租税法律主義

保険税は，地方税であることから，憲法84条の租税法律（条令）主義が適用される（仙台高秋田支判昭57・7・23判時1052号3頁）。すなわち，租税を課すためには，法律または法律の定める条件によることが必要となる。

これに対し，保険料は，地方税に該当しないため，憲法84条の租税法律主義が適用されるか否かが問題とされている（第1章第2節 2 5 参照）。この点，最高裁（平18・3・1民集60巻2号587頁）は，保険料が「被保険者において保険給付を受け得ることに対する反対給付として徴収されるもの」として，保険料と保険給付を受け得る地位とのけん連性を認め，憲法84条の租税には該当しないとした。ただし，「市町村が行う国民健康保険は，保険料を徴収するものであっても，強制加入とされ，保険料が強制徴収され，賦課徴収の強制の度合いにおいては租税に類似する性質を有するものであるから，これについても憲法84条の趣旨が及ぶと解すべきである」と判示した。本件は，条例において，市長が賦課総額の保険料率を決定し，告知する旨の規定がおかれており，その条例が憲法84条に違反するか否かが争われた事案である。そこで，本件条例が賦課総額の算定基準を明確に規定し，その算定に必要な専門的，技術的な細目に関わる事項を市長の合理的な選択に委ねたものである点，賦課総額の見込額等の推計について，議会による民主的統制が及ぶものである点をふまえ，憲法84条の趣旨に反するということはできないものと判断した。このように，保険料に関しては，憲法84条の規定が直接に適用されることはないが，条例による賦課要件が被保険者にとって明確であるかどうか，議会による恣意的な判断がなされないか否かといった点に着目して，適法性が判断されている。

（3）賦課方法

市町村が徴収する世帯主に対する保険料（あるいは納税義務者に対する保険

税）の賦課額は，国保の被保険者である世帯主およびその世帯に属する国保の被保険者につき算定した基礎賦課（税）額と後期高齢者支援金等賦課（税）額，当該世帯主および当該世帯に属する国保の被保険者のうち介護保険第2号被保険者につき算定した介護納付金賦課（税）額の合算額となる（国保令29条の7第1項・地方税法703条の4第2項）。

（あ）　基礎賦課（税）額の算定

市町村が徴収する世帯主に対する保険料の賦課額のうち基礎賦課額の基準は，条例または規約で定められる（国保令29条の7第2項）。

一方，保険税の納税義務者に対する課税額のうち基礎課税額は，標準基礎課税総額の区分に応じ，被保険者である世帯主およびその世帯に属する被保険者につき算定した所得割額，資産割額，被保険者均等割額または世帯別平等割額の合算額となる（地方税法703条の4第5項）。所得割額と資産割額は，応能負担に属するものであり，被保険者均等割額と世帯別平等割額は，応益負担に属するものとされている。保険税の標準基礎課税総額は，当該年度の初日における被保険者にかかる国保法の規定による療養の給付ならびに入院時食事療養費，入院時生活療養費，保険外併用療養費，療養費，訪問看護療養費，特別療養費，移送費，高額療養費および高額介護合算療養費の支給に要する費用の総額の見込額から当該療養の給付についての一部負担金の総額の見込額を控除した額の100分の65に相当する額ならびに当該年度分の前期高齢者納付金等の納付に要する費用の額から当該費用にかかる国の負担金の見込額を控除した額の合算額となる（地方税法703条の4第3項）。

また，具体的な額については，基礎賦課額も標準基礎課税総額も同様の方式で算出される。すなわち，①所得割総額100分の40，資産割総額100分の10，被保険者均等割総額100分の35，世帯別平等割総額100分の15，②所得割総額100分の50，被保険者均等割総額100分の35，世帯別平等割総額100分の15，③所得割総額100分の50，被保険者均等割総額100分の50のいずれかの合計額によって算出される（国保令29条の7第2項，地方税法703条の4第4項）。

（い）　賦課（課税）限度額

国保料（税）については，賦課（課税）限度額が設けられている。なお，さらに負担能力に応じた負担とするため，被用者保険の仕組みとのバランスを考

慮しつつ，段階的に引き上げがなされることになっている。2016（平成28）年度の賦課（課税）限度額は4万円引き上げられ，基礎賦課（課税）分は，54万円，後期高齢者支援金等賦課（課税）分は19万円，介護納付金賦課（課税）分は16万円となり，合わせて89万円となっている。

（う）　保険料の滞納

保険料を滞納した場合，市町村（組合）は，一定の要件の下，当該世帯主（組合員）に対する被保険者証の返還を求め（国保9条3項，22条），被保険者証が返還されると，当該世帯主に対し，その世帯に属する被保険者にかかる被保険者資格証明書を交付する（同6項）。また，市町村および組合は，保険料の滞納を理由に，一定の要件の下，保険給付の全部または一部の支払を一時差し止めることができる（国保63条の2）。

2）国庫負担・国庫補助

国保においては，特に低所得者の加入者が多く，保険料の負担が重いこと，年齢構成が高いことから，国庫負担・国庫補助が重要な役割を果たしている。具体的には，事務費に関する国庫負担（国保69条）や，都道府県内の市町村による療養給付等に要する費用負担金（国保新70条）に加え，財政基盤を強化する措置として，国から都道府県に対して調整交付金が支給される（国保新72条）。また，都道府県も，都道府県等が行う国保の財政を調整するため，政令で定めるところにより，一般会計から，算定対象額の100分の9に相当する額および高額医療負担対象額の4分の1に相当する額を当該都道府県の国保に関する特別会計に繰り入れなければならない（国保新72条の2第1項，2項）。さらに，市町村は，政令で定めるところにより，一般会計から，所得の少ない者について，条例で定めるところにより行う保険料の減額賦課または保険税の減額に基づき，国保の財政の状況その他の事情を勘案して政令で定めるところにより算定した額を国保に関する特別会計に繰り入れなければならない（国保新72条の3）。その他，安定的な財政運営や効率的な事業の確保等の国保運営を行うため，2018（平成30）年4月1日より，都道府県による国保保険給付費等交付金の交付（国保新75条の2），都道府県の財政安定化基金の設置（国保新81条の2）等がなされている。

4　医療供給体制

1　医療供給体制の意義

　国民が医療を受けられるようにするためには，前提として，良質で適切な医療を提供する仕組みが必要となる。その仕組みのことを医療供給体制という。わが国の医療供給体制の特色は，医師や歯科医師等が自由に開業するこができる点にある。そこで，良質で適切な医療を提供するために，医療を提供できる施設等について一定の要件が定められ，医療資源の地域偏在の是正および医療施設の連携の推進を目的とした取組みがなされている。また，医療保険制度において，厚生労働大臣の指定を受けた保険医療機関や保険診療に従事する保険医は，診療や調剤等を行い，その報酬として，保険者に対し，診療報酬・薬剤報酬の請求を行うことになるが，その算出・支払い方法に関わる規制が存在している。

2　医療機関と保険医療機関の指定

1）医療機関

　医療供給体制のうち，医療提供施設等について定める法が医療法である。医療法は，医療を受ける者の利益の保護および良質かつ適切な医療を効率的に提供する体制の確保を図り，もって国民の健康の保持に寄与することを目的としている（医療1条）。

（1）病院・診療所

　法は，医療を提供する施設（医療提供施設）として，病院，診療所，介護老人保健施設，調剤を実施する薬局などをあげている（医療1条の2第2項）。医療提供施設について，病院と診療所を区別しているのが特徴である。まず，病院とは，医師または歯科医師が，公衆または特定多数人のため医業または歯科医業を行う場所であって，20以上の患者を入院させるための施設を有するものをいう（医療1条の5第1項）。これに対し，診療所とは，医師または歯科医師が，公衆または特定多数人のため医業または歯科医業を行う場所であって，患者を入院させるための施設を有しないものまたは19人以下の患者を入院させる

ための施設を有するものをいう（同2項）。このような区別は，本来，診療所の医師が患者の「かかりつけ医」としてプライマリーケアを担当し，必要があれば十分な設備と機材を備えた病院を紹介し，そこで専門的治療・処置が行われることを念頭においた規定と考えられているが，実際には役割分化は十分に進んではいない。

（2）開　設

病院を開設する場合，開設地の都道府県知事の許可が必要となる（医療7条1項）。病床数，病床の種別（精神病床，感染症病床，結核病床，療養病床，一般病床）を変更しようとする場合も，知事の許可が必要となる（同2項）。

これに対し，診療所を開設する場合，臨床研修等修了医師や臨床研修等修了歯科医師でない者に限り，開設地の都道府県知事の許可が必要となる（医療7条1項）一方，臨床研修等修了医師や臨床研修等修了歯科医師である者については，開設後10日以内に，診療所の所在地の都道府県知事への届出が必要となる（医療8条）。また，診療所への病床設置，病床数の増加もしくは病床の種別（一般病床，療養病床）の変更については，知事の許可が必要となる（医療7条3項）。

なお，病床の種別のうち，療養病床は，主として長期にわたり療養を必要とする患者を入院させるためのものであるが（医療7条2項4号），慢性期の医療・介護ニーズへ対応，各地域での地域包括ケアシステムを構築するため，医療分野と介護分野の療養病床の再編成がなされている（第3章第3節 3 4），2016（平成28）年社会保障審議会療養病床の在り方等に関する特別部会「療養病床の在り方等に関する議論の整理」参照）。

（3）管　理

病院または診療所の開設者は，医業をなすものである場合，臨床研修等修了医師に，また，歯科医業をなすものである場合，臨床研修等修了歯科医師に，これを管理させなければならない（医療10条）。また，病院は，病床の種別に応じ，厚生労働省令で定める員数の医師および歯科医師の他，都道府県の条例で定める員数の看護師等を有することや，各科専門の診察室等の施設を有し，記録を備えおくことが要請されている（医療21条1項）。同様に，療養病床を有する診療所も，厚生労働省令で定める員数の医師および歯科医師の他，都道

府県の条例で定める員数の看護師等や機能訓練室等の施設を有することが要請されている（同2項）。病院または療養病床を有する診療所について，人員の配置が，同法21条1項・2項等の基準に照らして著しく不十分であり，かつ，適正な医療の提供に著しい支障が生ずる場合，都道府県知事は，開設者に対し，人員増員や業務停止を命ずることができる（医療23条の2）。また，構造設備が同法21条1項・2項等に違反する場合も，都道府県知事は，開設者に対し，施設の使用制限・禁止，修繕・改築を命ずることができる（医療24条）。

2）医療計画

（1）内　容

わが国の医療制度は，自由開業制を基本として，民間医療機関によるサービス供給を拡大させ，患者に自由な医療機関へのアクセスをもたらしている。そこで，良質かつ適切な医療供給体制の確保を図るため，厚生労働大臣が基本的な方針を定めるものとされている（医療30条の3第1項）。そして，都道府県が，この基本方針に即して，かつ，地域の実情に応じて，当該都道府県における医療提供体制の確保を図るために定めたものが，医療計画である（医療30条の4第1項）。医療計画は，1985（昭和60）年医療法改正に伴い，医療資源の地域偏在の是正と医療施設の連携の推進を目的として導入された制度であり，医療法30条の4第2項各号に計画事項が定めてある。その事項では，病床規制として，病院の病床および診療所の病床の整備を図るべき地域的単位として区分する医療圏（医療30条の4第2項12号・13号）が定められ，主として一般の病床の整備を図るべき2次医療圏（医療則30条の29第1項1号）と，主として一般の病床で特殊医療にかかるものの整備を図るべき3次医療圏（同2号）に区分されている。その他，療養病床および一般病床にかかる基準病床数，精神病床にかかる基準病床数，感染症病床にかかる基準病床数ならびに結核病床にかかる基準病床数に関する事項（医療30条の4第2項14号）が定められている。なお，2015（平成27）年より，地域包括ケアシステムの構築により地域における効率的かつ効果的な医療提供体制を確保するため，医療機関が都道府県知事に病床の医療機能（高度急性期，急性期，回復期，慢性期）等を報告し，都道府県は，それをもとに地域医療構想（ビジョン・地域の医療提供体制の将来のあるべき姿）を医療計画において策定することになった（医療30条の4第2項7号，

第2章　医療保険

「地域における医療及び介護を総合的に確保するための基本的な方針」〔平成26年厚生労働省告示第354号〕。地域包括ケアシステムについては，第3章第7節 2 を参照）。地域医療構想において，都道府県は，2次医療圏等ごとに，2025年の病床の機能区分ごとの病床数の必要量とその達成に向けた病床の機能の分化および連携の推進に関する事項を定めることになっている。

　（2）　医療計画達成の推進

　国および地方公共団体は，医療計画の達成を推進するため，病院等の不足している地域における病院等の整備，地域における病床の機能の分化および連携の推進その他必要な措置を講ずるように努めなければならない（医療30条の10）。

　また，都道府県知事は，医療計画の達成の推進のため特に必要がある場合，病院等の開設者や管理者に対し，都道府県医療審議会の意見を聴いて，病院の開設，病床数の増加，病床の種別の変更または診療所の病床の設置，病床数の増加に関して勧告することができる（医療30条の11）。この点，知事によってなされた病院開設中止の勧告が違法であるとして，取消訴訟がなされた事案について，最高裁（平17・7・15民集59巻6号1661頁）は，「医療法上は当該勧告を受けた者が任意にこれを従うことを期待してされる行政指導として定められているけれども，当該勧告を受けた者に対し，これに従わない場合には，相当程度の確実さをもって，病院を開設しても保険医療機関の指定を受けることができなくなる」こと，国民皆保険制度の下，「保険医療機関の指定を受けることができない場合には，実際上病院の開設自体を断念せざるを得ない」ことをふまえ，勧告が抗告訴訟の対象になる行政処分に当たるとして，勧告の処分性を認めている（原判決において，勧告の取消しの訴えを却下した部分について，破棄差戻し，その他の請求を棄却。同様に処分性を認めた裁判例として，最判平17・10・25判時1920号32頁。稲森公嘉「医療法に基づく病院開設中止勧告の処分性」『社会保障判例百選〔第5版〕』44頁参照）。さらに，開設予定地域が病床過剰地域であることを理由に病院開設中止勧告を受けたにもかかわらず，これに従わず開設された病院について，保険医療機関の指定を拒否された事案がある（最判平17・9・8判時1920号29頁）。本件では，当該拒否処分について，「公共の福祉に適合する目的のために行われる必要かつ合理的な措置ということがで

きる」として，憲法22条1項に基づく職業選択の自由に違反するものではないと判断されている（原田大樹「保険医療機関指定拒否処分と憲法22条」『社会保障判例百選〔第5版〕』24頁参照）。

3）保険医療機関の指定
（1） 指定の法的性質

健康保険制度においては，療養給付は，厚生労働大臣の指定を受けた保険医療機関または保険薬局から受けるものとされ（健保63条3項1号），その保険医療機関において健康保険の診療に従事する医師もしくは歯科医師または保険薬局において健康保険の調剤に従事する薬剤師は，厚生労働大臣の登録を受けた医師もしくは歯科医師（保険医）または薬剤師（保険薬剤師）でなければならない（健保64条）。この点は，国民健康保険における医療機関・保険薬局についても，同様である（国保36条3項，40条1項）。したがって，医療機関は，厚生労働大臣からの指定を受ける必要があり，また，その医師は登録を受けなければならない。

保険医療機関の指定は，病院もしくは診療所または薬局の開設者の申請により行われるが（健保65条），その法的性質は，厚生労働大臣（従来は都道府県知事）と医療機関等との一種の公法上の契約ととらえられている。同様に，判例も，「国の機関としての知事が第三者である被保険者のために保険者に代わって療養の給付，診療方針，診療報酬など健保法に規定されている各条項（いわゆる法定約款）を契約内容として医療機関との間で締結する公法上の双務的付従的性格であり，右契約により，保険医療機関は被保険者に対して前記療養の給付の担当方針に従って療養の給付を行う債務を負い，保険者は保険医療機関が行った療養の給付について診療報酬を支払う債務を負うもの」と解している（大阪地判昭56・3・23判時998号11頁）。もっとも，学説では，次に述べる指定の取消が行政処分であることから，指定自体も処分と解する方が整合的ではないかといった批判が多くみられる（田村和之「保険医療機関の指定の法的性格」『社会保障判例百選〔第4版〕』50頁，加藤智章「保険医療機関の指定の法的性格」『社会保障判例百選〔第5版〕』46頁参照）。これに加え，公法上の契約といっても，当事者間で合意すべき事項は法で規定されていることから，実際上，契約の意味はほとんどないという指摘もある（西村，2008，202頁）。

（2） 指定の取消

厚生労働大臣は，健保80条1項各号（保険医または保険薬剤師の責務〔健保72条1項〕や保険医療機関または保険薬局の責務〔健保70条1項〕等の違反）のいずれかに該当する場合，当該保険医療機関または保険薬局の指定を取り消すことができる（健保80条1項）。指定の取消は，行政処分と解されている（鹿児島地判平11・6・14判時1717号78頁）。同様に，保険医または保険薬剤師の登録についても，厚生労働大臣は，一定の要件の下，取り消すことが可能である（健保81条）。ただし，厚生労働大臣は，指定の取消や登録に関して，地方社会保険医療協議会に諮問しなければならない他（健保82条2項），当該医療機関もしくは薬局の開設者または当該保険医もしくは保険薬剤師に対し，弁明の機会を与えなければならない（健保83条）。このように，指定の取消は，病院等において大きな不利益を与えることから，厳格な手続がとられている。

３ 診療報酬

1）概　要

保険医療機関や保険医は，「保険医療機関及び保険医療養担当規則」（昭和32・4・30厚生省令第15号）に基づき，診療や調剤等を行うことが義務づけられており，その報酬として，被保険者等が負担する一部負担金を除いた額を保険者に請求することになる（健保76条1項，国保45条1項）。この報酬を診療報酬といい，その報酬を算出するための基準も「診療報酬」や「診療報酬点数表」と称されている。

2）診療報酬の算定方法

診療報酬の額は，厚生労働大臣が中央社会保険医療協議会に諮問した上，厚生労働省告示（「診療報酬の算定方法」（平成20・3・5厚生労働省告示第59号）の形で定めたものに基づき，算出される（健保76条2項，82条1項，国保45条2項）。診療報酬を公的に決定することには次の理由がある。まず，医療機関と被保険者との間には，医療に関する情報・交渉力の格差があること，また，被保険者にとっても実際に負担するのは一部負担金である上，医療機関にとっても一部負担金を控除した費用は公的医療保険の保険者が負担することから，医療機関と被保険者間での交渉により診療報酬を委ねてしまうと，医療機関側が

診療報酬を有利な額に設定することで，医療保険料の高騰を招き，公的医療保険自体の存続が危うくなるためである（岩村正彦，2003，「社会保障法入門 第47講」『自治実務セミナー』42巻2号12頁）。

わが国では，基本的には出来高払方式が採用されており，診療報酬点数表に点数化された基準により，1点単価10円で計算されている。なお，2003（平成15）年より，医療費の効率化や医療の標準化等を図るため，急性期医療にかかる診断群分類別包括評価（DPC）制度が導入され，近年急速に拡大しつつある。この場合「厚生労働大臣が指定する病院の病棟における療養に要する費用の額の算定方法」（平成20年厚生労働省告示93号）に基づき，包括的な支払方式で算出される。

診療報酬の機能としては，第1に保険診療に関わる診療や薬剤等の価格を設定する価格設定機能，第2に公的医療保険で提供する療養給付等の具体的内容と水準を設定する機能，第3に医科，歯科および調剤の費用配分の他，医療関連業界に一定の資源を配分する機能，第4に診療報酬の改定による政策誘導機能があげられている（加藤智章，2012，「公的医療保険と診療報酬政策」日本社会保障法学会編『新・講座 社会保障法 第1巻』法律文化社，113頁参照）。なお，2016（平成28）年度診療報酬改定の基本方針の視点として，地域包括ケアシステムの推進と医療機能の分化・強化，連携に関する点，患者にとって安心・安全で納得できる効果的・効率的で質が高い医療を実現する点，がんや心疾患，肺炎，脳卒中に加え，高齢化の進展に伴い今後増加が見込まれる認知症や救急医療など重点的な対応が求められる医療分野を充実する点，効率化・適正化を通じて制度の持続可能性を高める点が掲げられていた。そして，2018（平成30）年度診療報酬改定においては，今後の医療および介護サービスの提供体制の確保に向け様々な視点からの検討が重要となることが指摘されている。

4 薬価基準

保険医療機関あるいは保険薬局が，保険者に対し，医療保険の診療報酬・薬剤報酬を請求する際，薬剤費の算定基礎となる医薬品の基準価格は，「使用薬剤の薬価（薬価基準）」（平成20・3・5厚生労働省告示第60号）に定められている。もっとも，実際の薬剤の購入価格は，保険医療機関等と製薬メーカーとの

間で自由に取り決められることから，保険医療機関側が薬価差益を得るため，公的価格である薬価よりも低い価格で納入するよう求めるようになった。その結果，公的価格である薬価と実際の購入価格に差が生じ，医療機関の過剰投薬の弊害が生じていた（西村，2008，207頁）。そこで，実勢価格と薬価基準の乖離の縮小を図るため，薬価基準に収載されている医薬品の品目ごとの販売（購入）価格および販売（購入）数量について，薬価調査を行い，薬価基準の改定が行われている。特に，実勢価格と薬価基準の乖離の縮小を図ることは，医療費の削減につながるため，先発医薬品と比べて薬価が低い後発医薬品（ジェネリック医薬品）の使用を促進する傾向にある。

5　診療報酬の支払い体制

1）概　要

保険医療機関等は，保険者に対して診療報酬を請求することになるが，その費用の請求に対する保険者の審査および支払に関する事務については，社会保険診療報酬支払基金（支払基金）あるいは国民健康保険団体連合会（国保連合会）に委託することができる（健保76条5項，国保45条5項）。この場合，保険者は，保険医療機関等が毎月，支払基金・国保連合会に対して提出する診療報酬請求書や診療報酬明細書（レセプト）等を審査した上で，保険医療機関等に費用を支払うことになる。

2）法的性質

保険者から支払基金・国保連合会への審査および支払の委託により，保険者に対する診療報酬支払義務も支払基金・国保連合会へ移行するのか否か，その委託の法的性質が問題とされてきた。最高裁は，公法上の契約であって，保険者から審査および支払の「委託を受けたときは，診療担当者に対し，その請求にかかる診療報酬につき，自ら審査したことに従い，自己の名において支払をする法律上の義務を負うもの」と解している（最判昭48・12・20民集27巻11号1594頁）。すなわち，保険医療機関等と支払基金・国保連合会との間に，審査および支払に関する権利義務があり，支払基金・国保連合会は，診療担当者や保険医療機関に対して診療報酬を支払う法律上の義務が生じる。

3）減点査定

　支払基金・国保連合会による審査は，診療報酬請求書や診療報酬明細書に関する請求点数の計算間違いのような形式的な審査の他，診療報酬明細書に記載された傷病名に照らしてなされた診療が，療養担当規則等に適合するものであったかどうかといった実質的な審査も行われる（最判昭61・10・17判時1219号58頁）。実質的な審査の結果，療養担当規則等に適合しない診療行為があった場合，減点査定がなされるが，この場合，被保険者が医療機関側から一部負担金として本来支払う必要のない額を支払っていることを意味する。この点，最高裁は，診療行為が客観的にみて療養担当規則に適合しない場合，「当該診療は，法所定の療養の給付には該当せず，したがって，被保険者が一部負担金の名目でその費用の一部を療養取扱機関に支払っているとしても，これについて」，法所定の支給を受ける余地はないと判断している（前掲・最判昭61・10・17）。したがって，被保険者は，過払い分の一部負担金について，不当利得を保険医療機関に返還請求を行うことができる。

　一方，保険医療機関等は，減点査定がなされたことに対して，再審査を申し立てることができる他，再審査によってもなお不服の場合には，訴訟を提起することになる。この点について，最高裁は，減点査定は，「法律上，保険医療機関の診療報酬請求権その他の権利・義務になんら不利益な効果を及ぼすものではないから，抗告訴訟の対象となる行政処分に当たらない」と解している（最判昭53・4・4判時887号58頁）。したがって，民事訴訟において，未払額の支払いを求める給付訴訟により争うことになる。

5　高齢者の医療

1　老人保健法とその後の改革

　高齢者を対象とした医療制度は，1973（昭和48）年，老人福祉法の改正に伴い，老人医療費支給制度として創設され，70歳以上の高齢者を対象として，保険の自己負担金額を支給し，老人医療費の無料化を実現した。もっとも，制度創設以降，老人の受診率の増加に伴い，医療費は急増し，また，医療保険各制度間，特に，被用者保険と国保間に老人の加入率の格差によって老人医療費の

負担に著しい不均衡が生じた。さらに，高齢者の特性および疾病の特徴をふまえると，介護・リハビリテーション等機能回復訓練の充実や生活習慣病等の予防を重視する必要性があった。このような問題を背景として，1982（昭和57）年に老人保健法が制定され，70歳以上の者および65歳以上の寝たきりの者を対象とし，疾病の予防から治療，機能訓練等の保険事業を実施し，公費と医療保険各法の保険者からの拠出金によって費用負担を行う他，医療費の一部を自己負担とした。その後，1984（昭和59）年に退職者医療制度が創設され，国保の被保険者のうち厚生年金等の被保険者期間が20年以上である者または40歳以後の厚生年金等の被保険者期間が10年以上である者，その被扶養者を対象とし，退職被保険者については2割，被扶養者は外来3割・入院2割の自己負担とされるにいたった。しかし，退職者医療制度については，対象者数が増えないといった問題が残されており，また，老人保健法においても，医療保険各法の保険者からの拠出金において，現役世代と高齢世代の費用負担関係が不明確であること等の問題が生じていた。

　そこで，2006（平成18）年に成立した医療制度改革に関する法改正に伴い，2008（平成20）年に，老人保健法が改正され，「高齢者の医療の確保に関する法律」（高齢者医療確保法）が施行された。すなわち，75歳以上の後期高齢者については，その心身の特性や生活実態等をふまえ，独立した医療制度を創設し，65歳から74歳の前期高齢者については，退職者が国保に加入することで，保険者間で医療費の負担に不均衡が生じていることから，これを是正する制度となる。なお，高齢者医療確保法の施行により，退職者医療制度は廃止されたが，経過措置として，2014（平成26）年度までの間における65歳未満の退職者を対象とし，退職者医療制度が存続されていた。

2　高齢者医療保険制度

　高齢者医療確保法は，国民の高齢期における適切な医療の確保を図るため，医療費の適正化を推進するための計画の作成および保険者による健康診査等の実施に関する措置を講ずるとともに，高齢者の医療について，国民の共同連帯の理念等に基づき，65歳から74歳までの前期高齢者にかかる保険者間の費用負担の調整，75歳以上の後期高齢者に対する適切な医療の給付等を行うために必

要な制度を設け，もって国民保健の向上および高齢者の福祉の増進を図ることを目的としている（高齢医療1条）。

1) 後期高齢者制度

高齢者医療確保法は，75歳以上の後期高齢者の疾病，負傷または死亡に関する必要な給付について，都道府県の区域ごとの当該区域内のすべての市町村が加入する広域連合（後期高齢者医療広域連合）が運営を行うものとしている（高齢医療48条）。

医療費の負担については，高齢者の被保険者負担の一部負担金原則1割とし（高齢医療67条1項1号），それ以外の9割は，公費約5割（国が負担対象額12分の3〔高齢医療93条1項〕，調整交付金12分の1〔高齢医療95条〕，都道府県が12分の1〔高齢医療96条〕，市町村が12分の1〔高齢医療98条〕を負担する。)，国保・被用者保険の支援金約4割，高齢者の保険料約1割で賄われる。その中でも，国保・被用者保険の支援金は，被用者保険者の財政力にばらつきがあるため，加入者数に応じた負担では，財政力が弱い保険者の負担が相対的に重くなるといった問題が生じていた。そこで，2014（平成26）年までは，負担能力に応じた費用負担とするため，被用者保険者間の按分について，3分の1を総報酬額に応じて負担する総報酬割，3分の2を加入者数に応じて負担する加入者割とする負担方法を導入した。さらに，より負担能力に応じた負担とする観点から，総報酬割部分は2015（平成27）年度に2分の1，2016（平成28）年度に3分の2に引き上げられ，2017（平成29）年度からは全面総報酬割が実施された。

2) 前期高齢者にかかる費用負担の調整

65歳以上75歳未満の前期高齢者については，保険者間での高齢者偏在による負担の不均衡を是正するため，国保・被用者保険の各保険者が加入者数に応じて負担するよう費用負担の調整を行っている。具体的に，保険者は，各保険者にかかる加入者の数に占める前期高齢者である加入者の数の割合にかかる負担の不均衡を調整するため，政令で定めるところにより，前期高齢者交付金が交付される（高齢医療32条1項）。この前期高齢者交付金は，社会保険診療報酬支払基金が保険者から徴収する前期高齢者納付金によって充当される（同2項）。この場合，どの保険者も前期高齢者加入率が全国平均であると仮定した上で，全国平均より低い場合，保険者から全国平均である場合との差を納付させ，一

方で，全国平均より高い場合，保険者にその差分を前期高齢者納付金として，交付する。なお，団塊世代の影響により，前期高齢者納付金の急増が見込まれ，保険者ごとにみれば大きな負担となる場合があること等から，各保険制度の運営の安定を確保することが今後の課題とされている。

(河野尚子)

第3章
介護保険

Introduction

　介護保険は，高齢化の進展に伴う介護不安に対応し，介護の社会化をめざすため創設された。わが国で最も新しい社会保険制度である。従来，老人福祉の措置により実施されてきた福祉サービスを社会保険方式に移行し，社会保険制度の下で，被保険者である利用者と介護サービスを提供する事業者・施設が，介護サービス利用契約を締結する方式である。

　本章の第1節では，介護保険の成立経緯として，導入の背景と介護保険の意義を中心に述べる。続く第2節では，介護保険の目的と基本方針として，2つの目的と4つの基本方針について説明する。第3節の介護保険の保険関係では，保険関係の主体である保険者，被保険者，事業者および介護保険施設の3者について説明を行う。

　第4節の要介護認定とケアプランでは，介護保険制度の特徴ともいえる「要介護認定」についてその概要と流れを説明し，サービス実施のための計画としてのケアプランについて述べる。第5節の保険給付では，介護保険の保険給付である介護給付，予防給付，市町村特別給付について説明した上，介護保険の法的構造について解説を加える。

　第6節の財源では，介護保険の費用負担の全体構成について述べたのち，保険料と利用者負担について説明する。第7節の介護保険給付の供給システムでは，3年ごとに見直される介護保険事業計画と，地域支援事業および地域包括ケアシステムの動向について述べていく。

　第8節の不服申立てと権利擁護システムでは，介護保険審査会を通じての審査請求と，民法の成年後見制度，社会福祉法における日常生活自立支援事業について述べる。

1　介護保険法の成立経緯

1　介護保険法の成立と法改正

　介護保険法は，1997（平成9）年に成立し，2000（平成12）年に施行された。この間，数次の改正が実施されている。

　2005（平成17）年改正（一部を除き翌年4月施行）では，介護保険制度の持続可能性を高める観点から，給付の効率化・重点化と予防重視型システムへの転換が図られた。また地域密着型サービスの導入や地域包括支援センターの創設も，この改正で実施されている。

　2011（平成23）年改正（一部を除き翌年4月施行）では，定期巡回・随時対応型訪問看護介護や複合型サービス，介護予防・日常生活総合事業の創設や，介護福祉士等によるたんの吸引等，一部医療行為の緩和などが行われた他，地域包括ケアシステムの取組みを推進することとされた。

　2014（平成26）年改正（一部を除き翌年4月施行）では，①在宅医療・介護連携の推進，②予防給付のうち，訪問介護と通所介護を地域支援事業に移行，③低所得層の保険料軽減拡充，④一定以上の所得層の自己負担の2割引き上げ，⑤特別養護老人ホームの入所を原則要介護3以上に限定，⑥低所得の施設利用者の食費・居住費を補填する補足給付の要件に資産などを追加する，などの項目が実施された。

　2017（平成29）年法改正（一部を除き翌年4月施行）では，①保険者機能の強化等による自立支援・重度化防止に向けた取組みの推進，②新たな介護保険施設（介護医療院）の創設，③地域共生社会の実現に向けた取組みの推進（共生型サービスの位置づけ）の他，④2割負担者のうち特に高所得層の自己負担3割引き上げ，⑤第2号被保険者の介護納付金における総報酬割の導入，が盛り込まれている。

2　介護保険制度導入まで

1）導入の背景

　介護保険が導入された背景は，①高齢化の進行に伴う要介護高齢者の増大，

②家族による介護機能の弱体化と介護負担の増大，③従来の高齢者福祉制度と高齢者医療制度の調整，の3つである（一般財団法人厚生労働統計協会，2017/2018，『国民の福祉と介護の動向』149頁）。

①であるが，日本の高齢化率は1970（昭和45）年に7％を超え「高齢化社会」に，1994（平成6）年に14％を超え，「高齢社会」に突入することとなった。現在は30％近くになり，世界トップの高水準である。

高齢になると，病弱になったり介護が必要になったりすることは避けられない。厚生省（当時）の推定では，要介護者は2000年に280万人，2010年に390万人，2025年に520万人とされ，高齢化の進展は，社会全体で介護が必要な高齢者の増大と結びつくとされた（増田雅暢，2003，『介護保険見直しの争点』法律文化社，85頁）。また高齢化に伴い寿命が延びることから，誰でも相当程度の確率で介護が必要な状態となる可能性があるし，身近な家族が要介護者になる可能性も高い。このような介護リスクの一般化に伴い，高齢期の介護のあり方について，1990年半ばより真剣に議論がなされるようになった。

②として，かつては在宅の介護は家族により担われてきた。しかしながら，核家族化の進行による家族規模の縮小，高齢者とその子どもとの同居率の低下，高齢者夫婦のみ世帯や高齢者1人暮らし世帯の増加，女性の就労の増大などから，老親等の介護を家族が行うことは困難な状態となっている。高齢者が高齢者を介護する「老老介護」や，都市に住んでいる子どもが，地方に住む親の介護をする「遠距離介護」が，この間，大きな問題となった。

また家族のみで介護を担うことによる，食事や排せつ等の介護の身体的負担やストレス等の精神的負担，経済的な負担はいまだ大きい。家族にかかる過重な負担を軽減するための仕組みが必要とされてきた。

③として，介護保険法が施行される以前は，介護サービスは「老人福祉法」に基づき，市町村がサービス利用の可否やサービスの種類・内容・提供機関等を決定する「措置」制度により実施されてきた。そのため利用者にとっては，サービス内容や提供機関の選択ができない，手続きに時間がかかる，所得制限があるため利用に当たり心理的抵抗感が伴う，利用負担が応能負担（所得に応じた負担）のため中高所得層にとっては重い負担となる等の問題があった。

一方，高齢者医療分野では，1980年代頃から患者の多くが高齢者である老人

病院と呼ばれる医療施設が増加してきた。福祉サービスの基盤整備が遅れてきた半面，医療機関の病床数が多いことや，医療機関のほうが利用者負担が少ないこと，福祉施設入所よりも病院に入院したほうが世間体が良いとみられていたことなどがあり，医療の必要性がなくなっても長期に入院を続けるという「社会的入院」の問題がでてきた。また医療施設は，要介護高齢者の長期療養の場として，居室面積が少ないことや食堂・入浴施設がないこと，介護職員が少ないことなど生活環境の面でも問題があった。

このように，高齢者福祉と高齢者医療の2つの制度間で連携が図られていないことが問題となり，介護をめぐり，両者制度の再編成が必要となったのである。

2）介護保険の意義

前述の状況をふまえ，介護保険制度は，①介護に対する社会的支援，②利用者本位とサービスの総合化，という2点を意識してつくられた。①だが，高齢期における不安要因の1つである介護問題について，社会全体で支えるという仕組みを構築するという点であり，家族等の介護者の負担軽減を図ることが意識された。これを「介護の社会化」という。

②については，高齢者福祉と高齢者医療に分かれていた従来の制度を再編成し，要介護状態になっても利用者の選択に基づき，利用者の希望を尊重して，多様な事業主体から必要な介護サービスを総合的・一体的に受けられる制度が意識された。このような点を意識しつつ，「社会保険」方式の導入により，介護サービスを総合的・一体的に受けられる制度を目指したのが，介護保険である。

3 医療保険制度との関係

なお介護保険制度創設の際，医療保険制度との調整をどのように行うかが議論となった。厚生省（当時）の審議機関である「老人保健福祉審議会（以下「老健審」とする）でもこの点が指摘されている。

老健審では，医療保険一体型と医療保険と別体系とする独立型が検討され，それぞれのメリット・デメリットが検討された。一体型は，介護リスクと医療リスクの近似性から，保険者・被保険者等を医療保険と一致させる案であり，当時の老人保健制度のように医療保険者が費用を拠出し，市町村が給付を行う

仕組みが提案されていた。

　だが老人保健制度において拠出金制負担が問題視されていたことや，財政主体と給付主体が分離するのは不適当ではないかとの議論があり，一体型は消極的に取り扱われ，独立型が提案された（増田，2003，95頁）。なお，日本の介護保険の参考とされるドイツの医療保険は，医療保険者である疾病金庫が介護保険の保険者である介護金庫を兼ねる「医療保険活用型」というべき仕組みをとっている。

> 4 老人福祉法との関係

　前述の通り，介護保険法施行前までは，介護サービスは老人福祉法に基づく「措置」により提供されていた。介護保険法施行後は，介護サービスの大半は，社会保険方式による制度に移行し，サービスを受ける際には，利用者と事業者・施設との間でサービス利用契約を結ぶことになる（これを「措置から契約へ」と呼んでいる。この意味について詳しくは，長沼建一郎「すべての人が人間らしく暮らすために　社会福祉概説の巻」『社会保障解体新書［第4版］』法律文化社，171-180頁）。

　なお老人福祉法は1963（昭和38）年に成立した法律であるが，この法律は廃止されたわけではなく，現在も例外的に措置は適用される。すなわち，「利用者側のやむをえない理由により介護保険制度の利用が著しく困難であると認めるとき」には介護保険とは別に措置で対応されるし（老人福祉法10条の4など），養護老人ホーム（老人福祉法11条）など一定のサービスについては，そもそも措置で対応され介護保険には移行しない。

2　介護保険の目的と基本方針

> 1 目　的

1）概　要

　介護保険法1条は，「この法律は……［要介護者等］について，これらの者が尊厳を保持し，その有する能力に応じ自立した日常生活を営むことができるよう，必要な保健医療サービス及び福祉サービスにかかる給付を行うため，国

民の共同連帯の理念に基づき介護保険制度を設け……」と規定する。

　この意味で，介護保険法は国民の共同連帯を基礎とし，その目的として，高齢者の自立支援とそのための保健・医療・福祉サービスの給付をおいている。

　1条では「国民の共同連帯」が，社会保険方式による介護保険制度創設を支える理念として規定されている。「連帯」または「社会連帯」は社会保障を支える理念として位置づけられているものの，法令用語として「共同連帯」という文言を使っている法律は数少ない。この介護保険法の目的規定の他，国民年金法，後期高齢者医療確保法など，全国民を対象とした制度においては，「共同連帯」という文言が使用されている。

　2）自立支援

　目的規定の1つ目に，高齢者の「自立支援」があげられる。ここでいう「自立」とは，介護が必要な状態になっても，介護サービスを利用しながら自分のもてる力（残存能力）を活用して自分の意思で主体的に生活をすることができることをいう（増田雅暢，2014，『逐条解説介護保険法』法研，64頁）。

　ここでの自立はどのような状態を指すのだろう。例えば，社会福祉法3条では「福祉サービスの基本理念」として「利用者が心身共に健やかに育成され，又はその有する能力に応じ自立した日常生活を営むことができるように支援する」と規定されている。主体的な生活をその人の能力に応じ支援するという意味では，介護保険法における「自立」も，この社会福祉法が定める「自立」を基礎にして定められていると解釈できよう。

　なお生活保護法1条にも「自立助長」とあり，これは，就労自立支援（就労による経済的自立のための支援）のみならず，日常生活自立支援（それぞれの被保護者の能力やその抱える問題等に応じ，身体や精神の健康を回復・維持し，自らの健康・生活管理を行うなど日常生活において自立した生活を送るための支援），社会生活自立支援（社会的なつながりを回復・維持するなど社会生活における自立の支援）をも含むとされる（厚生労働省生活保護制度の在り方に関する専門委員会，2005，『生活保護制度の在り方に関する専門委員会報告書』，http://www.mhlw.go.jp/shingi/2004/12/s1215-8a.html　2016年2月1日アクセス）。この意味では介護保険制度は，その目的からみて，日常生活自立支援と社会生活支援の2つを念頭においているといえる。

3）必要な保健医療サービス及び福祉サービスに係る給付

目的規定の2つ目に，「必要な保健医療サービス及び福祉サービスに係る給付」があげられる。前述のとおり，介護保険制度の導入の背景には，利用手続きや費用が異なっていた介護に関する保健医療サービスと福祉サービスを総合的・一体的に提供することがあった。従来，医療保険制度や老人保健制度（当時）の費用で行われてきた保健医療サービス（居宅サービスにおける訪問看護や訪問リハビリテーション等）や，従来，老人福祉制度の中で行われていた福祉サービス（居宅サービスにおける訪問介護や訪問入浴介護，通所介護等）を，介護保険法において一体的に給付する点が強調されている（増田，2014，62頁）。

２ 基本方針

前項の目的を達するため，介護保険法2条では，4つの基本方針をおく。保険給付の対象となる保険事故（1項），保険給付の目的（2項），保険給付が行われる場合の基本的な配慮事項（3項），保険給付の内容および水準に関する指針（4項）である。

1項では，介護保険は，要介護状態等に関し，必要な保険給付を行うとされる。さらに2項・3項では，この保険給付は，要介護状態の軽減または悪化防止の観点から，医療との連携に十分配慮して行われるべきであり，かつ被保険者の選択に基づき，多様な事業者または施設から，総合的かつ効率的に提供されるよう配慮すべきとされる。

4項では，給付の内容と水準は，要介護状態になっても可能な限り居宅において自立した生活を営むことができるよう配慮すべきものとされ，居宅での生活が優先される。

3　介護保険の保険関係

１ 保険者

介護保険法3条は，「市町村及び特別区は，この法律の定めるところにより，介護保険を行う……」と規定する。介護保険の保険者は，市町村および特別区である（以下，特別区を含め「市町村」という）。

特別区とは東京23区のことであり、政令指定都市の行政区は該当しない。なお，財政基盤の強化や事務経費の節減を目的として，広域連合や一部事務組合等の地方自治法に基づく特別地方公共団体を，保険者とすることもできる。このため介護保険の事務処理は，国民健康保険制度と異なり，大幅な広域的対応がとられることが多い（制度実施の2000〔平成12〕年時点で，全市町村〔3252〕のうち，広域連合が28地域241市町村，一部事務組合が26地域167市町村であった）。

介護保険制度の創設の際，保険者を国・都道府県・市町村のどの行政単位に設定するかについては議論があった。保険におけるリスク分散の必要性からみると，市町村ではその人口規模が十分でないことは明らかである。だが，住民にもっとも身近な行政単位である市町村が，保健福祉を一元的かつ総合的に推進する観点を重視し，保険者が市町村に設定された（経緯については，増田，2003，95-96頁）。

保険者である市町村は，被保険者の資格管理，保険料の設定と徴収，要介護認定，保険給付，財政運営等に関する業務を担う。しかしながら市町村の負担を考慮し，介護保険制度の運営に当たる市町村保険者の事務負担を軽減し重層的に支える仕組みが介護保険法では規定されている（国および地方公共団体の責務（介保5条），医療保険者の協力（介保6条））。

なお国民健康保険では，2018（平成30）年度から，都道府県が当該都道府県内の市町村とともに国保の運営を担う「都道府県単位化」が議論されている。後述のとおり，介護保険の第1号被保険者が負担する保険料の地域格差も拡大しており，今後，介護保険の保険者規模の問題は改めて議論される課題であろう。

2　被保険者・受給者

介護保険法9条は，第1号被保険者と第2号被保険者の2つの被保険者を規定する。また実際に介護保険の保険給付を受給できる資格を有する受給権者について，第1号被保険者と第2号被保険者では，その要件が異なっている（表3-1）。

1）第1号被保険者
（1）被保険者と住所地特例

第1号被保険者は，市町村の住民のうちの65歳以上の者である。介護保険は，

第3章　介護保険

表3-1　介護保険の被保険者・受給権者

	第1号被保険者	第2号被保険者
被保険者	市町村の区域内に住所を有する65歳以上の者（9条1項）	市町村の区域内に住所を有する40歳以上65歳未満の医療保険加入者（9条2項）
受給権者	・要介護者（7条3項1号） ・要支援者（7条4項1号）	老化に起因する特定疾病による要介護・要支援者（7条3項2号，7条4項2号）

（出所）　筆者作成。

　国民健康保険と同様，市町村が保険者である地域保険の形態をとるため，被保険者はその市町村の区域内に住所を有するということが要件である。
　「住所を有する」とは，その市町村の住民基本台帳に記載されていることをいい，1年以上にわたり福祉施設に入所すると予想される場合には，その者の住所は施設等の所在地となる。病院等に入院する者の住所は，医師の診断により1年以上の長期継続的な入院治療を要すると認められる場合を除き，家族の住所地となる（増田，2014，100頁）。
　ただし上記の考え方をとった場合，介護保険施設が多く存在する市町村では，施設入所の第1号被保険者が多くなり，介護保険給付額も大きくなる。すると，その市町村の介護保険料水準は高くなり，保険財政における市町村負担が重くなると予想される。
　このため介護保険法13条では，「住所地特例」として，他市町村からの施設入所者については，住民基本台帳法上の取扱いとは異なり，元の市町村（施設入所前の市町村）の被保険者のままとする（図3-1）。介護保険創設時は，介護保険3施設のみ住所地特例の対象だったが，2005年改正によりケアハウスや有料老人ホームなどの介護専用特定施設が追加された。また，2014年改正により，従来，有料老人ホームに該当するサービス付き高齢者住宅（特定施設入所者生活介護の指定を受けている場合）に限定されていた規定が，「特定施設入所者生活介護の指定を受けていない場合」にも対象拡大された。ただし，有料老人ホームに該当しないサービス付き高齢者住宅は住所地特例の対象外であるし，後述の地域密着型施設は，住所地特例の対象とならない。今後，住所地特例についての妥当な範囲について議論がまたれる。
　外国人であっても，旅行者でなく日本国内に住所を有していれば，当然なが

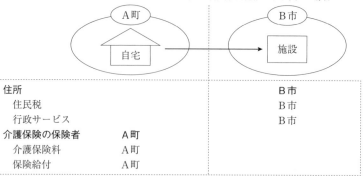

図3-1　介護保険の住所地特例（イメージ）

（出所）「その他の検討事項について」社会保障審議会介護保険部会（第50回）資料2，2013年10月2日．http://www.mhlw.go.jp/file/05-Shingikai-12601000-Seisakutoukatsukan-Sanjikanshitsu_Shakaihoshoutantou/0000024983.pdf　2016年2月1日アクセス．

ら被保険者に該当する。特別永住者の他に，入国当初の在留資格期間が3か月超であるか，3か月以下であっても入国目的や入国後の生活実態から3か月を超え滞在すると認められる場合である。

　なお医療保険と異なり，65歳以上の住民であれば全員が第1号被保険者となるので，医療保険でみられる被扶養者という扱いはない。すなわち，個人単位の保険適用であることに注意が必要である。

（2）　受給権者

　第1号被保険者の場合は，介護保険法7条の「要介護状態」または「要支援状態」であることが，介護保険の保険給付を受ける要件となる。詳細については，表3-2のとおりである。65歳以上の者については，原因を問わず，要介護・要支援状態となれば保険給付の対象となる。

2）第2号被保険者

（1）　被保険者

　第2号被保険者は，市町村の住民のうち40歳以上65歳未満の医療保険加入者である。医療保険加入者とは，医療保険の被保険者とその被扶養者をいう。

　この年齢層のすべての住民でなく，医療保険加入者に対象を限定しているの

表3-2 介護保険の要介護・要支援状態

要介護状態（7条1項）	身体上または精神上の障害のため，入浴・排泄・食事等の日常生活における基本動作の全部または一部につき，継続的に常時介護を要すると見込まれる状態
要支援状態（7条2項）	継続的に常時介護を要する状態の軽減もしくは悪化の防止に特に資する支援を要すると見込まれ，あるいは継続的に日常生活を営むのに支障があると見込まれる状態

（出所）筆者作成。

表3-3 介護保険法施行令2条における特定疾病の種類

①がん（医師が一般に認められている医学的知見に基づき回復の見込みがないと判断したものに限る。），②関節リウマチ，③筋委縮性側索硬化症，④後縦靱帯骨化症，⑤骨折を伴う骨粗鬆症，⑥初老期における認知症，⑦進行性核上性麻痺，大脳皮質基底核変性症およびパーキンソン病，⑧脊髄小脳変性症，⑨脊柱管狭窄症，⑩早老症，⑪多系統萎縮症，⑫糖尿病性神経障害，糖尿病性腎症および糖尿病性網膜症，⑬脳血管疾患，⑭閉塞性動脈硬化症，⑮慢性閉塞性肺疾患，⑯両側の膝関節または股関節に著しい変形を伴う変形性関節症

（出所）筆者作成。

は，保険料の賦課・徴収を医療保険者が行うことにしていることによる（介保150条）。したがって，医療保険の非加入者（生活保護利用者等）は，被保険者の対象とならない。

（2）受給権者

第2号被保険者が介護保険における保険給付を受ける場合は，老化に起因する特定疾病による要介護・要支援でなければならない（介保7条3項）。介護保険法施行令2条では，次の16の疾病が規定されている（表3-3）。

特定疾病に該当しなければ，介護保険による保険給付を受けることができないため，例えば交通事故により要介護状態になった場合，65歳以上の者であれば介護保険の給付を受けることができるが，40歳以上65歳未満の者は介護保険の給付を受けることはできない。

3）被保険者の範囲をめぐる問題

（1）年齢区分と若年障害者

介護保険制度の検討時においては，ドイツの介護保険制度のように全国民を介護保険の対象とすべきという意見も強かった。また当初の厚生省（当時）案は，被保険者・受給権者の範囲を20歳以上の者としており，20歳から64歳までは保

険料を拠出する一方，給付はない形となっていた（堤修三，2010，『介護保険の意味論』中央法規出版，100頁)。また，前述の老健審の1996年最終報告では，被保険者の範囲を20歳以上とする案を40歳以上とする案の両論併記がされていた。

最終的に，被保険者は「老化に伴う介護ニーズに応えること」を目的に，40歳以上の者とされた。理由としては，①老化に伴う介護ニーズは高齢期のみならず中高齢期にも生じうる点，②40歳以降は一般的に親が要介護状態になるリスクが高まり，その介護に伴う負担が軽減されるという受益がある点，の2つがあげられた。結果的に，被保険者の年齢について40歳以上とせねばならない必然的かつ客観的理由は少なく，その中での妥協の産物であった（和田勝，2007，『介護保険制度の政策過程』東洋経済新報社，18-19頁）。

また第2号被保険者の場合，老化に起因する特定疾病による要介護・要支援状態に保険給付が限定されるため，いわゆる若年障害者の給付の調整について，介護保険検討時に議論となった。この点につき，1996（平成8）年の身体障害者福祉審議会の意見具申では，若年障害者の介護サービスを介護保険で対応することについて，①障害者施策については公費で実施すべきという関係者の意見が強いこと，②身体障害者以外の障害者施策が一元的に市町村で行われていないこと，③障害者の介護サービスの内容は，高齢者に比べて多様であり，これに対応したサービス類型を確立するためには十分な検討が必要であること，④保険移行に当たっては，障害者の介護サービスをはじめとした現行施策との調整が必要であること，が示され，引き続き検討が必要であるとされた。このような流れも受け，結果的に若年障害者については，介護保険ではなく，従来通り障害者福祉制度で対応することとなったのである。

なお2005年改正の議論を行った社会保障審議会介護保険部会において，このテーマが論議され，2004（平成16）年12月に「『被保険者・受給者の範囲』の拡大に関する意見」が取りまとめられている。それによると，被保険者の範囲や受給者の範囲を拡大すべきという制度普遍化の方向をめざすべきという意見が多数であった。だが同時にきわめて慎重に対処すべきとの意見もあったため，社会保障制度の一体的見直しの中でその可否について検討を進め，結論を得ることとされた。その後，障害者総合支援法が2006（平成18）年に施行され，障害関連法制の動きもあるものの，大きな議論はなされていないのが現状である

(この点につき詳細は，増田雅暢，2016，『介護保険の検証』法律文化社，第10章および関ふ佐子，2012，「介護保険制度の被保険者・受給者範囲」日本社会保障法学会編『地域生活を支える社会福祉』法律文化社，第14章を参照）。

（2）　被保険者と生活保護利用者との関係

（あ）　第１号被保険者と生活保護利用者

　生活保護利用者は，65歳以上であれば第１号被保険者となることができる。要介護状態となった場合には，介護保険の給付が生活保護の介護扶助に優先して行われる。保険料負担分については生活保護における生活扶助（生活保護法12条），利用者負担分については生活保護における介護扶助（生活保護法15条の2）から支給される。

　第１号被保険者に生活保護利用者を含める法構造となっているのは，医療保険の反省からである。医療保険では，生活保護利用者は国民健康保険の被保険者とせず，生活保護の医療扶助の対象とする。一般の人々と同様の取扱いとされていないため，生活保護での医療を受けることに対しての，いわゆる「スティグマ（汚名）」が問題とされており，貧困者の医療受給に影響を与えることになっている。介護保険では，その反省をふまえ，一般の人々と生活保護の被保護者を同様の取扱いとし，生活保護のスティグマをなくすとともに，社会保険適用の普遍化を行っているとされる（増田，2014，102頁）。

（い）　第２号被保険者と生活保護利用者

　しかし介護保険の第２号被保険者は，医療保険加入者であることが要件となる。そのため生活保護利用者が医療保険の非加入者であれば，介護保険の被保険者とならない。この場合，介護サービスについては，介護保険の給付ではなく，生活保護における介護扶助が適用される。社会保険適用の普遍化という点からみれば，第２号被保険者の現状につき，一定の課題が残っている。

３　事業者および介護保険施設

１）指定居宅サービス（指定居宅介護予防サービス）事業者

　介護保険の保険者は，保険給付としての介護サービスを提供する機関を確保するため，一定の基準を満たした居宅サービス事業者および介護予防サービス事業者を指定する（介保70条，115条の２）。保険者から介護報酬を受け取るた

めには，原則として都道府県知事の指定を受けなければならない（なお，2011〔平成23〕年の法改正により，大都市特例が設けられ（203条の2），都道府県の指定の事務は指定都市及び中核市に移譲された）。指定居宅サービス事業者は要介護者のための居宅サービスを実施し，指定介護予防サービス事業者は要支援者のための居宅サービスを実施する。

　指定を受ける要件としては，①原則として申請者が法人であること，②人員の基準を満たすこと，③設備・運営の基準に従って適正に事業の運営ができることとされている。

　2）指定居宅介護支援（指定介護予防支援）事業者

　介護保険を利用する際には，後述のとおり，いわゆるケアプランの作成を行う必要がある。要介護者本人に代わり居宅サービスにおけるケアプラン作成や見直しを行うことを「居宅介護支援」といい，79条ではこの居宅介護支援事業者に対する指定を定める。また要支援者に対するケアプラン作成や見直しを行うことを「介護予防支援」といい，115条の22では，介護予防支援事業者の指定について述べる。

　指定のあらましは，1）の事業者と同じである。だが，2014（平成26）年改正により，居宅介護支援については，保険者機能の強化のため居宅介護支援事業所の指定権限を市町村に移譲されることとなった。2018（平成30）年4月をめどに，市区町村は勧告・命令・指定取消が行えるだけでなく，その運営基準も市区町村が独自で条例で指定できることとなる。

　3）指定地域密着型サービス（指定地域密着型介護予防サービス）事業者

　地域密着型サービスは，介護保険の保険給付において，2005（平成17）年改正により創設されたサービスである。高齢者が要介護状態になっても，可能な限り住み慣れた自宅または地域で生活を継続できるように，市町村内で提供されるサービスである。指定地域密着型サービス事業者は要介護者に対するサービスを，指定地域密着型介護予防サービス事業者は要支援者に対するサービスをそれぞれ担う。

　地域密着型サービスおよび地域密着型介護予防サービスの指定は，市区町村長が事業所ごとに指定を行う（78条の2，115条の12）。

第3章　介護保険

表3-4　介護保険施設

指定介護老人福祉施設 （特別養護老人ホーム）	身体上または精神上著しい障害があるために常時介護を必要とする高齢者を入所させて養護する施設。特養・特養ホームなどと呼ばれる。
介護老人保健施設	介護を必要とする高齢者の自律を支援し，家庭への復帰を目指すために，医師による医学的管理の下，看護・介護といったケア，作業療法士や理学療法士によるリハビリテーション，栄養管理・食事・入浴などの日常サービスまで併せて提供する施設。老健・老健施設などと呼ばれる。
介護医療院	要介護者に対し，「長期療養のための医療」と「日常生活上の世話（介護）」を一体的に提供する施設。

（出所）　西村健一郎他，2015，『よくわかる社会保障法』有斐閣，72頁を参考に筆者作成。

4）介護保険施設（指定介護老人福祉施設，介護老人保健施設，介護医療院）

　介護保険法では，施設サービスを担う機関として，介護老人福祉施設（86条），介護老人保健施設（94条），介護医療院（107条）が定められている。介護老人福祉施設は，老人福祉法20条の5の基準を満たし開設の「許可」を得た特別養護老人ホームでなければならない。その上で介護保険でのサービスを行うために「指定」を受ける必要がある。だが介護老人保健施設は，設置根拠が介護保険法であり，都道府県知事の認可により設置されるため，指定は必要なく名称にも指定の文字は入らない（増田，2014，368頁）。

　なお以前は，介護療養型医療施設（旧107条）の規定が置かれていたが，2012（平成24）年4月以降，削除されている。医療分野の療養病床に入院している患者とその病態やケアの内容が変わらない入所者が多いことと，医師・看護師等の医療従事者の効率的配置の観点から，医療分野と介護分野の療養病床が再編成されることとなった。

　具体的には2017（平成29）年の法改正により，廃止予定の介護療養病床の受け皿として，介護医療院が規定されている。介護医療院は，現状の介護療養病床と同様の医療機能と生活施設としての機能を備える他，病院・診療所から転換した場合は，引き続き病院・診療所の名称を使える。

　従来の医療保険適用の療養病床は残した上で，介護療養型医療施設については，この介護医療院等に順次転換する。2024年3月までに転換を行うこととし，2012（平成24）年4月以降は，新たな介護療養型医療施設の指定は行わない（増田，2014，383頁）。それぞれの施設の性格は**表3-4**の通りである。

105

なお，有料老人ホームは老人福祉施設ではないが，設置数が増加しているものの経営が安定せず倒産する例もみられる。老人福祉法では，入所者の利益を保護するため設置および事業の休廃止につき，届け出義務を課した上で規制監督の対象としている（老人福祉法29条）。

5）指定の性格

　介護保険法での「指定」の法的性格として，医療保険と異なる点が指摘されている。なお医療保険における，都道府県知事による保険機関の指定は，知事がその区域内の医療機関との間で第三者のために行う公法上の契約であると解される。多数の保険者と膨大な医療機関との間で双務契約をそれぞれ結ぶのは事実上困難であるため，それに代わるものとして，保険医療機関の指定制度が創設されたとする。

　これに対し，介護保険における事業者指定の法的性質については，①医療保険同様，知事が都道府県内の地域的統一を図るために保険者の委任を受け，介護サービス事業者との間に締結する契約であるとする説（本澤巳代子，1996，『公的介護保険』日本評論社，169頁。ただし指定の性格について直接論じたものではない）と，②医療保険の場合と異なり，保険者は被保険者に対し法的に介護サービス提供義務を負っていないため，指定は事業者・施設が設備・人員等の基準を満たしているのかどうか（そのサービスが介護保険給付の対象としてふさわしいものであるか）の確認行為であるとする説（遠藤浩・神田裕二「介護保険法案の作成をめぐって」『法政研究』第66巻第4号，1803頁）である。②の場合，定められた要件を満たしている場合には，当然，指定されることとなり，行政庁の裁量的な行為が入る余地はないとされる（詳細は，西田和弘，2010，「医療機関・介護事業者の指定と評価」『社会保険改革の法理と将来像』法律文化社，64-73頁）。

6）指定をめぐる判例

　これらの指定は，介護サービス提供機関として必要とされる基準を満たさなくなった場合や，虚偽の報告を行った場合等には，都道府県知事により取り消されることとなっている（介保77条ほか）。虚偽の報告による指定取消につき，居宅介護事業者の指定から指定取消までの間に支払われた居宅介護サービス費の返還等を求めた事案で，居宅介護サービス費についての返還請求は認めたが，

不当利得に基づく返還請求を認めなかった判決がある（京都地判平18・9・29。加藤智章ほか，2009，『社会保障・社会福祉判例体系4　社会福祉・生活保護』旬報社，47頁）。また，介護保険法上の指定居宅サービス事業者等の指定を大阪府知事から受けた事業者が，不正の手段により当該指定を受けた場合に，市から受領した居宅介護サービス費等につき介護保険法（平成17年法律第77号による改正前のもの）22条3項に基づき，住民訴訟により返還を争った事案では，その返還義務を負わないとされた（最小判平23・7・14裁判所HP）。最近では，県知事のした介護保険法に基づく指定通所リハビリテーション事業者の指定を取り消す処分が，処分通知書記載の理由提示が抽象的であり不正請求と認定された請求に係る対象者，期間，サービス提供回数等が特定されていないため，行政手続法14条1項本文の要求する理由提示要件を欠く違法があるとして取り消された事例もある（名古屋高判平25・4・26裁判所HP）

　地域密着型サービス事業者をめぐっては，小規模多機能型居宅介護の各事業者の指定申請があった場合，市町村介護保険事業計画の達成に支障を生ずるおそれがあることを理由に指定を拒否することができないとして不指定処分を取り消された事案（名古屋高金沢支判平21・7・15社会保障判例百選〔第5版〕108番）や，指定地域密着型サービス事業者の指定申請前に，その申請を予定している医療法人社団に対してされた，認知症対応型共同生活介護事業者の応募を否とする市長の決定に処分性が認められないとされた事例（千葉地裁平24・9・28裁判所HP）がある。

4　要介護認定とケアプラン

１　要介護認定・要支援認定

1）医療保険との違い

　介護保険を受けようとする者は，第1号被保険者については要介護または要支援状態，第2号被保険者については加齢に伴う要介護・要支援状態でなければならない（保険事故）。その場合，被保険者は保険給付を受けるに当たって，要介護状態または要支援状態に該当するかを保険者による認定（要介護認定または要支援認定）を受け，要介護または要支援の認定後，原則として介護支援

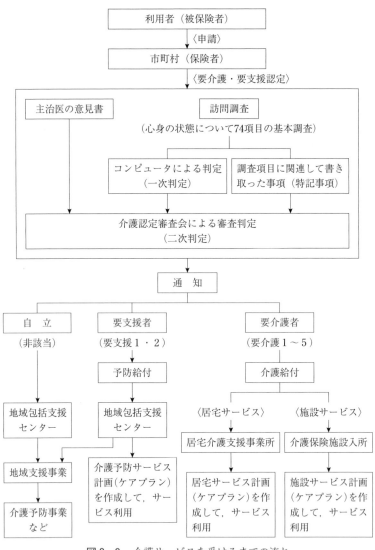

図3-2　介護サービスを受けるまでの流れ

(出所)　増田, 2014, 43頁。

専門員（ケアマネジャー）に介護サービス計画（ケアプラン）を作成してもらい，この計画に基づきサービスを利用する（図3-2）。それぞれの内容につき，以下，詳しくみていく。

「保険事故」に該当するかをサービス利用の前に「要介護認定」により判定するというシステムは，医療保険と異なり介護保険特有のシステムである。また後述の通り，介護保険には，判定された要介護度に応じ保険給付限度額が設定されている（支給限度額に関する限界と批判について，石橋敏郎，2010，「介護保険給付」『社会保険改革の法理と将来像』法律文化社，90-98頁）。

当たり前だが，医療保険には受診の前に保険事故の状態を確認する「要医療認定」は存在しない。仮に治療の前に病気の重さを判定する手続きがあって，利用可能な予算枠が示され，それからようやく治療計画が立てられるという悠長なプロセスを経るならば，最悪，その患者が死にいたってしまう場合もあるからである（長沼建一郎，2015，『社会保険の基礎』弘文堂，81頁）。医療保険制度においては，なにより保険事故に対する治療の緊急性が優先する。

しかし介護という状態は，医療ほど心身の状態が短時間で急激に変化する訳ではないし，緊急性も医療と比較すれば低い。その意味で，介護が必要な度合いがまず図られ，それと保険でどのくらい介護サービスが利用できるかの予算枠が，直接結びつくシステムとなっている。

2）要介護・要支援認定のプロセス

要介護・要支援認定のプロセスとして，①申請，②訪問調査と介護認定審査会，③ケアプランに分けて説明していく。

（1）申　請

介護保険法27条1項および32条1項は，被保険者から市町村への申請について定めている。申請は，申請書に被保険者証を添付して市町村に対し行う。第2号被保険者の場合，被保険者証の交付を受けていないときは添付が不要だが，医療保険の被保険者証を提示する必要がある（介護保険法施行規則35条1項）。

申請は，被保険者本人に加え，家族・親族等，民生委員・介護相談員等，成年後見人が代理で行うことができる。また地域包括支援センターや，指定居宅介護支援事業者，地域密着型介護老人福祉施設，介護保険施設が代行することもできる。ただし指定居宅介護支援事業者，地域密着型介護老人福祉施設，介

護保険施設は，申請者の意思をふまえて申請を行うことが求められている。
　（2）　訪問調査と一次判定
　申請を受けた市町村は，市町村職員を被保険者に面接させ，心身の状況やおかれている環境等の事項について調査する（介保27条2項，32条2項）。住所地特例等により遠隔地に住む被保険者については，他の市町村の職員に嘱託することができる。
　訪問調査では，全国共通の調査票に基づき調査を行い，その結果をコンピュータ処理することにより「一次判定」を行う。また市町村は，被保険者が認定申請書に記入した主治医に対し，主治医意見書の記載を求める（介保27条3項，32条2項）。主治医意見書は，身体上または精神上の障害の原因である疾病または負傷の状況等についてのもので，主に介護認定審査会での「二次判定」の際に使用される。
　（3）　介護認定審査会による二次判定
　市町村は，一次判定の結果と特記事項（訪問調査の際に調査項目に関連して書き取った事項），そして主治医の意見書を介護認定審査会に通知し，判定を求める（介保27条4項，32条3項）。
　介護認定審査会は，市町村が要介護認定に関する審査及び判定業務を公正かつ客観的に行うため設けられる専門的な第三者機関であり（介保14条），委員は，保健・医療・福祉の各分野に関する学識経験者の中から，市町村長（特別区の区長含む）が任命を行う（15条）。医療保険では，保険給付である医療サービスの必要性の判断は医師が行うが，介護保険では，保険給付の介護サービスの必要性の判断について，医師のみならず，保健師，看護師，社会福祉士，介護福祉士等，保健・医療・福祉分野に関わる専門家が合議体により関与する点に大きな特徴がある（増田，2014，112頁）。
　介護認定審査会では，一次判定の結果に基づき，認定調査の特記事項や主治医意見書の内容をふまえ審査・判定を行い，その結果を市町村に通知する（介保27条5項・6項，32条4項・5項）。介護認定審査会の判定を「二次判定」といい，これが最終的な判定結果となる。
　（4）　認定結果の通知
　判定結果の通知を受けた市町村は，その結果を被保険者に通知し（介保27条

第3章　介護保険

表3-5　要支援・要介護区分と居宅サービスの区分支給限度額

区分	状態	居宅サービスの区分支給限度額（月額）	住宅改修費	福祉用具購入
要支援1	社会的支援を要する状態	5,003単位	20万円	10万円
要支援2	社会的支援を要する状態	10,473単位		
要介護1	部分的な介護を要する状態	16,692単位		
要介護2	軽度の介護を要する状態	19,616単位		
要介護3	中等度の介護を要する状態	26,931単位		
要介護4	重度の介護を要する状態	30,806単位		
要介護5	最重度の介護を要する状態	36,065単位		

（注）　2015年度から1単位：10〜11.26円（地域やサービスにより異なる）。
（出所）　増田，2014，44頁。一般財団法人厚生労働統計協会，2017/2018，『国民の福祉と介護の動向』，156頁より筆者作成。

7項・9項，32条6項・8項），その通知により当該認定は申請のあった日にさかのぼって効力を生じるものとされる（27条8項，32条7項）。要介護・要支援区分と居宅サービスの区分支給限度額は，**表3-5**のとおりである（認定されなかった場合は「自立（非該当）」となる）。なお，認定結果の通知は，原則として申請を受けてから30日以内に行わなければならない（27条11項，32条9項）。

（5）　更新，変更・取消

　要支援・要介護認定には有効期間が定められている（介保28条，33条）。この有効期間は，新規認定は原則6か月，更新認定は原則12か月である。さらに要介護認定にかかる市町村の事務負担軽減のため，市町村の判断で初回認定は12か月まで，更新認定は36か月まで延長可能である（ただし要支援の更新認定の場合，延長は行われない）。

　また有効期間内であっても，被保険者は必要に応じて，要介護・要支援状態区分の変更の認定を，市町村に申請することができる（介保29条，33条の2）。なお市町村は，支援・介護の必要が低下したと判断した場合には，職権により要支援・要介護認定の区分の変更の認定をすることができる（30条，33条の3）。

　要支援・要介護認定は，①要支援者および要介護者に該当しなくなったとき，②正当な理由なく認定調査や主治医意見書のための診断に応じないときには，市町村により取り消すことができる（31条，34条）。

111

2　ケアプランとケアマネジメント

　要支援・要介護認定の通知を受けた利用者は，①要支援者の場合は，地域包括支援センターに介護予防サービス計画の作成，②在宅の要介護者の場合は，指定居宅介護支援事業者に居宅サービス計画の作成，を依頼する。施設入所の場合は，③入所施設において施設サービス計画が作成される。これらのサービス計画のことを「ケアプラン」と呼んでいる。「ケアプラン」は，介護サービスの計画的な利用のために必要なものであり，介護保険制度では，後述する保険給付の現物給付要件として，ケアプランに基づくサービス利用を原則としている。

　①と②の場合，介護支援専門員（ケアマネジャー）が訪問し，本人の要支援・要介護状態に加え，本人や家族の希望，家族状況や住宅事情などを総合的に把握し，介護サービスの種類や内容を定めていく。ケアプランにしたがった保険給付の提供が確保されるように，指定居宅サービス事業者との連絡調整などの便宜や，介護保険施設等への入所が必要な場合には，施設等への紹介などを行う（介保8条24項，8条の2，16項）。

　なお，このような居宅支援サービスを受けずに，本人自らが介護サービスの利用計画を作成することも可能である（セルフケアプラン）。

　介護支援専門員は，介護保険制度により創設された資格である。基本的に保健・医療・福祉の国家資格をもち，一定期間の実務経験を有する者が，都道府県が行う試験に合格し，実務研修を修了することで，登録ができる（介保69条の2）。その資質の確保と向上のため，69条の34では介護支援専門員の義務が法定されるとともに，名義貸しの禁止（69条の35），信用失墜行為の禁止（69条の36），秘密保持義務（69条の37）が定められている。

5　保険給付

1　保険給付の種類

　介護保険における保険給付には，大きく分けて「介護給付」「予防給付」「市町村特別給付」の3種類がある（介保18条）。給付の内容は，表3-6のとおりである。要支援者は，介護予防サービスと介護予防地域密着型サービスの一部

表3-6 介護保険の保険給付

介 護 給 付	要介護者に対する保険給付（居宅サービス，地域密着型サービス，施設サービス）
予 防 給 付	要支援者に対する保険給付（介護予防サービス，介護予防地域密着型サービス）
市町村特別給付	市町村が独自で条例で定める保険給付

(出所) 筆者作成。

のみ利用可能である。

2 保険給付の内容

1）居宅サービス（介護予防サービス）の概要

介護保険における居宅サービス（介護予防サービス）の種類は，**表3-7**のとおりである。介護給付の場合は，「居宅サービス」，予防給付の場合は「介護予防サービス」という名称になり，14種類のサービスがある。例えば①の訪問介護サービスは，介護給付の場合は「訪問介護」，予防給付の場合は「介護予防訪問介護」と呼ばれる。

2）地域密着型サービス（介護予防地域密着型サービス）

介護保険における地域密着型サービス（介護予防地域密着型サービス）の種類は，**表3-8**のとおりである。介護給付の場合は，「地域密着型サービス」，予防給付の場合は「介護予防地域密着型サービス」という名称になり，以下の9種類のサービスがある。

地域密着型サービスは，2005（平成17）年改正により創設され，2006（平成18）年度から実施されているサービスである。利用者は原則として，そのサービス事業所がある市町村の住民に限定される。なお予防給付の場合，①〜③のサービスのみしか利用できない（うち③のグループホームは要支援2に限る）。

3）施設サービス

介護保険制度における施設サービスは，①介護老人福祉施設，②介護老人保健施設，③介護医療院の3種類である。各施設の概要については本章第3節の3 4）を参照。

4）市町村特別給付

市町村は，要介護者および要支援者に対し，介護保険法で定められた介護給付・予防給付以外に，条例により独自の市町村特別給付を実施することができ

表3-7 居宅サービス（介護予防サービス）の種類

分類	サービスの種類	内容
訪問系サービス	①訪問介護（介護予防訪問介護）	ホームヘルパーや介護福祉士が介護を必要とする高齢者の居宅に訪問して，入浴，排泄，食事等の介護や，調理・掃除・洗濯等の家事，生活等に関する相談・助言等，日常生活上の必要な世話を行うサービス。ホームヘルプサービスともいう。
	②訪問入浴介護（介護予防訪問入浴介護）	要介護者等の自宅を入浴車等で訪問し，浴槽を提供して入浴の介護を行うサービス。
	③訪問看護（介護予防訪問看護）	訪問看護ステーションや病院・診療所の看護師等が，要介護者等の居宅を訪問し，療養上の世話や必要な診療の補助を行うサービス。
	④訪問リハビリテーション（介護予防訪問リハビリテーション）	病院・診療所および介護老人保健施設の理学療法士が，要介護者等の自宅を訪問して，理学療法・作業療法その他の必要なリハビリテーションを行うサービス。
	⑤居宅療養管理指導（介護予防居宅療養管理指導）	要介護者等に対して，病院・診療所または薬局の医師，歯科医師，薬剤師，歯科衛生士，管理栄養士等が自宅を訪問して行う療養上の管理，指導等のサービス。
通所系サービス	⑥通所介護（介護予防通所介護）	要介護者等が，日帰り介護施設（老人デイサービス等）に通い，入浴や食事の提供とこれらに伴う介護，生活等に関する相談・助言，健康状態の確認とリハビリテーションを受けるサービス。デイサービスともいう。
	⑦通所リハビリテーション（介護予防通所リハビリテーション）	訪問リハビリテーションの通所型。
短期入所系サービス	⑧短期入所生活介護（介護予防短期入所生活介護）	特別養護老人ホーム等に短期入所して，その施設で，入浴，排泄，食事等の介護その他の日常生活上の世話および機能訓練を受けるサービス。ショートステイともいう。
	⑨短期入所療養介護（介護予防短期入所療養介護）	介護老人保健施設等に短期入所して，医学的な管理のもとで，看護，介護，機能訓練などを受けるサービス。ショートステイともいう。
居住系サービス	⑩特定施設入所者生活介護（介護予防特定施設入所者生活介護）	特定施設（有料老人ホームとケアハウス）に入所している要介護者に対して提供される入浴，排泄，食事等の介護その他の日常生活の世話など介護保険の給付にあたるものを実施した場合。
その他	⑪福祉用具貸与（介護予防福祉用具貸与）	ベッドや車いすなど福祉用具のレンタルのサービス。
	⑫特定福祉用具販売（特定介護予防福祉用具販売）	ベッドや車いすなど福祉用具の購入に対し費用が給付されるサービス。
	⑬住宅改修（住宅改修）	手すり，ドア変更などの住宅改修に対して給付されるサービス。
	⑭居宅介護支援（介護予防支援）	ケアプランの作成とサービスの導入，サービス間の連携を行う。＊ケアマネジャーにケアプラン作成を依頼した場合は自己負担なし。

（注）「サービスの種類」欄のカッコ書きは，予防給付での名称。
（出所）一般財団法人厚生労働統計協会，2017/2018，『国民の福祉と介護の動向』，155頁より筆者作成。

表3-8 地域密着型サービス（介護予防サービス）の種類

①小規模多機能型居宅介護（介護予防小規模多機能型居宅介護）	通いを中心に，訪問や泊まりのサービスを組み合わせた多機能な介護サービス。
②認知症対応型通所介護（介護予防認知症対応型通所介護）	認知症の要介護者に，デイサービス等の施設で日常生活の世話や機能訓練などを行うサービス。認知症デイサービスともいう。
③認知症対応型共同生活介護（介護予防認知症対応型共同生活介護）	認知症の要介護者が5〜9人で共同生活を送りながら，日常生活上の支援や介護が受けられるサービス。グループホームともいう。
④定期巡回・随時対応型訪問看護介護	重度要介護高齢者の在宅生活を支えるため，日中・夜間を通じて，訪問介護と訪問看護が密接に連携しながら，短時間の定期巡回訪問と随時対応を行うサービス。
⑤夜間対応型訪問介護	24時間安心して暮らせるよう，巡回や通報システムによる夜間の訪問介護を行うサービス。
⑥地域密着型特定施設入居者生活介護	有料老人ホームなどの特定施設のうち，定員30人未満の小規模な介護専用型特定施設に入居し，日常生活の世話や機能訓練が受けられるサービス。
⑦地域密着型介護老人福祉施設入所者生活介護	定員30人未満の小規模な介護老人福祉施設に入所し，日常生活の世話や機能訓練が受けられるサービス。
⑧看護小規模多機能型居宅介護	医療ニーズの高い利用者の状況に応じたサービスの組み合わせにより，地域における多様な療養支援を行うサービス。
⑨地域密着型通所介護	デイサービス等の施設（事業所の定員が19人未満の事業所）で，日常生活上の世話や機能訓練などを行うサービス。

（注）「サービスの種類」欄のカッコ書きは，予防給付での名称。看護小規模多機能型居宅介護は，従来「複合型サービス」と称していたが，2015（平成27）年介護報酬改定により名称が変更された。
（出所）一般財団法人厚生労働統計協会，2017/2018，『国民の福祉と介護の動向』，156頁より筆者作成。

る（介保62条）。その財源は，第1号被保険者の保険料を用いる。

　市町村特別給付の例として，（紙）おむつの支給，移送サービス，寝具乾燥サービス，配食サービス，訪問理美容サービス，一時外泊時の在宅復帰支援費の支給等があげられる（介護給付または予防給付以外のサービスなので，これらを「横出し給付」と呼ぶ）。なお，法律で定める水準よりも高い水準の給付を市町村が独自に行うことは「上乗せ給付」と呼ぶ。市町村特別給付としてこのような上乗せ給付も可能である。

3 予防給付・保険給付の制限等

　介護保険法では，①刑事施設等に拘禁された場合，②故意の犯罪行為や重大な過失，正当な理由なくサービス利用に関する指示に従わない場合，③正当な理由なく市町村の定める文書の提出等に応じない場合，④保険料を滞納した場合，に保険給付の制限等を行う。

　①の場合，その期間にかかる介護給付は行われない（介保63条）。これらの施設で仮に要介護状態となった場合では，公費で相当の対応がなされる（増田，2014，231頁）。

　②および③の場合，保険給付の一部または全部を制限することができる（64条，65条）。

　④の場合，保険料納付を確実なものにする観点から，保険料滞納者に対し，保険給付の方式を変更する（66条-69条）。詳細は本章第6節で述べる。

4 保険給付の支給方式

1)「～費の支給」

　前述のとおり，介護保険法で定める保険給付には介護給付，予防給付，市町村特別給付があり，具体的には居宅サービス，地域密着型サービス等，多くのサービスメニューがある。だが介護保険法の保険給付の支給方式をみると，すべて「～費の支給」の文言で説明されており，さきほどの「訪問介護」や「通所介護」等のサービスメニューが，法の支給方式に明記されているわけではない。

　例えば介護保険法41条には「居宅介護サービス費の支給」という項目がある。「居宅介護サービス」は，先述の**表3-7**の①訪問介護から⑪福祉用具貸与の11種類のサービスを総称したものであり，41条は，要介護者がこれらのサービスを利用した際の保険給付方式について規定する。具体的なサービスと法支給方式の対応関係は**表3-9**のとおりである。

2) 法における保険給付の支給方式

　介護保険法41条の居宅介護サービス費の支給について詳しくみていく。1項では，結局のところ「市町村は，要介護認定を受けた被保険者が居宅介護サービスを受けたとき，居宅介護サービス費を支給する」と規定されている。また4項では「その額は90/100」とある。つまり41条1項および4項では，保険給

表3-9　サービス内容と法の支給方式の対応関係

表3-7の①訪問介護～⑪福祉用具貸与を利用→居宅介護サービス費の支給（第41条）
表3-7の⑫特定福祉用具販売を利用→居宅介護福祉用具購入費の支給（第44条）
表3-7の⑬住宅改修を利用→居宅介護住宅改修費の支給（第45条）
表3-7の⑭居宅介護支援を利用→居宅介護サービス計画費の支給（法第46条）
表3-8の地域密着型サービスを利用→地域密着型介護サービス費の支給（法第42条の2）
表3-4の施設サービスを利用→施設介護サービス費の支給（法第48条）

（注）　いずれも要介護者が利用することを想定。
（出所）　筆者作成。

付の償還払い方式（要介護者等がサービス利用をしたときには，事業者や施設に対していったん費用を全額支払い，その後，保険者である市町村から費用の償還を受ける方式）の仕組みを採用する。

　しかし同条6項・7項をみると，国が定める職員配置や施設整備等の一定基準を満たすとして都道府県の指定を受けた事業者からサービスを受ける場合には，現物給付方式（サービス利用時に，利用者は一定の利用者負担を支払うだけでサービスを利用できる仕組み）を利用できる旨が定められる。すなわち，介護保険では民法上の代理受領方式（事業者・施設が利用者に代わり市町村から支払いを受ける方式）の考えが適用されており，法律上は償還払いをとるにもかかわらず，実際には現物給付方式でサービスが提供される。なお表3-9にある他の「～費の支給」も，法律上，すべてこの支給方式をとる。

　医療保険の「療養の給付」が，法律上の原則において現物給付方式をとるのとは対照的である。この点につき医療保険と異なり介護保険では，保険給付の範囲以上のサービスを利用したとしても，保険給付部分と合わせて利用できることを前提としているため，償還払い方式が採用されるという説明がある（増田，2014，151頁）。だが介護保険法の下では，市町村は保険給付として，○○サービス費のような金銭給付を行う義務を負うけれど，被保険者に対しては介護サービス提供義務を負っているわけでないとする考え方も示されており，この点にも注意が必要である（久塚純一，2012，「介護保険をめぐる基本課題」『地域生活を支える社会福祉』法律文化社，第13章参照）。

6　財　源

1　費用負担の全体構成

　介護保険の給付費総額のうち，50％が公費（税金），50％は保険料により賄われる。

　公費（税金）のうち，給付費総額の25％が国負担，12.5％が都道府県負担，同じく12.5％が市町村負担となる（介保121条，123条）。なお，施設等給付の場合には，20％が国負担，17.5％が都道府県負担，12.5％が市町村負担となる。保険料のうち，給付費総額の23％が第1号被保険者全体の保険料で，27％が第2号被保険者全体の保険料で賄われる（割合は2018〔平成30〕～2020年度。なお割合は各々の被保険者の構成割合で変化し，3年毎に見直される）。

2　保険料

1）第1号被保険者の保険料

（1）保険料の決定方法

　第1号被保険者の保険料は，所得段階別の定額である。市町村ごとに定める保険料率により算定される（介保129条2項）。保険料率は，市町村介護保険事業計画の3年間を単位とした計画期間ごとに，介護保険事業計画に定めるサービス費用見込み額等に基づき設定される（129条3項）。

　所得段階は，介護保険法施行令第38条により，0.45倍～1.7倍の9段階に分かれている（表3-10参照。2015〔平成27〕年度から，それ以前は6段階）。なお，施行令39条により市町村は特別な場合には，各段階の細分化や，高所得者層を多段階化することも可能である。

（2）保険料の徴収方法

　第1号被保険者の保険料の徴収方法には，①特別徴収と②普通徴収がある。

　①の特別徴収は，年額18万円以上の老齢（退職）・障害・遺族年金を受給していれば，当該年金から天引きにより徴収される方法である（介保131条）。これは，市町村保険者の保険料徴収義務の負担軽減と保険料徴収の確保を図るために導入された（増田，2014，473頁）。

第3章　介護保険

表3-10　保険料の算定に関する基準

	対象者	保険料設定方法
第1段階	生活保護被保護者。 世帯全員が市町村民税非課税の老齢福祉年金受給者 世帯全員が市町村民税非課税かつ本人年金収入80万円以下	基準額×0.45 （注）
第2段階	世帯全員が市町村民税非課税かつ本人年金収入80万円超120万円以下	基準額×0.75
第3段階	世帯全員が市町村民税非課税かつ本人年金収入120万円超	基準額×0.75
第4段階	本人が市町村民税非課税（世帯に課税者がいる）かつ本人年金収入等80万円以下	基準額×0.9
第5段階	本人が市町村民税非課税（世帯に課税者がいる）かつ本人年金収入等80万円超	基準額×1.0
第6段階	市町村民税課税かつ合計所得金額120万円未満	基準額×1.2
第7段階	市町村民税課税かつ合計所得金額120万円以上200万円未満	基準額×1.3
第8段階	市町村民税課税かつ合計所得金額200万円以上300万円未満	基準額×1.5
第9段階	市町村民税課税かつ合計所得金額300万円以上	基準額×1.7

（注）　本来は基準額×0.5だが，公費による低所得者軽減により基準額×0.45になっている。なお具体的軽減幅は0.05以内で市町村が条例で規定。
（出所）　一般財団法人厚生労働統計協会，2017/2018，『国民の福祉と介護の動向』162頁を筆者改変。

表3-11　第2号被保険者の保険料

- 健康保険（注）：標準報酬×介護保険料率（協会健保の場合は1.57％：平成30年度），労使折半。
- 国民健康保険：所得割・均等割に按分，国庫負担あり。

（注）　第2号被保険者の40〜64歳の被扶養者からは保険料は徴収されない。
（出所）　筆者作成。

②の普通徴収は，老齢（退職）・障害・遺族年金が年額18万円未満の場合，市町村が保険料を被保険者から直接的に個別徴収する方法である（介保131条）。この場合，納付義務は第1号被保険者本人にあるものの，第1号被保険者が属する世帯の世帯主および配偶者が連帯納付義務を負う（132条）。

2）第2号被保険者の保険料

（1）　保険料の決定方法

　第2号被保険者の保険料は，国民健康保険や健康保険など，各医療保険者に割り当てられた介護給付費納付金の総額と第2号被保険者の見込数に基づいて算出される（介保151条）。具体的な保険料の算出方法は**表3-11**の通りである。

（2） 保険料の徴収方法

　第2号被保険者の保険料は，医療保険者が医療保険料とともに徴収し，社会保険診療報酬支払基金に納付金として納付する（介保150条）。その後，支払基金が各市町村保険者に対し交付する介護給付費交付金の財源となり，各市町村保険者の保険財政の安定のために活用される（160条）。

3）保険料の滞納

（1） 第1号被保険者の保険料滞納

　前述の保険料徴収方法からすると，第1号被保険者の普通徴収者に滞納の可能性が高くなる。第1号被保険者が，特別な事情がないにもかかわらず保険料を滞納している場合（1年間：介護保険施行規則99条），被保険者証に「支払方法変更の記載」がされる（介保66条1項）。これにより通常の保険給付規定の適用が排除され，要介護被保険者は介護サービスの利用料を事業者に全額支払った後，領収書を添付し市町村に償還請求する方法（償還払い方式）をとる。

　また，市町村は保険料を滞納している要介護者に対する保険給付の全部または一部の支払いを差し止めることもできる（67条1項・2項，1年6か月滞納した場合）。さらに市町村は，支払方法変更の記載を受け，かつ保険給付の一時差し止めを受けている要介護被保険者がなお保険料の滞納を続ける場合，当該差止に関わる保険給付の額から当該滞納額を控除することができる（67条3項）。

　さらに市町村は，要介護認定や更新認定をしたとき，要介護被保険者の保険料徴収権が時効により消滅している期間があった場合には，被保険者証に「給付額減額等の記載」を行う（介保69条1項）。この記載を受けた要介護被保険者の保険給付は，保険料徴収権の消滅した期間に応じ，その給付割合が9割から7割に引き下げられる（69条3項）。

（2） 第2号被保険者の保険料滞納

　第2号被保険者についても，要介護被保険者が特別な事情がないにもかかわらず保険料を滞納しており，所定の期間が経過するまでの間に当該保険料を納付しない場合には，被保険者証に「支払い方法の変更」および「保険給付差止の記載」をすることができる（介保68条1項）。この「保険給付差止の記載」を受けた要介護被保険者については，保険給付の全部または一部の支払いが，市町村によって差し止められる（68条4項）。

第3章 介護保険

4）保険料をめぐる判例

介護保険の保険料をめぐる判例には，①介護保険料賦課処分決定を争うもの，②第1号被保険者の保険料特別徴収を争うものがみられる。

①では，第4段階に区分された被保険者（原告死亡後に相続人が訴訟承継）が，介護保険料賦課処分決定を行った保険者に対し，憲法14条および25条違反を主張したが，請求は棄却されている（大阪高判平18・5・11判自283号87頁）。

②では，第1号被保険者の老齢年金から介護保険料の特別徴収を行ったことに対し，財産権侵害や憲法13条，25条違反を主張したが，いずれも原告の請求は棄却されている（最小判平18・3・28判タ1208号78頁，同種別事案として大阪高判平18・7・20裁判所HP）。

3 利用者負担

利用者負担としては，それぞれのサービスに設定された介護報酬に基づき，その費用の1割を自己負担する。ただし，2014（平成26）年改正（施行は2015〔平成27〕年8月）では，合計所得金額160万円以上の者については，自己負担は2割となった（ただし合計所得金額が160万円以上であっても，年金収入とその他の合計所得の金額が，単身で280万円未満，2人以上世帯で346万未満の場合は，利用者負担は1割となる）。さらに2017（平成29）年改正（施行は2018〔平成30〕年4月）では，合計所得金額220万円以上の者について，自己負担が3割になる。なお，介護サービス計画（ケアプラン）作成に当たっては，利用者負担は不要である。

原則，定率1割の利用者負担が著しく高額の負担とならないように，月額の負担上限額を定めた高額介護（介護予防）サービス費の規定がある（介保51条）。高額介護サービス費における1か月の利用者負担上限額は，所得区分に応じて，世帯単位又は個人単位で設定されている。

介護保険でなぜ利用者負担が必要なのかであるが，そもそも介護保険は要介護度による予算枠があるため，利用者負担を設けなくても使いすぎる危険性はそれほど大きくない。だが介護は医療と異なり，必要性という観点からは「多ければ多いほど良い」という性格が強いため，利用限度の範囲内とはいえ歯止めをかけておく必要性として設けられているという説がある（長沼，2015, 89頁）。

7 介護保険給付の供給システム

1 介護保険事業計画

　介護保険における保険給付の円滑な実施が確保されるように，国は基本指針を定め，それに基づき，市町村は市町村介護保険事業計画を，都道府県は都道府県介護保険事業支援計画を策定することが義務づけられている（介保116条）。これらの計画は，3年を1期として策定することとされている。

　市町村介護保険事業計画は，市町村老人福祉計画と一体のものとして作成されなければならない（117条6項）。市町村介護保険事業計画には，①日常生活圏域の設定，②サービスの種類ごとの量の見込み，③地域支援事業の量の見込みに関する事項を定めるものとされている（117条2項）。さらに2017（平成29）年改正（施行は2018〔平成30〕年4月）では，新たに④要支援や要介護状態の軽減や悪化の防止，介護給付等に関する費用の適正化に関し市町村が取り組むべき事項と，⑤その目標を盛り込むこととされた（117条3・4項）。これにより具体的には，自立支援や介護予防などで成果を上げている市町村や都道府県に対し，国からの交付金が増額されるという財政的インセンティブが導入されたといえる。

　都道府県介護保険事業支援計画も，都道府県老人福祉計画と一体のものとして作成されなければならない（118条5項）。都道府県介護保険事業支援計画には，介護保険施設の種類ごとの必要入所定員数その他，介護給付等対象サービスの量の見込みを定めるものとされる（118条2項）。

2 地域支援事業と地域包括ケアシステム

　地域支援事業は，被保険者が要介護や要支援状態になることを予防するとともに，要介護状態になった場合でもできる限り地域において自立した日常生活を営むことができるよう支援する事業であり，市町村が実施する（115条の45）。

　地域支援事業には，①介護予防・日常生活支援総合事業（以下「総合事業」という），②包括的支援事業，③任意事業の3つがある。

　①の総合事業は，要支援者と虚弱高齢者に対して，介護予防・生活支援サー

第3章 介護保険

図3-3 地域包括支援センターの業務

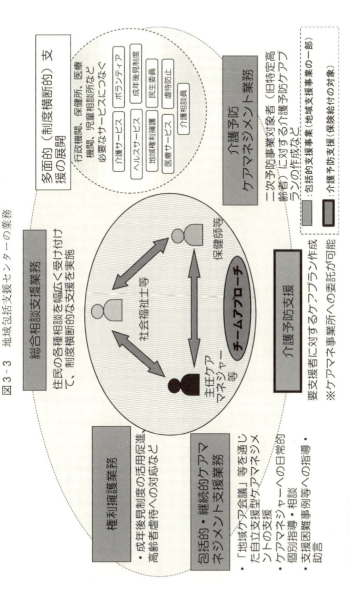

(出所) 厚生労働省。

123

ビス事業（訪問型サービス，通所型サービス，配食等の生活サービス）を総合的に提供できる事業である。市町村の主体性を重視し，ボランティアや地域団体等の多様な社会資源を活用しつつ行うこととされる。例えば，要支援者向けのホームヘルプサービスに対して，従来までのホームヘルパーによる訪問介護の他，住民主体による支援によるホームヘルプサービスも想定されている。介護の専門家でない者のサービス提供が予定されており，これにつき「共助」の拡大として積極的にとらえる意見と，消極的にとらえる意見の双方がみられる。

②の包括的支援事業は，介護予防ケアマネジメント業務（要支援者に対する予防給付が効果的になされるよう適切なケアマネジメント業務を行う），総合相談支援業務（住民からの総合相談），権利擁護業務（成年後見制度の活用促進，消費者被害防止，高齢者虐待への対応），包括的・継続的ケアマネジメント支援業務（支援困難事例に対応する地域のケアマネジャーへの助言，地域のケアマネジャーのネットワークづくり）を行う。これらを主に行うのは，地域包括支援センターである。地域包括支援センターには，原則として保健師，社会福祉士，主任ケアマネジャーの3職種が配置される（図3-3参照）。

③の任意事業として，家族介護者に対する介護技術・知識教室開催や，介護用品・慰労金の支給等の家族介護支援事業があげられる。

なお，国では2025年（団塊の世代が後期高齢者に到達する年）を目途に，高齢者が可能な限り住み慣れた地域で，自分らしい暮らしを人生の最期まで続けることができるよう，地域の包括的な支援・サービスを総合的に提供する体制（地域包括ケアシステム）の構築を推進している。

8 不服申立と権利擁護

1 不服申立

被保険者は，保険者が行った行政処分に不服がある場合には，都道府県の介護保険審査会に審査請求することができる（法183条）。審査請求の対象となる処分は①保険給付に関する処分（要支援・要介護認定に関する処分，被保険者証の交付の請求に関する処分，給付制限に関する処分など），②保険料その他徴収金に関する処分（保険料の賦課徴収に関する処分，不正利得に関する徴収金に係

る賦課徴収，保険料等の徴収金に係る滞納処分等）である。なお，介護サービス計画（ケアプラン）に係る不服は，この計画が基本的に当事者の同意に基づいて決定されるものであることから，この手続によることはできない（菊池馨実，2014，『社会保障法』有斐閣，433頁）。

　介護保険審査会委員は，被保険者代表（3名），市町村代表（3名），公益代表（3名以上）からなる。処分取消しの訴えは，その処分についての審査請求を経た上でなければ提起することができない（審査請求前置主義：法196条）。

　なお，介護サービス内容や事業者・施設等に対する被保険者の苦情解決は，介護報酬の審査支払に当たる国民健康保険団体連合会が行う。連合会は，サービスに関する苦情対応を含め事業者に対する必要な指導と助言を行うこととなっている（法176条1項）。

2 権利擁護

　介護サービスの契約利用可化は，判断能力が不十分な者の契約締結に重大な問題をもたらす可能性がある。これに対して，1999（平成11）年に改正された民法の成年後見制度は，法定後見と任意後見の制度を設け，判断能力の低下した者の保護を強化した。

　また介護サービス契約の利用援助や，日常的な財産管理・保全のために，社会福祉法では，福祉サービス利用援助事業を規定する（社会福祉法81条，ただし具体的な制度名として「日常生活自立支援事業」が一般的に用いられている）。これは契約に基づき実施される事業であるため，契約の内容を判断しうる能力（契約締結能力）を有する必要がある。

　　　　　　　　　　　　　　　　　　　　　　　　　（金川めぐみ）

第4章

年金保険

Introduction

　社会保険の主要な任務の1つは，被保険者の所得が途絶えたときにこれを保障することにある。所得が途絶えるといってもその態様は様々であるが，老齢，障害，死亡を理由とする所得喪失について給付を行うのが，本章において解説をする年金保険である。なお，業務上の障害と死亡を理由とする所得喪失については，労災保険からも給付がなされる。現行の年金保険は，国民年金（1階部分）と厚生年金（2階部分）によって構成されている。国民年金というのは，国民一般を対象にする年金制度であり，20歳から60歳までの40年間にわたり毎月1万6900円の保険料を納付すると（自営業者の場合），78万900円の年金を受給できる。就労形態などを問わずに適用されるこの制度によって，いわゆる国民皆年金が実現されている。厚生年金というのは，被用者のみを対象にする年金制度であり，被用者として就労する間に給与の18.3%の保険料を事業主と折半して負担すると，就労実績（期間と給与）に見合った年金を受給できる。引退の過程を自分では決定できず，また，給与以外の収入源をもたないことが一般的な被用者は，所得保障のニーズが特に大きいため，このような制度が用意されている。

　他方で，老齢期における所得保障のニーズには，私的年金（企業年金と個人年金。3階部分）による備えも可能である。そして，労使が制度を設計し，または個人が商品を選択する私的年金は自律的な老後の生活設計と親和的なことや，積み立てられた掛金を原資として給付を実施する私的年金は人口構造の変化（少子高齢化）に強いことなどを考慮すると，私的年金が普及することは年金政策との関係でも望ましいといえる。そこで，所得保障に適した私的年金の枠組みを定める一方で，その枠組みに従う年金制度には税制上の優遇を行うという制度が設けられている。このような私的年金の意義に鑑みて，年金保険について解説をする本章においても，私的年金のうち特に広範に活用されている企業年金の枠組みについて簡単に言及している。

1　年金保険の基本構造

1　年金保険の実施体制
1）年金制度の枠組み

　現行の年金制度は，社会保険としての国民年金（1階部分）と厚生年金（2階部分），および，企業年金と個人年金からなる私的年金（3階部分）によって構成されている。このような基本的な枠組みは，①職域年金の拡充，②基礎年金の導入，③職域年金の統合，④企業年金の再編といった過程をたどり形成されてきた（年金保険の沿革については，吉原健二，2004，『わが国の公的年金制度』中央法規出版を参照）。

　明治期にはすでに，年金保険の萌芽といえる軍人や官吏を対象とした恩給制度および官業や民業の従業員を対象とした共済組合があった。現在の年金保険に連なる制度としては，1930年代から1960年代にかけて，民間部門においては，船員（船員保険），被用者（労働者年金保険，厚生年金保険），私立学校の教職員（私立学校教職員共済組合），農林漁業団体の職員（農林漁業団体職員共済組合）を対象とする年金制度が，また，公共部門においては，国家公務員（国家公務員共済組合），公共企業体の職員（公共企業体職員等共済組合），地方公務員（地方公務員等共済組合）を対象とする年金制度が，順次成立してきた。

　また，1959（昭和34）年には，国民皆保険をめざして，農業・漁業等への従事者，自営業者，厚生年金の適用がない零細な事業所の被用者などを対象とする国民年金も成立している。もっとも，当時の国民年金は，職域年金の対象者を適用除外としており，また，職域年金の対象者の配偶者や学生を任意加入とするなど，現行の国民年金とは異なる適用構造であった。その後，1985（昭和60）年に，国民年金と職域年金の再編が行われ，これによって，国民一般を対象として基礎年金を支給する国民年金（1階部分）および基礎年金への上乗せ給付を支給する職域年金（2階部分）からなる年金保険の枠組みが確立されている。

　そして，1980年代から2000年代にかけて，各制度（船員保険，民営化された旧公共企業体の共済組合，農林漁業団体職員共済組合）の厚生年金への統合が進

展して，近時には，国家公務員共済組合，地方公務員等共済組合および私立学校教職員共済組合が厚生年金に統合されたことで，職域年金の一元化が実現した。なお，公務員と私学教職員のための共済組合と共済制度は，医療保険等の事業のために存続しており，年金保険との関係でも，国民年金と厚生年金の実施機関としての役割が与えられている。

　他方で，年金保険（公的年金）を補完する役割をもつ制度として，年金制度の中での企業年金や個人年金（3階部分）の重要性が強く認識されて，2001（平成13）年には，被用者を対象とする確定給付企業年金，被用者その他の個人を対象とする確定拠出年金が，それぞれ導入されている。他方で，厚生年金と個々の企業が実施する退職金や企業年金との調整のために導入され，被用者を対象として厚生年金（2階部分）と企業年金（3階部分）とを支給する厚生年金基金は，2013（平成25）年に，新規設立が禁止されている。

　2）保険者等

　（1）保険者と実施機関　国民年金の保険者および厚生年金の保険者は，政府である（国年3条1項，厚年2条）。また，厚生年金に関する事業の一部を代行する法人が，厚生年金基金であるが（第4節 1 1 参照），同基金の新規設立は認められない。年金資産の運用に関する環境の変化，高齢化の進行や産業構造の変化などを受けて，同基金が2階部分と3階部分に及ぶ大規模な年金資産を保有することが事業主や加入員にとって過大なリスクであると認識されたためである。

　国民年金に関する事務は，厚生労働大臣の他，国家公務員共済組合，国家公務員共済組合連合会，地方公務員共済組合，全国市町村職員共済組合連合会，地方公務員共済組合連合会，日本私立学校振興・共済事業団および市町村長（特別区の区長を含む）により実施されている（国年3条2項〜3項）。また，厚生年金に関する事務は，厚生労働大臣の他，国家公務員共済組合，国家公務員共済組合連合会，地方公務員共済組合，全国市町村職員共済組合連合会，地方公務員共済組合連合会および日本私立学校振興・共済事業団により実施されている（厚年2条の5）。

　（2）日本年金機構　年金保険に関する事務のうち厚生労働大臣が行うものを法律に基づいて委任または委託される法人が，日本年金機構である。社会保

庁に関する組織的な問題への対応の一環として設立された同機構は,「政府管掌年金事業に対する国民の意見を反映しつつ,提供するサービスの質の向上を図るとともに,業務運営の効率化並びに業務運営における公正性及び透明性の確保に努めなければならない」とされている(年金機構2条1項)。第3号被保険者についての生計維持関係の認定,被保険者の資格の得喪の確認,標準報酬の決定,保険料の滞納処分などについては,権限を含めた事務が日本年金機構に委任され(国年109条の4,厚年100条の4),受給権の裁定,年金給付の支給,保険料の徴収,保険料の督促などについては,権限は厚生労働大臣に留保され,事務処理が日本年金機構に委託されている(国年109条の10,厚年100条の10)。

(3)年金積立金管理運用独立行政法人 年金保険には相当額の積立金があり,その適切な管理と運用が求められる。そこで,積立金の運用について「専ら……被保険者の利益のために,長期的な観点から,安全かつ効率的に行う」として運用の目的が明記され(国年75条,厚年79条の2),また,このような規定に基づき積立金の管理と運用をするために独立の法人格をもつ年金積立金管理運用独立行政法人(GPIF。以下では「管理運用法人」とする)が設立されている(管理運用3条,国年76条,厚年79条の3第1項〜2項。なお,厚年79条の3第3項)。中期目標管理法人(独法2条2項)である管理運用法人の業務は,法人が作成した中期計画(独法30条)に基づき実施される。運用業務において重要な意義をもつ基本ポートフォリオもこの中期計画として策定される(管理運用20条1項2号)。他方で,保険者による関与の仕組みも確保されており,基本ポートフォリオを含む中期計画は,厚生労働大臣の策定した管理運用法人の業務運営に関する中期目標に基づいて作成され,厚生労働大臣の認可を受けるものとされている(独法29条〜30条。この他,管理運用27条)。

2 年金支給の法的構造

1)基本受給権の発生

(1)発生要件 法律の定める支給要件が充足されると,年金給付の受給権が,当然に発生する。この意味での受給権とは,所定の条件(年金額,支給開始時期など)によって年金給付を受ける権利であり,基本受給権ともいわれる。

支給要件の中核をなすのは,①保障事由(保険事故)が発生したことである。

保障事由とは，老齢年金であれば支給開始年齢への到達，障害年金であれば障害等級への該当，遺族年金であれば被保険者等の死亡である。また，保険制度からの要請として，保険事故の発生時に，②被保険者の資格があったこと（老齢年金については，年金額の算定の基礎となる被保険者期間があったこと。第2節 2 1 ）（1），第3節 2 1 ）（1）参照），③保険料が納付されていたことも必要とされる。実際には，要件①～③を基本としつつ，保障（支給対象，支給期間）の充実（第2節 2 1 ）（1），第2節 2 2 ）（1）参照），事務処理の便宜（第2節 2 2 ）（1）参照）などの政策的な要請からこれに一定の修正を加えて，法律上の支給要件が設定されている。

　なお，繰上げ支給の老齢年金（第2節 2 1 ）（3），第3節 2 1 ）（4）参照）や事後重症の障害年金（第2節 2 2 ）（1），第3節 2 2 ）（1）参照）については，要件①～③に相当する実体的な要件を充足して，かつ，支給の請求をすることで，受給権が発生する。したがって，これらの年金は，実体的要件の充足後の期間ではなく，請求後の期間について支給される。

　（2）給付制限　保険制度においては保険事故に基づき保険給付が支給されるため，被保険者等が，保険給付を受けるために意図的に保険事故を発生させ，または，保険給付を見込んで保険事故を防止する注意力を低下させることがある。こうして発生した保険事故を理由として保険給付を行うことには，保険制度の財政的な基盤を損ない，または，社会保険の保障内容として妥当性を欠くという問題がある。そこで，年金給付の支給要件が充足される場合であっても，そこに被保険者等の故意や重過失が介在するときには，基本受給権を発生させないことがある。

　障害年金との関係では，故意による障害については受給権が発生せず（国年69条，厚年73条），また，重過失等による障害（または，その増進）については受給権が制限されうる（国年70条前段，厚年73条の2～74条）。遺族年金との関係では，遺族の故意による被保険者等の死亡などについては受給権が発生せず（国年71条1項，厚年76条1項），また，被保険者等の重過失等による死亡については受給権が制限されうる（国年70条後段，厚年73条の2）。なお，被保険者等の自殺は，いずれの事由にも該当せず，受給権の発生は妨げられない。

　（3）裁　定　基本受給権については，受給権者の請求に基づいて，裁定が行

われる（国年16条，厚年33条）。受給権の発生とその裁定は，支給要件の充足によって受給権が発生して，裁定によりこの受給権に基づく年金の支給が可能になるという関係にある（最三小判平7・11・7民集49巻9号2829頁）。したがって，裁定を受けると，受給権の発生時からの年金の支給がなされる（時効により消滅した部分を除く。第1節 2 4）（2）参照）。

受給権の有無や年金額についての誤った判断に基づいて裁定がなされると，法律上の根拠を欠いて年金が支給される。裁定に関する上記の理解に従えば，この場合の裁定は違法であり，保険者によって取り消されうる。すでに支給した年金についても裁定を取り消せば受給者の信頼が損なわれかねないが，既支給分をも含めた取消しを認める見解が有力である（高松高判昭45・4・24判時607号37頁，東京高判平16・9・7判時1905号68頁など）。取消しにより過払いとなった年金は，不当利得の返還（民703条）により回復されうる。

2）基本受給権の変動

受給権の発生後に，年金額の算定基礎（障害の程度，受給権者の人数，加算対象の人数など）について変動があった場合には，年金額が改定されうる（国年33条の2第3項・34条・39条2項～3項・39条の2第2項，厚年44条3項～4項・50条の2第4項・52条～52条の2・61条1項）。ただし，偶然の事故に備えるという保険制度の役割からすると，保険事故が発生した後になって受給権者の行為（受給権者の就労，受給権者の婚姻，受給権者またはその配偶者の出産）により給付を増額させうる事由がもたらされても，原則として年金額は改定されない（国年39条1項，厚年43条2項・44条1項・51条）。もっとも，この場合にも給付の必要それ自体は認められるため，政策判断に基づいて給付の充実が特に図られることがある（第2節 2 2）（2），第3節 2 1）（2），第3節 2 2）（2）参照）。

3）支分受給権の発生

（1）発生要件　基本受給権に基づき，また，その内容に即して，年金の支給を請求する権利がもたらされる。この権利を特に支分受給権といい，具体的には，支給期（基本受給権が発生した月の翌月からこれが消滅した月までの各月。国年18条1項，厚年36条1項）の到来によって当然に，支給期分の給付（年金給付の1か月分）に関する請求権が発生する。支分受給権に基づいて，偶数月の

15日に、前々月と前月の2か月分の給付が支払われる（国年18条3項，厚年36条3項）。

（2）未支給年金　このように年金給付は後払いのため，受給権者が死亡すると，その月またはその月と前月につき，支分受給権に基づく年金給付が支払われない状態が生じる。この場合には，受給権者の死亡の当時その者と生計を同じくしていた一定の遺族（配偶者，子，父母，孫，祖父母，兄弟姉妹，または，これらの者以外の3親等内の親族）が，自己の名で，その支給を請求できる（国年19条1項，厚年37条1項）。要件を充足する遺族が複数いる場合には，配偶者，子，父母，孫，祖父母，兄弟姉妹，それ以外の者の順に請求権者となり（国年19条4項，国年令4条の3の2，厚年37条4項，厚年令3条の2），同順位の請求権者がいる場合には，請求を行った遺族に，それら全員に対する支給として，年金給付が支給される（国年19条5項，厚年37条5項）。なお，未支給年金を請求できる遺族がいない場合であっても，相続人（民887条〜890条）が相続により未支給の支分受給権を取得することは認められない（前掲・最三小判平7・11・7）。

（3）支給停止——概　要　基本受給権はあるがこれに基づき支分受給権を発生させることが妥当でない場合には，支給停止の措置がとられる。

まず，一定の所得がある（第2節[2] 2)（2），第3節[2] 1)（3）参照)，障害の状態が軽減した（国年36条2項，厚年54条2項。第1節[2] 4)（1）も参照)，扶養を基礎づける親族関係がある（第2節[2] 3)（2）参照)，就労が期待できる（第3節[2] 3)（3）参照）など，保障の必要に欠ける場合には，支給停止がなされる。ただし，社会保険においては類型化された保障事由に基づき定型化された保険給付を支給するのが原則であり，所得があることを理由とした支給停止は特に必要がある場合にのみ実施される。

また，同時に複数の受給権が発生した（併給調整。第1節[2] 3)（4）参照)，同順位の受給権者に年金給付が支給される（第2節[2] 3)（2），第3節[2] 3)（2）参照）など，給付が過剰となる場合にも，支給停止がなされる。

この他，受給権者に受給の意思がない場合（国年20条の2，厚年38条の2），受給権者が給付に必要な調査等に協力しない場合（国年72条，厚年77条）にも，支給停止がなされうる。

（4）支給停止――併給調整　老齢年金，障害年金，遺族年金のいずれも，所得喪失の原因を支給事由として，所得保障を行うものである。これらは一般には所得喪失のすべてを塡補するものではないが，制度の類型（国民年金，厚生年金）や保障事由の属性（老齢，障害，死亡）に即して必要な給付水準が設定されている。そうであれば，受給権者が同時に複数の年金給付の基本受給権をもつとしても，老齢年金，障害年金，遺族年金のいずれか1つを支給するのが合理的といえる（判例は，同一の性格を有する2つ以上の社会保障給付が支給されうる場合につき，併給調整をするか否かは立法府の裁量の範囲に属するとする。最大判昭57・7・7民集36巻7号1235頁）。そこで，受給権者が他の年金給付の支給要件を充足した場合には，いったん年金の支給を停止した上で，受給権者の選択によりいずれかの年金の支給停止を解除するとされている（国年20条，厚年38条）。これらの年金給付には国民年金からの給付（基礎年金）と厚生年金からの給付があるが，厚生年金の年金給付というのは基礎年金への上乗せなので（第1節 1 1）参照），受給権者が両者（老齢基礎年金と老齢厚生年金，障害基礎年金と障害厚生年金，遺族基礎年金と遺族厚生年金）の基本受給権をもつ場合には，2つの制度から年金が支給される（国年20条1項，厚年38条1項）。

　ただし，以上とは異なる組合せで併給できる場合もある。まず，老齢や障害を支給事由とする年金給付，および，家族による扶養の双方によって生活を支えていた受給権者について，家族の死亡により遺族厚生年金の受給権が発生した場合には，遺族厚生年金は被扶養利益の喪失を塡補する給付なので，それまでの年金給付と遺族厚生年金を併給しても過剰給付とはいえなそうである。そこで，老齢基礎年金，老齢厚生年金または障害基礎年金と，遺族厚生年金との併給は，許容されている（国年20条1項，厚年38条1項。ただし，老齢厚生年金と遺族厚生年金は，減額して併給される場合と，併給調整される場合とがある。厚年60条・64条の2）。また，障害基礎年金，および，自身の稼得収入の双方によって生活を支えていた受給権者について，老齢年金の支給開始年齢への到達により老齢厚生年金の受給権が発生した場合には，老齢厚生年金は就労期間中の保険料の納付実績に対応する給付なので，それまでの年金給付と老齢厚生年金を併給しても不当とはいえなそうである。そこで，障害基礎年金と老齢厚生年金との併給も許容されている（厚年38条1項）。

4）受給権の消滅

（1）失　権　基本受給権は，受給権者の死亡によって消滅する他（国年29条・35条1号・40条1項1号，厚年45条・53条1号・63条1項1号），給付の必要を喪失させる事由によって消滅する。まず，障害年金の受給権は，障害等級に該当しなくなった日から3年を経過していて，かつ，65歳に達している場合には消滅する（国年35条2号～3号，厚年53条2号～3号）。また，遺族年金の受給権は，死亡した被保険者等との親族関係が終了した場合（婚姻，養子縁組〔直系血族または直系姻族の養子になった場合を除く〕，離縁。国年40条1項2号～3号・3項1号，厚年63条1項2号～4号），扶養すべき子がいなくなった場合（国年40条2項），年齢その他の状況に照らして就労が期待できる場合（国年40条3項2号～3号，厚年63条1項5号・2項1号～2号。第3節 2 3)（3）参照），異なる年金給付の支給が予定される場合（国年40条3項2号ただし書・4号，厚年63条2項1号ただし書・3号）などに消滅する。

（2）時　効　「年金給付〔または保険給付〕を受ける権利」は，5年の経過によって消滅時効にかかり（国年102条1項，厚年92条1項），また，「給付〔または保険給付〕を受ける権利」には，会計法31条（国に対する金銭債権の消滅時効につき，時効の援用を要せず，また，その利益を放棄できないとする）は適用されない（国年102条3項，厚年92条4項）。「年金給付〔または保険給付〕を受ける権利」が5年の経過により消滅するとの規定がなにを意味するかは自明ではないが，一般には，基本受給権の発生後に5年が経過した場合には，裁定請求（第1節 2 1 ）（3）参照）を受けた行政庁は時効を援用してこれを拒否できると理解されている（法律構成としては，基本受給権が時効により消滅したとするもの〔堀勝洋，2017，『年金保険法〔第4版〕』法律文化社，343頁〕，および，これとは別個の権利である裁定請求権が時効により消滅したとするもの〔岩村正彦，2012，「公的年金給付をめぐる法的諸問題」日本社会保障法学会編『これからの医療と年金（新・講座社会保障法第1巻)』法律文化社，244頁〕がある）。もっとも，実務上は，時効期間が経過した場合にも，時効を援用せずに基本受給権の裁定をしている（民145条参照）。

これに対して，裁定を受けた基本受給権は，消滅時効にかからないというのが一般の理解である（有泉亨・中野徹雄編，1982，『厚生年金保険法』日本評論社，

256頁〔喜多村悦史執筆〕)。消滅時効の存在理由とされる証明困難の救済や事務の効率化との関係において，裁定があれば基本受給権の根拠は十分であり権利を消滅させる必要は少ないこと（堀勝洋，2004，『社会保障法総論〔第2版〕』東京大学出版会，260頁）や公的な年金制度において書類の破棄を可能にする必要は高くないこと（岩村，2012，245頁）などから，「年金給付〔または保険給付〕を受ける権利」に関する規定（国年102条1項，厚年92条1項）や定期金債権に関する規定（民168条1項）の適用はないと説明されている。

　基本受給権に基づき発生した支分受給権は，5年の経過により消滅する（国年102条1項，厚年92条1項）。この消滅時効は，裁定を受ける前であっても，法律に基づく支払期（国年18条，厚年36条）の到来時から進行する（国年102条1項，民166条1項。最三小判平29・10・17裁時1686号1項）。支分受給権にも会計法31条は適用されず（国年102条3項，厚年92条4項），年金記録の訂正（第2節 [1] 3）(3)，第3節 [1] 3）(3)参照）がなされた上で裁定が行われた場合，および，年金事務において所定の事務処理の誤りがあると認定された場合には，時効を援用せずに年金を支払うとされている（平24・9・7年管発0907第6号。なお，この取扱いは，2007〔平成19〕年改正後の規定に基づく。同改正の施行日以前の受給権については，年金時効特例1条〜2条）。

2　国民年金

[1] 適用構造

　1）被保険者

　(1) 被保険者の意義　国民年金の被保険者は，第1号被保険者，第2号被保険者および第3号被保険者に区分される。

　これらのうち，第1号被保険者とは，①日本国内に住所を有しており，②20歳以上60歳未満であり，③第2号被保険者および第3号被保険者ではない者である（厚生年金の老齢給付などを受けることができる者を除く。国年7条1項1号，国年令3条）。国年法には住所の定義はないが，行政解釈は，国年法上の住所を，地方自治法上の住所と同一であり，生活の本拠（民22条参照）をいうと解しており，その認定につき，客観的居住の事実を基礎として，これに

第4章　年金保険

居住者の主観的意思を総合して決定するとしている（平24・6・14年管管発0614第4号）。なお，住居関係の公証のための仕組みとして住民基本台帳があり，これに記録される住所が地方自治法上の住所であると推定されるが，反証は可能である。したがって，外国人の取扱いに関しても，原則として，中長期在留者，特別永住者等の外国人住民（住民台帳30条の45）でありかつ住民基本台帳に記録された外国人が，第1号被保険者とされるが，住民基本台帳に記録されない短期滞在等の在留資格を有する外国人も，日本国内に住所を有することが明らかとなれば，国民年金の被保険者となりうる（平24・6・14年国発0614第1号・年管管発0614第2号）。

　第2号被保険者とは，厚生年金の被保険者である（国年7条1項2号。第3節 [1] 1）(1)参照。なお，65歳に達して，かつ，老齢厚生年金，老齢基礎年金等の受給権をもつ場合には，被保険者の資格を喪失する。国年附則4条）。また，第3号被保険者とは，①第2号被保険者の配偶者であり，②主として第2号被保険者の収入により生計を維持しており，③20歳以上60歳未満であり，④第2号被保険者ではない者である（国年7条1項3号）。配偶者には，内縁関係の当事者も含まれる（国年5条7項。内縁関係の意義については，第3節 [2] 3）(2)参照）。生計維持関係に関する認定は，同一世帯に属する夫婦については，当該配偶者の年間収入が130万円未満であり，かつ，第2号被保険者の年間収入の2分の1未満である場合には，原則として要件への該当を肯定して，また，当該配偶者の年間収入が130万円未満であり，かつ，第2号被保険者の年間収入を上回らない場合には，第2号被保険者がその世帯の生計維持の中心的役割を果たしていれば，要件への該当を肯定している（国年7条2項，国年令4条，昭61・3・31庁保発13号）。

　(2)任意加入　社会保険においては強制加入が原則であるが，国民年金の被保険者に関しては，任意加入が，限られた範囲において認められている。保険料を納付して受給権を取得しまたは年金額を増額させようとする者について，被保険者となることを認めるのが，任意加入である。申請をして任意加入できるのは，①日本国内に住所を有しており，20歳以上60歳未満であり，厚生年金の老齢給付などを受けることができる者，②日本国内に住所を有しており，60歳以上65歳未満である者，および，③日本国籍を有しており，日本国内に住所

137

を有しておらず，20歳以上65歳未満である者である（国年附則5条1項1号～3号）。

  2）適用手続
  国民年金における制度の適用は，これを基礎づける事実（資格の取得であれば，20歳になったこと，日本国内に住所をもつようになったことなど）に基づいてなされる（国年8条～9条）。もっとも，これらの事実を個々の被保険者について保険者が職権により把握するのは著しく困難なため，国民年金の適用に当たり必要な事実についての届出の制度がとられている。すなわち，資格の取得から14日以内に，第1号被保険者はこれに関する事項を市町村長に届け出なければならず（なお，被保険者資格を証する事項などを付記した住民台帳法上の転入届，転居届，転出届等があれば，国年法上の届出があったとみなされる。国年12条1項～3項，国年則1条の2第1項），第3号被保険者はこれに関する事項をその配偶者の事業主等を経由して厚生労働大臣に届け出なければならない（国年12条5項～7項，国年則1条の2第2項）。資格の喪失や種別（第1号被保険者，第2号被保険者，第3号被保険者の区別）の変更などについても，同様の義務がある（国年12条1項・5項，国年則3条，6条の2第1項～2項）。第2号被保険者については厚年法に基づく事業主の届出義務があるため（第3節 １2）参照），被保険者自身は届出をする必要がない（国年附則7条の4第1項）。また，被扶養配偶者に該当しなくなってから14日以内に，第3号被保険者であった者はこれをその配偶者の事業主等を経由して厚生労働大臣に届け出なければならない（国年12条の2，国年則6条の2の2）。

  3）年金記録
  （1）年金記録の意義　受給権の有無を確認して，年金額を決定するには，個々の被保険者について，被保険者資格の得喪，保険料の納付状況などに関する事実を記録した上で，これらを保管しなければならない。国民年金原簿が，このような記録や保管のための仕組みであり，いわゆる年金記録は，この原簿の記録のことである（国年14条，国年則15条）。
  （2）被保険者期間　年金記録として把握される被保険者期間は，受給権の有無や年金額の算定との関係では，保険料の納付状況などに即して，保険料納付済期間，保険料免除期間，合算対象期間などに区別される。保険料納付済期間

第4章　年金保険

と保険料免除期間は，受給権の発生および年金額の増加に寄与する。これに対して，合算対象期間は，受給権の発生には寄与するが，年金額の増加には寄与しない（例外を含めて，各給付に関する解説を参照）。

　保険料納付済期間とは，第1号被保険者または任意被保険者としての被保険者期間のうち保険料が納付された期間（一部免除を受けて保険料が納付された期間を除く），第2号被保険者としての被保険者期間，および，第3号被保険者としての被保険者期間を合算した期間である（国年5条1項・附則5条10項）。ただし，事業主が被保険者資格の届出（第3節 1 2 参照）を怠って厚生年金の保険料が徴収されずに時効が成立した場合には（保険料の徴収権は，2年で時効にかかる。厚年92条1項），第2号被保険者およびその配偶者である第3号被保険者について，これに対応する被保険者期間は，保険料納付済期間とはされない（国年附則7条の2）。

　保険料免除期間とは，保険料全額免除期間（法定免除期間，申請免除期間，学生納付特例期間，納付猶予期間），保険料4分の3免除期間，保険料半額免除期間，および，保険料4分の1免除期間を合算した期間である（国年5条2項〜6項・2004〔平成16〕年改正〔法律104号〕附則19条・2014〔平成26〕年改正〔法律64号〕附則14条。第2節 3 1)（3）参照）。

　合算対象期間とは，日本国内に住所を有しており，20歳以上60歳未満であり，厚生年金の老齢給付等を受けることができた期間，日本国籍を有しており，日本国内に住所を有しておらず，20歳以上65歳未満であった期間などである（国年附則9条1項）。

　（3）年金記録の訂正　年金記録のうち被保険者資格の取得・喪失，種別の変更，保険料の納付状況などに誤りがある場合には，被保険者等は，その訂正を請求できる（国年14条の2，国年則15条の2）。訂正の請求があると，第三者機関（地方審議会）による審議を経て，訂正か不訂正の決定がなされる（国年14条の4・109条の9）。訂正手続や判断基準などに関する基本方針（告示）は，請求に関する調査に当たっては，被保険者等から提出された資料や日本年金機構が保有する資料だけでなく，年金保険の実施機関，医療保険，雇用保険などの他の社会保険の実施機関，金融機関，事業主，同僚などからも資料を収集するものとしており（国年108条1項参照），これらによって請求内容が「社会通

念に照らして明らかに不合理ではなく，一応確からしいものである」ときには，請求に理由があると認めるものとしている（国年14条の3，平27・2・27厚労告42号）。

2 保険給付

1）老齢基礎年金・付加年金

（1）支給要件　老齢基礎年金の支給要件は，①65歳に達したこと，②保険料納付済期間または保険料免除期間（学生納付特例期間・納付猶予期間を除く）があること（第1節 2 1）（1），第2節 2 1）（2）参照），③保険料納付済期間，保険料免除期間および合算対象期間を合算した期間が10年以上であること（以下では要件③を「受給資格期間」とする）である（国年26条・附則9条・2004〔平成16〕年改正〔法律104号〕附則19条4項・2014〔平成26〕年改正〔法律64号〕附則14条3項）。なお，第2号被保険者としての被保険者期間のうち20歳以前の期間および60歳以後の期間は，老齢基礎年金との関係では，保険料納付済期間ではなく合算対象期間として扱われる（国年1985〔昭和60〕年改正〔法律34号〕附則8条4項）。受給資格期間には，保険料納付済期間の他に，低所得者への受給権の付与のために保険料免除期間が含まれ（小山進次郎, 1959,『国民年金法の解説』時事通信社, 161-162頁），また，それ以外の政策上の考慮による受給権の付与のために合算対象期間が含まれている。この受給資格期間は，保険料の納付に応じた年金給付を行うため，および，無年金者の発生を抑制するために，近時の改正により25年から10年に短縮されている。

（2）給付内容　老齢基礎年金の算定式は，「780,900円×改定率×保険料納付済期間等（月数）÷480か月」である（国年27条）。なお，第2号被保険者としての被保険者期間のうち20歳以前の期間および60歳以後の期間は，老齢基礎年金との関係では，保険料納付済期間とはされない（国年1985〔昭和60〕年改正〔法律34号〕附則8条4項）。

被保険者期間（40年＝480か月）について保険料を納付することで，年金額は780,900円（×改定率）になり，制度未加入や保険料未納の期間がある場合には，年金額はそこから比例的に減額される。ただし，保険料免除期間については，保険料の納付分（一部免除の場合）と国庫負担分（2分の1。第2節

3 3）参照）が，給付に反映される。すなわち，算定式の中の「保険料納付済期間等（月数）」には，保険料全額免除期間（1か月）につき0.5，保険料半額免除期間（1か月）につき0.75などの月数が加算される（国年27条2号〜8号）。なお，学生納付特例期間と納付猶予期間は，これら以外の保険料免除期間よりも緩やかな基準により認められるため（第2節 3 1）（3）参照），国庫負担分の給付への反映はない。

　いわゆるスライドは，改定率を用いて実施される。2004（平成16）年度を基準として，新規裁定年金は，名目手取り賃金変動率によりスライドして（国年27条の2），既裁定年金は，物価変動率によりスライドする（国年27条の3）。前者は，就労世代の生活水準が向上（低下）した分だけ年金額を増額（減額）するものである。後者は，物価が上昇（下落）した分だけ年金額を増額（減額）して，年金給付の購買力を一定に保つものである。すなわち，現在の制度は，裁定時までの就労世代の生活水準の変動分を加味して，実質的な年金水準を決定して，その後の物価の変動分を反映して，この年金水準を維持している。

　また，賦課方式を基本とするわが国の年金保険では，人口構造の変動を受けて給付水準の調整をする仕組みを採用している。これがいわゆるマクロ経済スライドであり，公的年金の被保険者の総数が減少すること（少子化の進展），および，平均余命が延びること（高齢化の進展）に対応して，年金額が引き下げられる（国年27条の4〜27条の5）。この調整は，おおむね100年の期間にわたり年金財政の均衡を保てると見込まれるまで実施される（国年27条の4〜27条の5・16条の2・4条の3）。

　なお，付加年金の保険料（第2節 3 1）（2）参照）を納付していた第1号被保険者と任意加入被保険者には，老齢基礎年金とともに，付加年金が支給される（国年43条）。付加年金の算定式は，「200円×付加年金の保険料納付済期間（月数）」である（国年44条）。

（3）支給の繰上げ・支給の繰下げ　自営業者の一般的な引退年齢をもとに年金給付の支給開始年齢は65歳とされたが（小山，1959，164頁），個人の引退時期は多様であるため，支給の繰上げおよび支給の繰下げが認められている。

　支給の繰上げの要件は，①60歳以上65歳未満であること，②保険料納付済期間または保険料免除期間（学生納付特例期間・納付猶予期間を除く）があるこ

と，③保険料納付済期間，保険料免除期間および合算対象期間を合算した期間が10年以上であることである（国年附則9条の2第1項・附則9条・2004〔平成16〕年改正〔法律104号〕附則19条4項・2014〔平成26〕年改正〔法律64号〕附則14条3項）。要件を充足する者が請求することで，年金給付の支給が繰り上げられる（国年附則9条の2第3項）。年金額は，本来の年金額から「0.5％×繰上げ月数」の減額率による減額を行って計算される（国年附則9条の2第4項，国年令12条1項）。

支給の繰下げの要件は，①老齢基礎年金の受給権者が66歳に達する前に老齢基礎年金を請求していないこと，②この受給権者が65歳に達したときに障害基礎年金，遺族基礎年金，障害厚生年金，遺族厚生年金などの受給権者ではなく，65歳に達した日から66歳に達した日までの間においてこれらの年金給付の受給権者となっていないことである（国年28条1項）。要件を充足する者が申出をすることで，年金給付の支給が繰り下げられる（国年28条3項）。年金額は，本来の年金額に「0.7％×繰下げ月数（上限は60）」の増額率による加算を行って計算される（国年28条4項，国年令4条の5第1項）。

2）障害基礎年金

（1）支給要件　障害基礎年金の支給要件は，①障害認定日において，障害等級1級・2級に該当する程度の障害の状態にあること，②初診日において，ⓐ被保険者であること，または，ⓑ被保険者であった者であり，日本国内に住所があり，60歳以上65歳未満であること，③初診日の前日において，ⓐ初診日のある月の前々月までの被保険者期間につき，保険料納付済期間と保険料免除期間を合算した期間が被保険者期間の3分の2以上であること，または，ⓑ初診日のある月の前々月までの1年間（初診日において被保険者でなかった者については，初診日のある月の前々月以前における直近の被保険者期間のある月までの1年間）のうちに保険料納付済期間および保険料免除期間以外の被保険者期間がないことである（国年30条・1985〔昭和60〕年改正〔法律34号〕附則20条1項）。なお，障害認定日の後になって障害等級に該当する障害の状態になった場合には，所定の要件を充足すると，被保険者等の請求に基づいて障害基礎年金が支給される（国年30条の2）。

就労世代に達しておらず被保険者とされない若年者は上記の支給要件を充足

第4章 年金保険

できないが，障害のある若年者にも所得保障の必要はある。そこで，以上の制度とならんで，無拠出制の障害基礎年金があり，その支給要件は，①20歳に達した日（障害認定日以後に20歳に達したとき）または障害認定日（障害認定日が20歳に達した日後であるとき）において，障害等級1級・2級に該当する程度の障害の状態にあること，②初診日において，20歳未満であったことである（国年30条の4第1項。20歳になった日後または障害認定日以後において，障害等級1級・2級に該当する障害の状態になった場合には，所定の要件を充足すると，被保険者等の請求に基づいて障害基礎年金が支給される。国年30条の4第2項〜3項）。

障害等級1級とは，日常生活の用を弁ずることを不能ならしめる程度であり（両眼の視力の和が0.04以下のもの，両上肢の機能に著しい障害を有するものなど。国年令4条の6・別表），障害等級2級とは，日常生活が著しい制限を受けるか，または，日常生活に著しい制限を加えることを必要とする程度である（両眼の視力の和が0.05以上0.08以下のもの，一上肢の機能に著しい障害を有するものなど。国年令4条の6・別表）。

支給要件における初診日とは，障害の原因となった疾病または負傷およびこれらに起因する疾病についてはじめて医師または歯科医師の診療を受けた日をいう（国年30条1項）。要件の充足については，偶然による事故の発生日に相当する傷病の発症日を基準にして判断するのが自然にも思えるが（第1節 2 1）（1）参照），発症日の把握には技術的な困難があるため，初診日が基準にされている（小山，1959，173-174頁）。発症日と初診日のこのような関係からは，病識の欠如などにより類型的に発症日と初診日とが乖離しがちな疾病につき，初診日を拡張解釈することで発症日を基準にして要件②の充足を判断できるかが問題になるが，このような解釈は否定されている（最二小判平20・10・10判時2027号3頁）。

また，障害認定日とは，初診日から起算して1年6か月を経過した日，または，その期間内に傷病が治った場合には，その治った日（症状が固定して治療の効果が期待できない状態になった日を含む）である（国年30条1項）。障害により稼得能力が永続的に減退・喪失したことを理由に支給されるのが障害年金であるから，本来ならば傷病が治った日を障害認定日にすべきだが（第1節

2 1）(1)参照），年金給付の早期支給のために，初診日から1年6か月を経過した日も，障害認定日とされている（有泉亨・中野徹雄編，1983，『国民年金法』日本評論社，84頁〔喜多村悦史執筆〕）。

（2）給付内容　障害基礎年金の算定式は，障害等級1級については「780,900円×改定率×1.25」であり，障害等級2級については「780,900円×改定率」である（国年33条）。障害等級1級の年金額について，かつては，介護費用の上乗せとの説明がされていたが（有泉・中野，1983，97頁），障害者福祉，介護保険および社会手当（特別障害者手当）といった制度が整備された現在では，増額の理由は自明ではない。障害基礎年金の支給額も，改定率を用いて，老齢基礎年金と同様の方式によりスライドされる（第2節 **2** 1）(2)参照）。なお，無拠出制の障害基礎年金については，支給停止につき特別の取扱いが定められており，一定額（71万2000円）以上の年金給付を受ける場合，一定額（扶養親族等がないときは年額360万4000円）を超える所得がある場合などには，その一部または全部について支給が停止される（国年36条の2～36条の4，国年令4条の8～6条の3）。

また，障害基礎年金については，受給権者の子について年金額の加算がなされる。加算対象になるのは，受給権者によって生計を維持しており，かつ，18歳に達する日以後の最初の3月31日までの間にある受給権者の子，または，受給権者によって生計を維持しており，かつ，20歳未満であって障害等級1級・2級に該当する障害の状態にある受給権者の子である（国年33条の2第1項）。加算対象のうち2人目までの加算額は，「224,700円×改定率」であり，3人目以降の加算額は，「74,900円×改定率」である（国年33条の2第1項）。受給権の取得後において加算対象になる子をもった場合にも，年金額の加算はなされる（国年33条の2第2項）。年金保険においては，通常，保険事故の後に生じた事情によっては年金額は加算されないが（第1節 **2** 2）参照），受給権者のなかに若年者が含まれる障害年金については，保険事故の発生後における生活状況の変化への配慮も必要だという政策的な判断に基づいて，加算対象が拡大されている。

（3）併合認定　すでに何らかの障害をもっていた受給権者または被保険者等が，さらに別の障害を負った場合には，それらを併合して障害等級が認定され

ることがある。基本的には，被保険者等である間に初診日のある障害（支給要件②・③を充たす障害であり，障害等級に該当するか否かを問わない。以下では「支給対象となる障害」とする）が併合されるが，その例外を含めた取扱いは次のとおりである（なお，以下で「その後」というときは，障害認定日ではなく，初診日を基準にした時間的な前後関係を指している）。まず，①支給対象となり，かつ，障害等級1級・2級に該当する障害をもっている受給権者が，その後に支給対象となる障害を負った場合には，ⓐ後者の障害が障害等級1級・2級に該当するときには，併合後の障害等級に基づき受給権が発生し（国年31条），ⓑ後者の障害が障害等級1級・2級に該当しないが，これらを併合すると障害の程度が増進するときには，併合後の障害等級に基づき年金額が改定されうる（国年34条4項～5項。なお，国年36条2項ただし書・3項）。また，②障害等級1級・2級に該当しない障害（この場合は，支給対象となる障害に限定されない）をもっている被保険者等が，その後に支給対象となる障害を負い，これらを併合して初めて障害等級1級・2級に該当する場合には，併合後の障害等級に基づく受給権が発生する（国年30条の3）。

3）遺族基礎年金・寡婦年金・死亡一時金

(1) 支給要件　遺族基礎年金の支給要件は，①ⓐ被保険者が，死亡したこと，ⓑ被保険者であった者であり，日本国内に住所があり，60歳以上65歳未満である者が，死亡したこと，ⓒ老齢基礎年金の受給権者（保険料納付済期間，保険料免除期間および合算対象期間を合算した期間が25年以上である者に限る）が，死亡したこと，または，ⓓ保険料納付済期間，保険料免除期間および合算対象期間を合算した期間が25年以上である者が，死亡したこと，②①ⓐ・①ⓑの場合には，死亡日の前日において，ⓐ死亡日のある月の前々月までの被保険者期間につき，保険料納付済期間と保険料免除期間を合算した期間が被保険者期間の3分の2以上であること，または，ⓑ死亡日のある月の前々月までの1年間（死亡日において被保険者でなかった者については，死亡日のある月の前々月以前における直近の被保険者期間のある月までの1年間）のうちに保険料納付済期間および保険料免除期間以外の被保険者期間がないことである（国年37条・附則9条1項・1985〔昭和60〕年改正〔法律34号〕附則20条2項）。

この他，第1号被保険者については，独自給付として，寡婦年金と死亡一時

金がある。寡婦年金の支給要件は，①死亡日のある月の前月までの第1号被保険者としての被保険者期間につき，保険料納付済期間および保険料免除期間を合算した期間が10年以上である夫が死亡したこと，②保険料納付済期間または保険料免除期間（学生納付特例期間・納付猶予期間を除く）があること，③夫が，障害基礎年金の受給権者ではなく，かつ，老齢基礎年金を支給されていなかったことである（国年49条・2004〔平成16〕年改正〔法律104号〕附則19条4項・2014〔平成26〕年改正〔法律64号〕附則14条3項）。また，死亡一時金の支給要件は，①死亡日のある月の前月までの第1号被保険者としての被保険者期間につき，保険料納付済期間等の月数が36か月以上である者が死亡したこと，②その者が，老齢基礎年金または障害基礎年金を支給されていなかったこと，③その者の死亡により遺族基礎年金を受ける者がいないことである（国年52条の2）。

　（2）受給資格　遺族基礎年金の受給資格は，下記の要件を充足する被保険者等の配偶者と子に認められる。なお，配偶者には，内縁関係の当事者も含まれる（国年5条7項。内縁関係の意義，および，重婚的内縁や婚姻障害との関係については，第3節 2 3）（2）参照）。

　配偶者に関する要件は，①被保険者等の死亡の当時その者によって生計を維持していたこと，②遺族基礎年金の受給資格がある子と生計を同じくすることである（国年37条の2第1項1号）。子に関する要件は，①被保険者等の死亡の当時その者によって生計を維持していたこと，②ⓐ18歳に達する日以後の最初の3月31日までの間にあり，婚姻をしていないこと，または，ⓑ20歳未満であって障害等級1級・2級に該当する障害の状態にあり，婚姻をしていないことである（国年37条の2第1項2号）。

　配偶者と子に関する要件①については認定基準があり，配偶者または子が，被保険者等と生計を同じくしており，かつ，年額850万円以上の収入を将来にわたって有すると認められないときに，生計維持関係があると認定されるが，これによる認定が，実態と著しくかけ離れ，かつ，社会通念上の妥当性を欠く場合には，異なる認定がなされうる（国年37条の2第3項，国年令6条の4，平23・3・23年発0323第1号）。また，裁判例においては，上記の認定基準に該当しない場合にも，被保険者等からの援助がなければその生計維持に支障を来し

たであろうという関係があれば，生計維持関係が認められると解されている（東京地判平23・11・8判時2175号3頁など）。

配偶者と子が受給権をもつ場合には，子の年金給付が支給停止になり，配偶者の年金給付が支給される（国年41条2項）。子に生計を同じくする父か母がある場合にも，子の年金給付は支給停止になる（国年41条2項）。複数の子が受給権をもつ場合には，それぞれの子に，年金額を子の人数で除した金額が支給される（国年39条の2第1項）。

寡婦年金の受給資格は，①夫の死亡の当時，夫によって生計を維持していたこと，②夫との婚姻関係が10年以上継続したこと，③65歳未満であることという要件を充足する妻に認められる（国年49条）。また，死亡一時金の受給資格は，死亡した者の死亡の当時，その者と生計を同じくしていたその者の配偶者，子，父母，孫，祖父母または兄弟姉妹に認められる（国年52条の3）。

（3）給付内容　遺族基礎年金の算定式は，「780,900円×改定率」である（国年38条）。遺族基礎年金の支給額も，改定率を用いて，老齢基礎年金と同様の方式によりスライドされる（第2節 2 1)（2）参照）。

遺族基礎年金については，子の人数に応じて年金額の加算がなされる。配偶者の年金給付につき加算対象になるのは，配偶者が受給権を取得した当時において遺族基礎年金の受給資格があり，かつ，その配偶者と生計を同じくした子である（国年39条1項）。加算対象のうち2人目までの加算額は，「224,700円×改定率」であり，3人目以降の加算額は，「74,900円×改定率」である（国年39条1項）。子の年金給付につき加算がなされるのは，受給権をもつ子が2人以上いるときである（国年39条の2第1項）。2人目の加算額は，「224,700円×改定率」であり，3人目以降の加算額は，「74,900円×改定率」である（国年39条の2第1項）。

寡婦年金は，受給権者が60歳に達してから支給され（国年49条3項），その受給権は，受給権者が65歳に達したときに消滅する（国年51条）。寡婦年金の算定式は，「780,900円×改定率×第1号被保険者としての保険料納付済期間等（月数）÷480か月×0.75」である（国年50条）。また，死亡一時金の額は，第1号被保険者としての保険料納付済期間等に応じて，段階的に定められている（12万円～32万円。国年52条の4）。

3 保険財政

1）保険料

（1）納付義務　国民年金の保険料につき納付義務があるのは，第1号被保険者と任意加入被保険者のみである（国年88条1項・94条の6）。なお，無業者や主婦についても保険料の徴収を確保するために（小山，1959，134-135頁），世帯主には，世帯の構成員と連帯して保険料を納付する義務があり，配偶者の一方には，配偶者の他方と連帯して保険料を納付する義務がある（国年88条2項～3項）。

（2）保険料額　保険料は毎月徴収され（国年87条2項），その額は「16,900円×保険料改定率」である（国年87条3項）。保険料改定率は，2005年度を1として，それ以降は名目賃金変動率により改定される（国年87条4項～6項）。

これにくわえて，第1号被保険者と任意加入被保険者が年金額の上乗せを希望する場合には（第2節 2 1）（2）参照），申出をして月額400円の付加保険料を納付することができる（国年87条の2第1項・附則5条10項）。なお，本来の保険料が未納であるときや免除されたとき，および，国民年金基金に加入したときは，付加保険料の納付は認められない（国年87条の2第1項～2項・4項）。

（3）保険料免除　保険料の負担能力を問題とせずに制度を適用する国民年金においては，保険料免除の制度として法定免除と申請免除が設けられている（免除の効果については，第2節 1 3）（2），第2節 2 1）（2）参照）。第1号被保険者のみが対象であり，任意加入被保険者はこれらの免除を受けることができない（国年附則5条11項・2004〔平成16〕年改正〔法律104号〕附則19条5項・2014〔平成26〕年改正〔法律64号〕附則14条4項）。なお，免除された保険料は，10年以内の期間に限って，追納することができる（国年94条）。

法定免除の要件に該当する者は，当然に保険料の納付を免除される。その要件は，障害基礎年金，障害厚生年金などの障害給付の受給権者であること，生活保護による生活扶助を受けていることなどである（国年89条1項，国年令6条の5，国年則74条～74条の2）。なお，保険料が免除されると年金額が低下するため（第2節 2 1）（2）参照），法定免除の要件に該当する被保険者も，申出により保険料を納付することはできる（国年89条2項）。

申請免除の要件に該当する者は，申請により保険料の納付を免除される。申請免除の類型として，全額免除，4分の3免除，半額免除，4分の1免除，納付猶予および学生納付特例がある。

全額免除，4分の3免除，半額免除および4分の1免除の対象は，第1号被保険者の全般であり，これを受けるには，申請者だけでなく世帯主と配偶者も次にみる要件に該当している必要がある（国年90条1項ただし書，90条の2第1項ただし書・2項ただし書・3項ただし書）。これに対して，納付猶予の対象は，第1号被保険者のうち50歳未満の者であり，これを受けるには，申請者と配偶者だけが要件に該当していれば足り（国年2004〔平成16〕年改正〔法律104号〕附則19条1項ただし書・2項ただし書，2014〔平成26〕年改正〔法律64号〕附則14条1項ただし書），また，学生納付特例の対象は，第1号被保険者のうち学生等であり，これを受けるには，申請者だけが要件に該当していれば足りる（国年90条の3第1項）。

これらの免除の要件は，前年の所得が所定の金額以下であること（全額免除につき「220,000円＋350,000円×(扶養親族等の数＋1)」，半額免除および学生納付特例につき「1,180,000円＋380,000円×(扶養親族等の数)」など），生活保護による生活扶助以外の扶助を受けていること，その年または前年において失業により保険料を納付することが困難であると認められること，配偶者による暴力（DV）を受けたこと（所得等につき要件あり）などである（国年90条1項・90条の2第1項〜3項・90条の3第1項・2004〔平成16〕年改正〔法律104号〕附則19条1項〜2項・2014〔平成26〕年改正〔法律64号〕附則14条1項，国年令6条の7〜6条の9の2，国年則76条の2・77条の7）。

2）基礎年金拠出金

第1号被保険者等とならんで実質的に国民年金の給付費用を負担しているのが，第2号被保険者である。すなわち，厚生年金の被保険者でもある第2号被保険者は厚生年金の保険料を負担するが（第3節 3 1)（1)参照），厚生年金の保険料の一部は，基礎年金拠出金として，国民年金の給付費用に充てられている（国年94条の2）。基礎年金拠出金の額は，「国民年金の給付費用×(第2号被保険者数＋第3号被保険者数)÷国民年金の被保険者数」という枠組みをもとに年度ごとに算定される（これを按分して，政府が負担し，または，共済

組合等が納付する。国年94条の3，国年令11条の2～11条の3）。したがって，各年度の被保険者数をベースとして，第2号被保険者と第3号被保険者のための給付費用（国庫負担を除く部分）を，第2号保険者（および事業主。第3節 ③ 1）（1）参照）が負担していることになる。

3）国庫負担

　国民年金の給付費用の一部には，国庫負担が充てられる。すなわち，各年度の被保険者数をベースとして計算された第2号被保険者・第3号被保険者以外の被保険者についての給付費用の2分の1を，国庫が負担する（国年85条1項。この他，事務費用に関する国庫負担として，国年85条2項）。なお，厚生年金においては，その保険者としての政府が負担する基礎年金拠出金の2分の1を，国庫が負担し（厚年80条1項），また，共済組合等が納付する基礎年金拠出金の2分の1を，国，地方公共団体などが負担（または補助）する（厚年80条3項，国公共済99条4項2号，地公共済113条4項2号，私学共済35条1項）。資金の流れは複雑だが，要するに，いずれの類型の被保険者との関係でも，給付費用の2分の1に相当する国庫負担等がなされていることになる。

3　厚生年金

1　適用構造

1）被保険者

　（1）被保険者の意義　厚生年金の被保険者は，適用事業所に使用される70歳未満の者である（厚年9条）。したがって，被保険者の範囲は，年齢の他，適用事業所および使用関係（「使用される」こと）の意義によって画定される。

　厚生年金の適用事業所となるのは，法人企業等（国，地方公共団体または法人）については，常時従業員を使用する事業所であり，個人企業については，所定の事業（相当広範な事業を含むが，農林漁業，一部のサービス業などは含んでいない）を行いかつ常時5人以上の従業員を使用する事業所である（厚年6条1項）。個人企業のうち所定の事業以外の事業を行う事業所および従業員が5人未満の事業所が適用事業所とされなかったのは，保険料の事業主負担が企業経営に及ぼす影響が過大になるおそれがあること，事業が特殊であったり，

第4章　年金保険

従業員の異動が頻繁であったりするために，保険技術的に適用が困難であることなどの事情を考慮したものである（有泉・中野，1982，30頁）。適用事業所以外の事業所の事業主は，その事業所に使用される者の2分の1以上の同意を得た上で，厚生労働大臣の認可を受けて，その事業所を適用事業所にすることができる（厚年6条3項〜4項）。

次に，使用関係にあるというためには，法律上の雇用関係がある必要はなく，従業員が労務を提供して，これに対して事業主が報酬を支払うという事実上の使用関係があればよいと解されている（有泉・中野，1982，34頁）。したがって，使用者による指揮命令（労働保険の適用対象である労働者について要求されている。第5章第2節 6 参照）がある必要はない（広島高岡山支判昭38・9・23判時362号70頁）。雇用以外の契約形態については，自宅で洋服の仕立てに従事して，仕上げた洋服の数が基準に達しないと報酬を減額されていた就労者について，使用関係はないとするもの（静岡地判昭35・11・11行集11巻11号3208頁），指揮命令を受けずに倉庫内での製品の管理，施工業者への工事の割当てなどに従事していた作業員について，使用関係はないとするもの（さいたま地判平26・10・24判時2256号94頁），毎日出勤して人事の配置・任免や事業の運営等に関する決定をしていた代表取締役について，使用関係があるとするもの（前掲・広島高岡山支判昭38・9・23）などがある。

（2）任意加入　使用されている事業所が適用事業所でないために被保険者に該当しない者について，不測の災害に備えまたは年金の受給権を確保するために，任意加入が認められる（有泉・中野，1982，35-36頁）。すなわち，適用事業所以外の事業所に使用される70歳未満の者は，その事業主の同意を得た上で，厚生労働大臣の認可を受けて，被保険者になることができる（厚年10条）。

70歳以上であるために被保険者に該当しない者についても，年金の受給権を確保するために，任意加入が認められる（高齢任意加入被保険者）。まず，適用事業所に使用される70歳以上の者は，老齢厚生年金，老齢基礎年金等の受給権を有しない場合には，実施機関に申し出て，被保険者になることができる（厚年附則4条の3第1項。保険料の取扱いについては，第3節 3 1）（1）参照）。また，適用事業所以外の事業所に使用される70歳以上の者は，老齢厚生年金，老齢基礎年金等の受給権を有しない場合には，事業主の同意を得た上で，厚生

労働大臣の認可を受けて，被保険者になることができる（厚年附則4条の5第1項・10条2項）。

（3）適用除外　被用者にとって受給権の確保が困難であること，事業主にとって保険の事務が煩雑であること，保険者にとって保険の適用に支障があることなどの事情に配慮して（有泉・中野，1982, 38-40頁；堀，2017, 173-174頁），臨時に使用される者（日々雇い入れられる者〔1か月を超えて引き続き使用されるにいたった場合は除く〕，および，2か月以内の期間を定めて使用される者〔所定の期間を超えて引き続き使用されるにいたった場合は除く〕），所在地が一定しない事業所に使用される者，季節的業務に使用される者（継続して4か月を超えて使用されるべき場合は除く），および，臨時的事業の事業所に使用される者（継続して6か月を超えて使用されるべき場合は除く）は，被保険者とはされず，任意加入も認められない（厚年12条1号〜4号）。

また，短時間労働者は，①1週間の所定労働時間が同一の事業所に使用される通常の労働者の1週間の所定労働時間の4分の3未満であるか，1か月間の所定労働日数が同一の事業所に使用される通常の労働者の1か月間の所定労働日数の4分の3未満であり，かつ，②ⓐ1週間の所定労働時間が20時間未満であるか，ⓑその事業所に継続して1年以上使用されると見込まれないか，ⓒ報酬月額が8万8000円未満であるか，ⓓ高校生，大学生等であれば，被保険者とはされない（厚年12条5号）。短時間労働者に関する適用除外の範囲は，近時の法改正によって実質的に縮減され，厚生年金の適用拡大が図られている。なお，適用拡大により事業主に生じる保険料負担の増大への配慮のため，事業主が同一である事業所の従業員（厚生年金の被保険者）の総数が常時500人を超えない事業所においては，要件①を充たす短時間労働者は，被保険者とされない（労使合意を得た上で事業主が申出をすれば，この措置は適用されない。厚年2012〔平成24〕年改正〔法律62号〕附則17条）。

2）適用手続

厚生年金における制度の適用は，これを基礎づける事実（資格の取得であれば，適用事業所に使用されるにいたったこと，使用される事業所が適用事業所になったことなど）に基づいてなされる（厚年13条〜15条）。なお，法律に基づく休業（育児休業，介護休業など）は，使用関係の消滅をもたらすものではなく

第4章　年金保険

（平11・3・31保険発46号・庁保険発9号など），法定外の休業や休職は，個々の事実関係に即して使用関係が消滅したか否かが判断される（昭25・11・2保発75号の2など）。また，解雇紛争の係争中は，その解雇が明らかに法令等に違反する場合を除いて，資格を喪失したものとして扱うとされ，その後，解雇の効力が否定された場合には，遡及的に資格喪失の処理を取り消すとされている（昭25・10・9保発68号）。

　資格の得喪や報酬額といった制度適用の前提となる事実については，保険者がこれを職権により把握するのは著しく困難であるが，事業主はこれを容易に把握できるため（有泉・中野，1982，71頁），事業主にその届出を義務づける制度がとられている。すなわち，適用事業所の事業主等は，被保険者の資格の取得および喪失から5日以内にこれに関する事項を（厚年則15条〜15条の2・22条〜22条の2），毎年7月10日までに報酬月額に関する事項を（厚年則18条），賞与を支払った日から5日以内に賞与額に関する事項を（厚年則19条の5），それぞれ厚生労働大臣に届け出なければならない（厚年27条）。資格の得喪については，厚生労働大臣が，この届出を受けて確認をする他，これを補足する仕組みとして，被保険者（または被保険者であった者）の請求（厚年31条）を受けて，または，職権により，確認をすることもある（厚年18条）。また，実施機関は，被保険者の報酬額をもとに，標準報酬（第3節 1 3）（2）参照）を決定する（厚年20〜26条）。

　なお，事業主が被保険者資格の取得を届け出ず，または，報酬額を過少に届け出たために，保険料が徴収されずに時効が成立した場合には（保険料の徴収権は，2年で時効にかかる。厚年92条1項），その保険料に対応する被保険者期間に基づく保険給付は行われないため（厚年75条），受給権の不成立や年金額の低下といった不利益がもたらされる可能性がある。事業主による届出義務への違反については，不法行為（または債務不履行）が成立しうるが，受給権が未発生の段階では損害の立証（損害の発生，因果関係，および，損害の算定）に困難が伴うため，十分な救済が図られないことも少なくない（京都地判平11・9・30判時1715号51頁，大阪地判平18・1・26労判912号51頁，大阪高判平23・4・14賃社1538号17頁など。なお，第3節 1 3）（3）も参照）。

3）年金記録

（1）年金記録の意義　受給権の有無を確認して，年金額を決定するには，個々の被保険者について，被保険者資格の得喪，標準報酬などに関する事実を記録した上で，これらを保管しなければならない。厚生年金保険原簿が，このような記録や保管のための仕組みであり，いわゆる年金記録は，この原簿の記録のことである（厚年28条，厚年則89条）。

（2）標準報酬　報酬比例の年金制度である厚生年金においては，保険料額と年金額は，被保険者の報酬額を基礎として算定される。もっとも，現実の報酬は，形態が多様であり，金額も変動するため，これによって保険料額や年金額を算定するのは煩雑にすぎる（有泉・中野，1982，55頁）。そこで，現実の報酬を，「報酬」（被用者が労働の対象として受ける賃金等であり，臨時に受けるものおよび3か月を超える期間ごとに受けるものを除く。厚年3条1項3号）と「賞与」（被用者が労働の対象として受ける賞与等のうち，3か月を超える期間ごとに受けるもの。厚年3条1項4号）に分けた上で，所定の基準によって「標準報酬月額」と「標準賞与額」としてその金額を標準化している。標準報酬月額とは，報酬月額を，第1級（8万8000円）から第31級（62万円）までの31等級に区分したものである（厚年20条）。また，標準賞与額とは，ある月に支払われた賞与額につき，1000円未満を切り捨てたものである（上限は150万円。厚年24条の4）。

（3）年金記録の訂正　年金記録のうち被保険者の資格の取得・喪失の年月日，標準報酬などに誤りがある場合には，共済組合の組合員や共済制度の加入者ではない被保険者等は，その訂正を請求できる（厚年28条の2，厚年則11条の2）。訂正の手続は，国民年金と同様である（厚年28条の3〜28条の4・100条の2・100条の9。第2節［1］3）(3)参照）。

厚生年金においては，年金記録の基礎になる事実関係を把握するために，事業主に対して届出に関する義務が課されている（第3節［1］2）参照）。事業主がこの届出を懈怠したことで被保険者等に生じる不利益については，被保険者等が事業主に損害賠償を請求することにより塡補されうるが（その限界を含めて，第3節［1］2）参照），被保険者等を保護する必要が特に大きい事案については，年金記録の訂正による対処も予定されている。すなわち，①事業主

が被保険者の負担する保険料を報酬から控除した事実があり，かつ，②事業主がこの控除分につき保険料を納付したことが明らかでない場合には，この保険料に対応する期間について資格の確認や標準報酬の改定（または決定）をした上で（厚年特例1条1項～2項），年金記録の訂正をするものとされている（厚年特例1項4項）。

2 保険給付
　1）老齢厚生年金
（1）支給要件　老齢厚生年金の支給要件は，①65歳以上であること，②厚生年金についての被保険者期間があること，③国民年金についての保険料納付済期間，保険料免除期間および合算対象期間を合算した期間が10年以上であること（以下では要件③を「受給資格期間」とする）である（厚年42条・附則14条）。
　厚生年金は，国民年金（基礎年金）への上乗せと位置づけられるため（第1節 1 1）参照），厚生年金についての受給資格期間と支給開始年齢は，国民年金と同様とされている（吉原健二編，1987，『新年金法』全国社会保険協会連合会，29頁・160頁）。もっとも，かつての被用者の退職年齢は一般には65歳以前だったため，法律の本則に基づく老齢厚生年金とは別に，60歳台前半において特別支給の老齢厚生年金が支給されてきた。特別支給の老齢厚生年金の支給要件は，①下記の支給開始年齢以上であること，②厚生年金についての被保険者期間が1年以上であること，③国民年金についての保険料納付済期間，保険料免除期間および合算対象期間を合算した期間が10年以上であることである（厚年附則8条～8条の2・附則14条）。現在は，高年齢者の雇用を確保するための法政策（高年齢者雇用確保措置。高年9条）と並行して，支給開始年齢が，60歳から65歳へと引き上げられている（男性については，2016年度に62歳となり，その後，3年ごとに1歳の引上げが実施され，2025年度には特別支給の老齢厚生年金は廃止される。女性については，2018年度に61歳となり，その後，3年ごとに1歳の引上げが実施され，2030年度には特別支給の老齢厚生年金は廃止される）。
（2）給付内容　老齢厚生年金の算定式は，「平均標準報酬額×0.005481×被保険者期間（月数）」である（厚年43条1項）。平均標準報酬額とは，被保険者期間における給与や賞与の平均月額であり，「標準報酬（各月の標準報酬月額・

標準賞与額×再評価率）の総額÷被保険者期間（月数）」により計算される（厚年43条1項）。老齢厚生年金の算定式の中に平均標準報酬の計算式を代入すると「標準報酬（各月の標準報酬月額・標準賞与額×再評価率）の総額×0.005481」になるので，上記の算定式は，要するに，使用関係のもとで報酬が支払われると，これに比例して将来の年金額が積み上げられることを意味している。なお，受給権を取得した後の被保険者期間における就労実績（被保険者期間および標準報酬）は，被保険者資格を喪失したときに年金額に反映される（厚年43条2項～3項）。

　いわゆるスライドは，再評価率を用いて実施される。新規裁定年金は，名目手取り賃金変動率によりスライドされた再評価率が適用された標準報酬をもとに算定され（厚年43条の2），既裁定年金は，物価変動率によりスライドされた再評価率が適用された標準報酬をもとに算定される（厚年43条の3。なお，厚年43条の4～43条の5・34条・2条の4。スライドの意義，および，マクロ経済スライドについては，第2節 2 1）（2）参照）。

　また，老齢厚生年金については，被保険者期間（月数）が240以上である場合には，受給権者の配偶者と子について年金額の加算がなされる。加算対象になるのは，①受給権の取得時（被保険者資格の喪失により年金額が改定されて被保険者期間〔月数〕が240以上になった場合には，その当時。②につき同じ）において受給権者によって生計を維持しており，かつ，65歳未満である配偶者，および，②受給権の取得時において受給権者によって生計を維持しており，かつ，ⓐ18歳に達する日以後の最初の3月31日までの間にあるか，ⓑ20歳未満であって障害等級1級・2級に該当する障害の状態にある子である（厚年44条1項）。配偶者についての加算額は，「224,700円×改定率」である（厚年44条2項）。また，2人目までの子についての加算額は，「224,700円×改定率」であり，3人目以降の子についての加算額は，「74,900円×改定率」である（厚年44条2項）。

　（3）在職支給停止　受給開始後も就労を継続する受給権者について，報酬と年金との合計額が一定額を超える場合に年金の支給を停止するのが，在職支給停止である。支給停止の理由は，所得保障の必要が低いことに求められる。ただし，厚生年金を含めた社会保険は，保障事由があれば定型的な給付をするも

のだから，所得に応じた支給停止は当然の措置ではなく，年金財政や国民感情なども考慮した政策的な判断に基づく措置といえる（第1節 2 3）(3)参照)。

　法律の本則に基づく老齢厚生年金について支給停止の対象になるのは，厚生年金の被保険者，適用事業所に使用される70歳以上の者（適用除外の要件〔第3節 1 1）(3)参照〕に該当する者を除く）などである（厚年46条1項）。報酬額（賞与を含めた年間報酬の月額）と年金額（配偶者と子に関する加給年金額と支給の繰下げによる加算額を除く年金の月額）とを合計して48万円（支給停止調整額。改定あり）を超える場合に，48万円を超える額の2分の1に相当する金額が支給停止になる（厚年46条）。

　特別支給の老齢厚生年金について支給停止の対象になるのは，厚生年金の被保険者などである（厚年附則11条1項）。報酬額（賞与を含めた年間報酬の月額）と年金額（年金の月額）とを合計して28万円（支給停止調整開始額。改定あり）を超える場合に，28万円（年金額が28万円を超える場合には，年金額）を超える額の2分の1に相当する金額が支給停止になる（報酬額が48万円〔改定あり〕を超える場合には，超過部分については全額が調整の対象になる。厚年附則11条)。

　(4) 支給の繰上げ・支給の繰下げ　現行の制度では，60歳台前半までは事業主に雇用の継続を要請して（高年齢者雇用確保措置。高年9条），60歳台後半からは年金を支給することで，雇用と年金の接続を図っているが，現実には個人の引退時期は多様であるため，老齢厚生年金についても支給の繰上げおよび支給の繰下げが認められている（特別支給の老齢厚生年金については，支給の繰下げは認められない。厚年附則12条）。

　支給の繰上げの要件は，①60歳以上65歳未満であること，②厚生年金についての被保険者期間があること，③国民年金についての保険料納付済期間，保険料免除期間および合算対象期間を合算した期間が10年以上であることである（厚年附則7条の3第1項。特別支給の老齢厚生年金については，要件が若干異なる。厚年附則13条の4第1項）。要件を充足する者が請求することで，年金給付の支給が繰り上げられる（厚年附則7条の3第3項・附則13条の4第3項）。年金額は，本来の年金額から「0.5%×繰上げ月数」の減額率による減額を行って計算される（厚年附則7条の3第4項・附則13条の4第4項，厚年令6条の

3・8条の2の3）。

　支給の繰下げの要件は，①老齢厚生年金の受給権者が受給権の取得から1年を経過する前に老齢厚生年金を請求していないこと，②この受給権者が受給権を取得したときに障害厚生年金，遺族厚生年金，遺族基礎年金などの受給権者ではなく，受給権の取得から1年を経過するまでの間においてこれらの年金給付の受給権者となっていないことである（厚年44条の3第1項）。要件を充足する者が申出をすることで，年金給付の支給が繰り下げられる（厚年44条の3第3項）。年金額は，本来の年金額に「0.7％×繰下げ月数（上限は60）」の増額率による加算を行って計算される（繰下げの期間において年金を受給すれば在職支給停止〔第3節 2 1〕（3）参照〕が適用されるだけの報酬を得ていた場合には，加算額は，支給停止分を除いた年金額に増額率を掛けて計算される。厚年44条の3第4項，厚年令3条の5の2）。

2）障害厚生年金・障害手当金

（1）支給要件　障害厚生年金の支給要件は，①障害認定日において，障害等級1級〜3級に該当する程度の障害の状態にあること，②初診日において，被保険者であったこと，③初診日の前日において，ⓐ初診日のある月の前々月までの国民年金についての被保険者期間につき，保険料納付済期間と保険料免除期間を合算した期間が被保険者期間の3分の2以上であること，または，ⓑ初診日のある月の前々月までの1年間のうちに国民年金についての保険料納付済期間および保険料免除期間以外の被保険者期間がないことである（厚年47条・1985〔昭和60〕年改正〔法律34号〕附則64条1項）。なお，障害認定日の後になって障害等級に該当する障害の状態になった場合には，所定の要件を充足すると，被保険者等の請求に基づいて障害厚生年金が支給される（厚年47条の2）。

　障害手当金の支給要件は，障害厚生年金に関する要件②・③に該当することのほか，①初診日から起算して5年を経過する日までの間における傷病の治った日において，所定の障害の状態にあること，④厚生年金や国民年金による年金給付，障害補償年金（労災15条）などの受給権者でないことである（厚年55条〜56条，厚年令3条の9・別表第2）。

　支給要件の中の初診日および障害認定日は，障害基礎年金におけるそれと同様の概念である（第2節 2 2）（1）参照）。また，障害等級1級と2級は，

障害基礎年金についての障害等級と同様である（厚年令3条の8。第2節 **2** 2)(1)参照)。障害等級3級とは，労働が著しい制限を受けるか，または，労働に著しい制限を加えることを必要とする程度（両眼の視力が0.1以下に減じたもの，一上肢の三大関節のうち二関節の用を廃したものなど），あるいは，傷病が治らないで，労働が制限を受けるか，または，労働に制限を加えることを必要とする程度であり（厚年令3条の8・別表第1)，障害手当金の要件①にいう所定の障害とは，労働が制限を受けるか，または，労働に制限を加えることを必要とする程度である（両眼の視力が0.6以下に減じたもの，一上肢の三大関節のうち一関節に著しい機能障害を残すものなど。厚年令3条の9・別表第2)。

（2）給付内容　障害厚生年金の算定式は，障害等級1級については「平均標準報酬額×0.005481×被保険者期間（月数。下限は300)×1.25」であり，障害等級2級・3級については「平均標準報酬額×0.005481×被保険者期間（月数。下限は300)」である（障害基礎年金を受給できない場合〔障害等級が3級である場合など〕には，「780,900円×改定率×0.75」が，最低保障額とされる。厚年50条)。また，障害手当金の算定式は，「平均標準報酬額×0.005481×被保険者期間（月数。下限は300)×2」である（障害厚生年金の最低保障額の2倍に相当する金額が，最低保障額とされる。厚年57条)。

算定式の中の平均標準報酬額は，老齢厚生年金におけるそれと同様の概念である（第3節 **2** 1)(2)参照)。また，障害等級1級の年金額については，障害基礎年金におけるのと同様の説明が妥当する（第2節 **2** 2)(2)参照)。障害厚生年金の支給額も，再評価率を用いて，老齢厚生年金と同様の方式によりスライドされる（第3節 **2** 1)(2)参照)。

障害等級1級・2級の者に支給される障害厚生年金については，受給権者の配偶者について年金額の加算がなされる（障害等級3級には加算はない)。加算対象になるのは，受給権者によって生計を維持している65歳未満の配偶者である（厚年50条の2第1項)。加算額は，「224,700円×改定率」である（厚年50条の2第2項)。受給権の取得後において加算対象になる配偶者をもった場合にも，年金額の加算はなされる（国年50条の2第3項。第2節 **2** 2)(2)参照)。

（3）併合認定　すでに何らかの障害をもっていた受給権者または被保険者が，さらに別の障害を負った場合には，それらを併合して障害等級が認定されるこ

159

とがある。障害厚生年金については，障害基礎年金に類似した枠組みが妥当するほか（厚年47条の3～48条，50条4項，52条4項～5項，54条2項ただし書・3項。第2節 2 2）(3)参照），障害厚生年金の受給権者が，これとは別の障害により障害基礎年金の受給権をもつ場合には，併合後の障害等級に基づき年金額が改定される（厚年52条の2）。

3）遺族厚生年金

（1）支給要件　遺族厚生年金の支給要件は，①ⓐ被保険者が，死亡したこと，ⓑ被保険者であった者が，被保険者の資格を喪失した後に，被保険者であった間に初診日のある傷病により初診日から起算して5年を経過する前に死亡したこと，ⓒ障害等級1級・2級に該当する障害の状態にある障害厚生年金の受給権者が，死亡したこと，または，ⓓ老齢厚生年金の受給権者（国民年金についての保険料納付済期間，保険料免除期間および合算対象期間を合算した期間が25年以上である者に限る），または，国民年金についての保険料納付済期間，保険料免除期間および合算対象期間を合算した期間が25年以上である者が，死亡したこと，②①ⓐ・①ⓑの場合には，死亡日の前日において，ⓐ死亡日のある月の前々月までの国民年金についての被保険者期間につき，保険料納付済期間と保険料免除期間を合算した期間が被保険者期間の3分の2以上であること，または，ⓑ死亡日のある月の前々月までの1年間（死亡日において国民年金の被保険者でなかった者については，死亡日のある月の前々月以前における直近の国民年金についての被保険者期間のある月までの1年間）のうちに国民年金についての保険料納付済期間および保険料免除期間以外の被保険者期間がないことである（厚年58条・附則14条・1985〔昭和60〕年改正〔法律34号〕附則64条2項）。

（2）受給資格　遺族厚生年金の受給資格は，下記の要件を充足する被保険者等の配偶者，子，父母，孫，祖父母に認められる。なお，配偶者には，内縁関係の当事者も含まれ，当事者間に，社会通念上，夫婦の共同生活と認められる事実関係を成立させる合意があり，かつ，夫婦の共同生活と認められる事実関係が存在すれば，内縁関係があるとされる（厚年3条2項，平23・3・23年発0323第1号）。法律婚の当事者である被保険者等がこれとは別に内縁関係（重婚的内縁関係）をもった場合には，法律上の婚姻関係が形骸化していたときにのみ，内縁関係の相手方が配偶者とされる（最一小判昭58・4・14民集37巻3

号270頁，最一小判平17・4・21判時1895号50頁)。また，被保険者等が民法上の近親婚（民734条）に相当する内縁関係をもった場合には，傍系3親等の血族間での内縁関係であり，かつ，地域的な特性や内縁関係の実体などに照らして反倫理性と反公益性が著しく低いときにのみ，内縁関係の相手方が配偶者とされる（最一小判平19・3・8民集61巻2号518頁)。

　夫，父母，祖父母に関する要件は，①被保険者等の死亡の当時その者によって生計を維持していたこと，②55歳以上であることである（厚年59条1項1号)。子と孫に関する要件は，①被保険者等の死亡の当時その者によって生計を維持していたこと，②ⓐ18歳に達する日以後の最初の3月31日までの間にあり，婚姻をしていないこと，または，ⓑ20歳未満であって障害等級1級・2級に該当する障害の状態にあり，婚姻をしていないことである（厚年59条1項2号)。要件①については，遺族基礎年金と同様の認定基準が妥当する（厚年59条4項，厚年令3条の10。第2節 2 3)（2)参照)。

　これに対して，妻に関する要件は，被保険者等の死亡の当時その者によって生計を維持していたことのみである（厚年59条1項柱書)。遺族のうち妻のみが要件②を課されず，年齢には関係なく遺族厚生年金を受給しうるのは，被保険者等の死亡後において妻は特に経済的自立が困難であるという認識に基づいている。もっとも，自立の難易は年齢に応じて異なるため，一方では，若齢の妻につき支給期間を有期とし，他方では，中高齢の妻につき年金額に加算をするというように，妻に対する給付内容には差異が設けられている（第3節 2 3)（3)参照)。

　遺族厚生年金の受給権は，①配偶者と子，②父母，③孫，④祖父母の順に発生する（先順位の者に受給権があると，後順位の者には受給権は発生しない。厚年59条2項)。また，配偶者と子が受給権をもつ場合には，子の保険給付が支給停止になり，配偶者の保険給付が支給される（厚年66条1項)。ただし，この場合にも，配偶者が遺族基礎年金の受給権をもたず，子が遺族基礎年金の受給権をもつときは，配偶者ではなく子に，遺族基礎年金とともに遺族厚生年金が支給される（厚年66条2項)。複数の遺族が受給権をもつ場合（子が複数いる場合など）には，それぞれの遺族に，年金額を遺族の人数で除した金額が支給される（厚年60条2項)。

（3）給付内容　夫，父母または祖父母に対する遺族厚生年金は，受給権者が60歳に達してから支給される（それまでは支給が停止される。支給事由である被保険者等の死亡に基づいて夫が遺族基礎年金の受給権をもつときは，その限りでない。厚年65条の2）。また，受給権を取得した当時に30歳未満である妻（支給事由である被保険者等の死亡に基づいて遺族基礎年金の受給権をもち，かつ，30歳に到達する前にこの受給権が消滅していない場合を除く）に対する遺族厚生年金は，5年の有期年金である（支給事由である被保険者等の死亡に基づいて妻が遺族基礎年金の受給権をもつときは，この5年の起算点は，遺族基礎年金の受給権が消滅したときになる。厚年63条1項5号）。

　遺族厚生年金の算定式は，老齢厚生年金の受給権をもつ配偶者以外の遺族については，「平均標準報酬額×0.005481×被保険者期間（月数。支給要件①ⓐ・①ⓑ・①ⓒに該当する場合には下限は300）×0.75」であり，老齢厚生年金の受給権をもつ配偶者については，上記の額または「平均標準報酬額×0.005481×被保険者期間（月数。支給要件①ⓐ・①ⓑ・①ⓒに該当する場合には下限300）×0.5＋配偶者の老齢厚生年金の額（加給年金額を除く）×0.5」のうちいずれか多い額である（厚年60条1項）。算定式の中の平均標準報酬額は，老齢厚生年金におけるそれと同様の概念である（第3節 2 1）（2）参照）。遺族厚生年金の支給額も，再評価率を用いて，老齢厚生年金と同様の方式によりスライドされる（第3節 2 1）（2）参照）。

　所得保障の必要がより高いと考えられる中高齢の妻については，年金額の加算がなされる（中高齢寡婦加算。支給要件①ⓓによる場合には，被保険者期間〔月数〕が240未満である保険給付を除く）。加算対象になるのは，受給権を取得した当時において40歳以上65歳未満であった妻，または，40歳に達した当時において遺族基礎年金の受給資格をもつ被保険者等の子と生計が同一であった妻であり，これらの受給権者には，老齢年金の支給開始年齢である65歳に達するまで，遺族厚生年金の額に「780,900円×改定率×0.75」が加算される（厚年62条。支給事由である被保険者等の死亡に基づいて妻が遺族基礎年金の受給権をもつときは，この加算額に相当する部分については支給が停止される。厚年65条）。

4）離婚時の年金分割

（1）年金分割の意義　夫婦は，就労が可能であれば，稼得活動と家事労働を

第4章 年金保険

分担してそのうち稼得活動から得られる収入によって生計を維持して、その後、老齢や障害により就労が難しくなると、年金保険から支給される年金によって生計を維持することになる。前者の収入はもちろん、後者の年金も、夫婦双方の生活を支えるべきものである。もっとも、法律上は、厚生年金からの年金給付の受給権は、稼得活動に従事することで同制度に加入していた者だけに与えられ、受給権の内容（年金額）も、稼得活動による収入の多寡により決められる。そのため、夫婦が離婚した場合には、その一方にのみ受給権が与えられ、または、その一方により有利な内容（年金額）の受給権が認められうる（婚姻中もこの状況に変わりはないが、夫婦は互いに扶養義務を負うため、夫婦の一方の年金はその双方のために費消される。民752条）。このような不合理な事態が起こらないように、受給権の基礎になる標準報酬（稼得活動の実績）を夫婦の双方に按分する仕組みが、離婚時の年金分割である。年金分割には3号分割と合意分割がある。

（2）3号分割　婚姻期間のうち片働きで家計を営んでいた期間について標準報酬を按分するのが、3号分割である。分割の対象になるのは、夫婦のうち一方（以下では「特定被保険者」とする）が厚生年金の被保険者であり、他方（以下では「被扶養配偶者」とする）が国民年金の第3号被保険者であった期間である（厚年78条の14第1項。以下では「特定期間」とする）。離婚等をした被扶養配偶者は、標準報酬の改定（厚生年金の被保険者期間がない場合には、決定。以下では単に「改定」とする）を請求することができ、この請求を受けて、特定期間に対応する被保険者期間における特定被保険者と被扶養配偶者の標準報酬が、それぞれ、特定被保険者の標準報酬の2分の1に改定される（厚年78条の14、厚年則78条の14）。特定期間における標準報酬がこのように2分の1ずつの割合により按分されるのは、特定期間における厚生年金の保険料について、特定被保険者と被扶養配偶者とが共同で負担したものと認識されるためである（厚年78条の13）。

（3）合意分割　婚姻期間のうち共働きで家計を営んでいた期間について標準報酬を按分するのが、合意分割である。分割の対象になるのは、3号分割の対象になる特定期間に該当しない期間である（厚年78条の20第1項。以下では「対象期間」とする）。離婚等をした夫婦の一方（以下では、分割により標準報酬

が減少する側を「第1号改定者」といい，これが増加する側を「第2号改定者」という）は，当事者が按分割合を合意するか，（当事者の協議が調わない場合などには）裁判所が按分割合を定めた後に，標準報酬の改定を請求することができ，この請求を受けて，対象期間に対応する被保険者期間における第1号改定者と第2号改定者の標準報酬が，按分割合に即して改定される（厚年78条の2・78条の6，厚年則78条～78条の2）。この請求は，離婚等から2年が経過する前にする必要がある（厚年78条の2第1項ただし書，厚年則78条の3）。

按分割合とは，対象期間に対応する被保険者期間についての「改定後の第2号改定者の標準報酬（総額）÷改定後の両当事者の標準報酬（総額）の合計額」のことである（厚年78条の2第1項1号）。つまり，改定後には，第1号改定者の標準報酬は「改定後の両当事者の標準報酬（総額）の合計額×（1−按分割合）」に減少して，第2号改定者の標準報酬は「改定後の両当事者の標準報酬（総額）の合計額×按分割合」に増加する。按分割合の下限は，改定前の状況を維持する割合であり，その上限は，2分の1である（厚年78条の3第1項）。裁判所がこれを定める場合には，「対象期間における保険料納付に対する当事者の寄与の程度その他一切の事情」が考慮されるが（厚年78条の2第2項），裁判例や審判例の大多数は，不仲であった（東京家審平22・6・23家月63巻2号159頁），別居していた（東京家審平20・10・22家月61巻3号67頁）などの事情があってもこれを2分の1としている。

3 保険財政

1）保険料

（1）納付義務　厚生年金の保険料は，被保険者と事業主がそれぞれ半額を負担する（厚年82条1項・4項～5項）。被保険者の負担分も含めて，保険料の納付義務を負うのは，事業主である（厚年82条2項）。事業主は，被保険者の報酬から，被保険者が負担する保険料を控除することができる（厚年84条。なお，労基24条1項ただし書参照）。

なお，適用事業所に使用される高齢任意加入被保険者（第3節 1）1）（2）参照）の保険料については，その事業主が保険料の半額を負担することおよび保険料の納付義務を負うことに同意しない限りは，被保険者がその全額を負担

し，また，被保険者がその納付義務を負う（厚年附則4条の3第7項）。

（2）保険料額　保険料は毎月徴収され（厚年81条2項），その額は「標準報酬月額×18.3％」および「標準賞与額×18.3％」である（厚年81条3項～4項）。厚生年金基金（第4節 1 1）参照）の加入員である被保険者には，免除保険料率を控除した保険料率が適用される（厚年81条4項・2013〔平成25〕年改正〔法律63号〕附則5条3項）。

なお，産前産後休業や育児休業等の期間については，事業主（共済組合の組合員である被保険者については，被保険者）の申出があれば，保険料は徴収されない（厚年81条の2～81条の2の2）。これらの期間もあくまで厚生年金の被保険者期間である（国民年金の保険料納付済期間でもある。国年5条1項）から，受給権の成否や年金額の算定には不利な影響を与えない。このような取扱いは，次世代育成支援という社会政策上の要請によるところが大きいが，就労を継続して制度の支え手であり続ける被保険者に対する支援という年金政策上の理由からも説明されている。

2）国庫負担

厚生年金においても国庫負担等があるが，そのうち主要なものは，政府や共済組合等が負担する基礎年金拠出金の一部となって国民年金の給付費用に充てられる（厚年80条1項，国公共済99条4項2号，地公共済113条4項2号，私学共済35条1項。第2節 3 3）参照）。他方で，厚生年金の給付費用への国庫負担はなされない（この他，事務費用に関する国庫負担等として，厚年80条2項～3項，国公共済99条5項，地公共済113条5項，私学共済35条3項）。

4　企業年金

1　厚生年金基金

1）実施方法と適用対象

法令（厚年旧第9章など）による規律を受けて，老齢年金給付等を支給する年金制度が，厚生年金基金である（第1節 1 2）（1）参照。なお，改正によって厚生年金基金に関する法律上の規定は削除されたが，存続する厚生年金基金との関係では，旧規定がなお効力をもっている。厚年2013〔平成25〕年改正〔法律63

号〕附則5条・同改正附則86条）。老齢年金給付とは，老齢厚生年金のうち再評価（第3節 2 1）（2）参照）をしない標準報酬に基づき算定された部分（代行部分）に所定の上乗せをした年金給付であり（厚年旧132条），厚生年金の被保険者が基金に加入していた期間については，政府（厚生年金の保険者）が支給する老齢厚生年金の金額から，代行部分の金額が控除される（厚年旧44条の2）。つまり，基金は，老齢年金給付を支給することで，老齢厚生年金の一部に相当する給付と，企業年金に相当する給付とを行っている。基金の加入員になるのは，基金が設立された事業所に使用される厚生年金の被保険者である（厚年旧122条）。給付内容や掛金の額といった制度の枠組みは，基金の規約に基づいて定められるが，その内容は，特定の者につき不当に差別的な取扱いを行ってはならず（旧基金令19条・32条），また，法令が設定する基準に反してはならない。

　厚生年金の適用事業所の事業主が，労使合意を経て，規約を作成して，設立の認可を受けると，基金が成立する（厚年旧110条～114条）。基金の業務は，掛金の徴収，積立金の運用，受給権の裁定，給付の支給などであり，理事長や理事がこれを執行する（厚年旧120条～120条の4）。上記の業務のうち，積立金の運用は，運用受託機関による委託運用，または，基金による自家運用として行われる（厚年旧136条の3～136条の5。運用受託機関について，委託範囲を超えた分散投資に関する助言義務を否定した裁判例として，大阪地判平25・3・29判時2194号56頁。なお，分散投資に関する努力義務〔旧基金令39条の15第1項〕への違反のおそれがある場合に，運用受託機関が，これを基金に通知しないことは，法令上の禁止事項とされている。兼営則23条2項6号など）。

　2）給　付

　老齢年金給付の支給要件は，規約により定められるが（厚年旧115条1項8号），少なくとも加入員等（加入員，または，加入員であった者）が老齢厚生年金の受給権を取得したとき（受給権の取得後に加入員になった者については，年金額が改定されたとき）には支給される必要がある（厚年旧131条）。また，給付内容も，規約により定められるが（厚年旧115条1項8号），その算定式は，標準給与（厚年旧129条）と加入期間に基づく必要があり（厚年旧132条1項），その水準は，老齢厚生年金のそれを所定の割合だけ上回るよう努める必要がある

（厚年旧132条2項〜3項）。

　老齢年金給付の受給権は，所定の支給要件の充足によって発生して，基金による裁定（厚年旧134条）を受けて具体化する。この受給権の内容を変更するには規約の変更をしなければならず（厚年旧115条1項8号），規約を変更するには，事業主および加入員により選ばれた代議員をもって組織される代議員会（厚年旧117条）の議決を経た上で（厚年旧118条1項1号），その変更について認可を受ける必要がある（厚年旧115条2項）。特に受給権の不利な変更（受給者減額）については，認可につき厳格な要件が課されている（昭41・9・27年発363号第3の7(5)。東京高判平21・3・25労判985号58頁）。

　3）掛　金

　厚生年金基金の掛金は，加入員と事業主がそれぞれ半額を負担する（厚年旧139条1項）。規約に基づいて，事業主の負担割合を増やすこともできる（厚年旧139条2項，旧基金令34条）。加入員の負担分も含めて，掛金の納付義務を負うのは，事業主である（厚年旧139条4項）。事業主は，加入員の報酬から，加入員が負担する掛金を控除することができる（厚年旧141条1項。なお，労基24条1項ただし書参照）。掛金は毎月徴収され（厚年旧138条2項），その額は「標準給与の額×定率」などの方法により算定される（厚年旧138条3項，旧基金令33条）。

２　確定給付企業年金

　1）実施方法

　（1）意　義　法令（確定給付企業年金法など）による規律を受けて，老齢給付金等を支給する年金制度が，確定給付企業年金である。老齢給付金とは，老齢厚生年金とともに老後の生活を支える給付であり（確給1条参照），企業年金の一類型である。確定給付企業年金の実施方法には，規約型と基金型がある。加入資格，支給要件，給付内容，掛金の額といった制度の枠組みは，規約に基づいて定められるが，その内容は，特定の者について不当に差別的であってはならず（確給5条1項2号・12条1項2号・31条2項・32条2項・55条4項1号），また，法令が設定する基準に反してはならない。

　（2）規約型　厚生年金の適用事業所の事業主が，労使合意を経て，規約を作

成して，規約につき承認を受けることで，規約型の制度が実施される（確給3条1項1号）。規約型の制度を運営するのは事業主であり，その業務は，積立金の積立て，積立金の管理運用，受給権の裁定などである（確給69条）。上記の業務のうち，積立金の管理運用は，資産管理運用機関による委託運用として行われる（確給65条・71条）。また，規約型における給付の支給は，資産管理運用機関により行われる（確給30条3項）。

（3）基金型　厚生年金の適用事業所の事業主が，労使合意を経て，規約を作成して，基金の設立につき認可を受けることで，基金型の制度が実施される（確給3条1項2号・13条）。基金の業務は，積立金の積立て，積立金の管理運用，受給権の裁定，給付の支給などであり，理事長や理事がこれを執行する（確給22条1項・3項，70条）。上記の業務のうち，積立金の運用は，運用受託機関による委託運用，または，基金による自家運用として行われる（確給66条・72条）。

2）適用対象

確定給付企業年金の加入者になるのは，確定給付企業年金を実施する適用事業所に使用される厚生年金の被保険者である（なお，国家公務員共済組合の組合員および地方公務員共済組合の組合員は，加入者にはなれない。確給25条1項・2条3項）。規約の中で加入者になるための「一定の資格」を規定して，加入者の範囲を限定することも認められる（確給25条2項）。「一定の資格」としては，①「一定の職種」，②「一定の勤続期間」または「一定の年齢」，③「希望する者」，④「休職等期間中ではない者」が想定されており，①・②を定める場合には，加入者でない従業員につき各種の企業年金または退職手当制度が適用される必要があり，③を定める場合には，加入者でない従業員につき企業型の確定拠出年金または退職手当制度が適用される必要がある（平14・3・29年発0329008号第1の1）。

3）給　付

老齢給付金の支給要件は，規約により定められるが，要件を構成する年齢等（60歳以上65歳以下など）や加入者期間（20年以下）について法令に違反してはならない（確給31条・36条～37条，確給令28条）。老齢給付金の給付額も，規約により定められるが，加入者期間，その期間における給与額などに照らして適

正で合理的な方法により算定されなければならない（確給32条，確給令23条1項1号・24条）。また，その支給方法は，原則として終身年金または5年以上の有期年金であるが，規約に基づいてその全部または一部を一時金とすることもできる（確給33条・38条，確給令25条・29条）。

老齢給付金の受給権は，加入者の資格を取得したときに事業主と加入者との間（規約型の場合）または基金と加入者との間（基金型の場合）において締結される年金支給契約に基づいて，所定の支給要件の充足によって発生する。受給権については事業主（規約型の場合）または基金（基金型の場合）が裁定する旨が規定されている（確給30条）。また，給付設計は規約の記載事項であるから（確給4条5号・11条），受給権の内容を変更するには規約の変更が必要となる。規約を変更するには，労使合意を経た上で（確給6条2項～3項・19条1項1号），その変更について承認（規約型の場合）または認可（基金型の場合）を受ける必要があり（確給6条1項・16条1項），基金型については，規約の変更は認可を受けなければ効力を生じない旨の規定がおかれている（確給16条2項）。特に受給権の不利益な変更（受給者減額）については，認可と承認につき厳格な要件が課されている（確給6条4項・5条1項5号・16条3項・12条1項7号，確給令4条2号・7条，確給則5条2号・6条1項2号。東京地判平19・10・19判時1997号52頁，東京高判平20・7・9労判964号5頁）。

4）掛　金

確定給付企業年金の掛金は，事業主が拠出する（確給55条1項）。掛金のうち2分の1を超えない部分については，本人の同意があれば，加入者の負担とすることができる（確給55条2項，確給令35条，確給則37条）。なお，加入者がその選択により掛金を負担しない場合には，拠出額の差に応じて，給付額に差を設ける必要がある（平14・3・29年発0329008号第4の1(3)）。掛金の額は，定額，「給与×定率」，性別・年齢（加入者の年齢または加入時の年齢）に応じた金額などの方法により算定される（確給55条3項～4項，確給則38条）。この掛金を，事業主は，資産管理運用機関等に納付する（確給56条）。

3 確定拠出年金（企業型年金）

1）実施方法

　法令（確定拠出年金法など）による規律を受けて，老齢給付金等を支給する年金制度が，確定拠出年金である。老齢給付金とは，老齢厚生年金とともに老後の生活を支える給付である（確拠1条参照）。確定拠出年金には企業型年金と個人型年金があるが（確拠2条1項），以下では企業年金の一類型である企業型年金について解説する。加入資格，掛金の額，運用方法，給付内容といった制度の枠組みは，規約に基づいて定められるが，その内容は，特定の者について不当に差別的であってはならず（確拠4条1項2号，確拠令6条2号），また，法令が設定する基準に反してはならない。

　厚生年金の適用事業所の事業主が，労使合意を経て，規約を作成して，規約につき承認を受けることで，企業型年金が実施される（確拠3条1項〜2項）。企業型年金を運営するのは事業主である（確拠2条2項・43条）。また，積立金を管理するのは，事業主と契約を締結した資産管理機関（信託会社等，生命保険会社，農業協同組合連合会，損害保険会社）である（確拠8条・44条）。

2）適用対象

　確定拠出年金（企業型年金）の加入者になるのは，企業型年金が実施される適用事業所に使用される60歳未満の厚生年金の被保険者である（なお，国家公務員共済組合の組合員および地方公務員共済組合の組合員は，加入者にはなれない。確拠9条1項本文，2条6項・8項）。規約により，65歳までは，60歳に到達しても引き続き加入者とすることができる（確拠9条1項ただし書）。規約の中で加入者になるための「一定の資格」を規定して，加入者の範囲を限定することも認められる（確拠9条2項）。「一定の資格」としては，①「一定の職種」，②「一定の勤続期間」，③「一定の年齢」，④「希望する者」が想定されており，①・②を定める場合には，加入者でない従業員につき各種の企業年金または退職手当制度が適用される必要があり，③を定める場合には，加入者でない従業員につき退職手当制度が適用される必要があり，④を定める場合には，加入者でない従業員につき確定給付企業年金または退職手当制度が適用される必要がある（平13・8・21年発213号第1の1）。

3）掛　金

確定拠出年金（企業型年金）の掛金は，事業主が拠出する他（以下では「事業主掛金」とする。確拠19条1項〜2項），規約に定めがある場合には加入者が拠出することもできる（以下では「加入者掛金」とする。確拠19条3項〜4項）。事業主と加入者による拠出の限度額は，年額66万円を基本として，個人型の確定拠出年金や確定給付企業年金などの他の年金制度に加入している（または，できる）加入者については，より低い額が設定されている（確拠20条，確拠令11条）。事業主は，事業主掛金を資産管理機関に納付する（確拠21条）。また，加入者は，加入者掛金を，事業主を介して，資産管理機関に納付するが（確拠21条の2），この場合，事業主は，給与から加入者掛金を控除できる（確拠21条の3。なお，労基24条1項ただし書参照）。

4）運　用

こうして積み立てられた個人別管理資産（確拠2条12項）について，加入者等が，運用の指図を行うところに，確定拠出年金の特徴がある（確拠25条1項）。その仕組みは，まず，運用関連業務（確拠2条7項2号）を行う運営管理機関等（運営管理機関および事業主）が，加入者等に，元本が確保される運用方法を含む3つ以上の運用方法を提示し（確拠23条，確拠令12条〜16条，確拠則18条〜19条。なお，元本が確保される運用方法を求めず，また，運用方法の数に上限〔35〕を設ける法改正が成立している。改正後の確拠23条，確拠令15条の2。2018〔平成30〕年5月1日施行予定），これを受けて，加入者等が，この中から運用方法およびそれに充てる金額を決定するというものである（確拠25条2項〜4項。なお，いわゆるデフォルトファンドに根拠を与えた上で規制を加える法改正が成立している。改正後の確拠23条の2・24条の2・25条の2。2018〔平成30〕年5月1日施行予定）。年金資産の形成に当たって加入者等はこのように重要な役割を担うが，他方で，加入者等がそれに見合った知識をもっているとは限らない。そこで，加入者等への支援のために，事業主には，投資教育に関する努力義務や配慮義務が課されており（確拠22条），運営管理機関等には，情報提供に関する義務が課されている（確拠24条，確拠則20条）。

5）給　付

老齢給付金の支給要件は，①年齢（ⓐ60歳以上61歳未満，ⓑ61歳以上62歳未

満，ⓒ62歳以上63歳未満，ⓓ63歳以上64歳未満，ⓔ64歳以上65歳未満，ⓕ65歳以上），および，②加入者または運用指図者であった期間（個人型年金におけるこれらの期間を含み，60歳に達する前の期間に限る。以下では「通算加入者等期間」とする。ⓐ10年以上，ⓑ8年以上，ⓒ6年以上，ⓓ4年以上，ⓔ2年以上，ⓕ1か月以上）につき所定の基準（①と②の双方につきⓐ〜ⓕのいずれか）を充たす者が，請求をすることである（確拠33条）。つまり，通算加入者等期間が10年以上あれば，60歳への到達時に受給権が発生するが，通算加入者等期間が短くなるにつれて，受給権の発生時期が遅くなる。このような仕組みのもとでは掛金の拠出から給付の支給までに最低でも5年の期間を要するが（ⓕの場合），これにより，老齢給付金は，単なる貯蓄ではない老後の備えとしての実体をもつとされる。なお，加入者であった者が，支給の請求をせずに70歳に達したときにも，受給権が発生する（確拠34条）。

　老齢給付金の支給方法は，原則として年金であるが，規約に基づいてその全部または一部を一時金とすることもできる（確拠35条）。このうち，年金額は，規約に基づき，個人別管理資産額と支給予定期間（受給権者が申し出た5年以上20年以下の期間）をもとに算定される（確拠30条，確拠令5条1号，確拠則4条1項1号）。個人別管理資産がなくなったときに，受給権は消滅する（確拠36条3号）。

（坂井岳夫）

第5章 労災保険

Introduction

　わが国において，労働者が労働災害によって被った損害をカバーする制度としては，労働基準法（以下「労基法」）の災害補償（75条から88条）と労働者災害補償保険法（以下「労災保険法」）がある。この2つの法律は，1947（昭和22）年に同時に制定されたものである。労災保険法は，その後，数次の改正によって，給付の年金化，通勤災害制度，特別加入制度などが導入され，労基法で使用者に義務づけられている災害補償の代行としての責任保険の範囲を超えて，総合的な災害補償制度として独自の性格を有するにいたっている。もっとも，労基法の使用者の補償責任との関係が断絶したわけではない。労災保険の給付が行われる場合，使用者の補償責任は免責される（労基法84条1項）が，労災保険でカバーされない部分については労基法の定めに基づき使用者に補償義務が生じる。

　昨今，過重労働による健康障害や過労死，職場の人間関係のトラブル等による精神疾患の発症などが社会的な問題となっている。このような疾病・死亡が労災保険給付の対象となる業務上の災害であるかの判断は容易ではない。そのため，行政は医学的知見をふまえた独自の認定基準を定めている。それでも，行政の不支給処分の取消等を求める行政訴訟は数多く存在する。さらに，これらの脳・心臓疾患や精神障害が使用者の過失によって発症した場合には，使用者は災害補償責任だけでなく，安全配慮義務違反や不法行為等による民法上の損害賠償責任を問われる場合がある。労災補償制度は，財産的損害を対象とした最低限の補償であるが，労災民事訴訟においては，慰謝料等の精神的損害による賠償も求められる。もっとも，労災保険給付と損害賠償の二重の補填がなされるわけではなく，一定の調整が行われる（これについては第1章第4節を参照）。

　本章では，労災保険制度の仕組み，保険給付，社会復帰促進等給付などについて，裁判例などの事例を通じて理解を深めたい。

1 労災補償とは

1 労災補償制度の背景

　災害補償は，労働者が業務上，けがや病気などの災害が発生した場合に，当該労働者またはその遺族に対して一定の補償を与えるものである。こうした補償制度が確立されるまでは，被災者は民法上の不法行為等に基づいて使用者に損害賠償を請求する以外に法的救済の手段はなかった。しかし，損害賠償を請求するには，被災者が，使用者の故意・過失，損害の発生，使用者の行為と損害の間の因果関係の存在を立証すべき責任を負う。一般に，情報をもたない労働者がこれらを立証することは困難を極め，また，訴訟となれば多大な費用と時間を要するのが通例であった。さらに，使用者の過失を立証できたとしても，使用者に十分な資力がなければ，事実上，労働者が損害の賠償を受けられない可能性が高い。

　こうした法制度の不備を改善し，労働者およびその家族の保護を図るために労災補償制度が設けられた。この制度によって，労働者およびその遺族には，使用者の故意・過失の有無にかかわらず，災害が「業務上」であれば補償が与えられることになった。

2 わが国の労災補償の特徴

　わが国の労災補償制度の特徴は，1947（昭和22）年に制定された，労基法の災害補償と労災保険の2本立てになっていることである。

　労基法においては，第8章（75条から88条）に災害補償に関する規定があり，「労働者が業務上負傷し，又は疾病にかかった場合においては，使用者は，その費用で必要な療養を行い，又は必要な療養の費用を負担しなければならない」（労基75条）と定められている。労災事故は，使用者が労働者を雇用して営利を追及する課程で生じるものであるため，利益帰属主体である使用者に当然に損害を賠償させるという考えから，使用者に無過失責任を課している。それゆえ，被災者にとっては，使用者の故意・過失等を立証する責任がない。さらに，使用者の補償責任の履行を確実なものとするために，罰則（労基119条）

も定められている。しかし，それでも，実際，使用者に補償能力がなければ，被災者が救済されないことにかわりはない。また，労基法は，労働条件の最低基準を定めていることから，補償の水準が十分とはいえないという問題もあった。そこで，このような労基法上の災害補償の限界を補う上で大きな役割を果たしたのが労災保険であった。

　労災保険法は，使用者を加入者とし，政府を保険者とする強制保険制度である。政府が使用者から保険料を徴収し，被災労働者や遺族に政府が直接保険給付を行う。なお，保険料はすべて使用者が負担し，労働者の負担はない。制定当時は，労災補償は，労基法上の災害補償と同一内容・同一水準の補償であったが，1960（昭和35）年以降の数次による改正により，給付の年金化，給付水準の引上げ，特別加入制度や通勤災害保護制度等，適用の範囲が拡大し，さらには社会復帰促進等事業として，労災病院やリハビリテーション施設の設置，運営等，広範な事業が行われるようになり，次第に救済内容が労基法の補償よりも充実していった。こうしたことから，実際には，労基法上の災害補償制度が機能する領域はきわめて限られることとなった（休業補償給付のはじめの3日間の補償などがある）。

3　労災保険の法的性格

　労災保険の給付がなされた場合，使用者は労基法上の災害補償の責を免れる（労基84条1項）ため，労災保険は使用者の災害補償責任の責任保険としての役割を果たしているといえる。しかし，労災保険は，使用者の災害補償責任の責任保険制度としてだけではなく，被災労働者の損害補填を行う役割を期待されてきた。労災保険の法的性質について，裁判所は「現在の労災保険は，単に使用者が労基法上義務づけられている災害補償の代行としての責任保険の範囲を超えて長期給付や保険施設などの給付を包含しており，これらの点に照らすと，労災保険は使用者の補償責任保険的な性質を部分的に有しているにせよ，固有の意味における責任保険ではなく，直接労働者の保護を図ることを理念として，保険加入者たる事業主の費用共同負担のもとに保険給付として独自の災害補償を労働者に直接行うとともに，労働者の福祉に必要な保険施設をなすことを目的とする保険であり，その意味において労基法の使用者の災害補償責任

からは一応別個の独立の労働者保護保険と解される」(四十八商会・三十二商会事件・神戸地判昭和50・5・20労判230号13頁) と示している。このことからもわかるように，現在の労災保険は，労基法で定める災害補償を含んだ，総合的な災害補償制度として，独自の性格を有するにいたったといえる。

4　昨今注目されている労働災害

　昨今，過重労働による疾病や死亡，職場の人間関係の悪化によるうつ病などの精神疾患の罹患などが社会的に問題となっており，これらの疾病発症が業務によるものであるとして，被災者や遺族からの労災申請が増加している。精神障害の労災請求件数は，1998（平成10）年度は42件（認定件数3件）であったが，1998（平成11）年においては，155件（同14件），2015（平成27）年には，1515件（同574件）と増加し続けている（厚生労働省が毎年発表する「脳・心臓疾患と精神障害の労災補償状況」より）。脳・心臓疾患およびうつ病等精神疾患の業務上認定については，本章第4節を参照。

　企業にとっては悩ましい問題も発生している。精神疾患については，当初はその発症が業務とは関係がない私傷病との認識であっても，後日，業務に起因する疾病であるとして労災請求がなされ，業務上の災害として認定されることが少なくない。精神疾患等の発症が業務に起因するものと認められた場合，これを契機に被災者または遺族から民事上の損害賠償請求がなされることがある。また，私傷病として取り扱っていた休職期間満了時の解雇や退職扱いが労基法19条1項に基づき，遡及して無効とされることもある。主な裁判例として東芝（うつ病・解雇）事件（東京高判平23・2・23労判1022号5頁）がある。女性技術者が私傷病休職期間満了時に復職できず，会社が解雇したという状況の中で，当該技術者が労働基準監督署に労災申請を行い，ほぼ同時に解雇無効の確認と会社に対し損害賠償請求訴訟を提訴したものである。行政は業務災害と認定しなかったが，その後，行政訴訟（国・熊谷労基署長（東芝深谷）事件・東京地判平21・5・18判時2046号150頁）では，「業務による心理的負荷は，精神障害を発症させる程度に過重であった」として，労災認定がなされた。また，解雇無効確認・損害賠償請求訴訟においては，1審，2審ともに解雇は無効とされた。しかし，2審判決では，当該女性技術者が精神的な健康に関する情報を会社に

通知していなかったこと等を理由に賠償額が2割減額され，これを争点とした最高裁判決においては，労働者からの申告がなくても会社の安全配慮義務が軽減されるわけではない，として過失相殺を認めなかった（最二小判平26・3・24）。つまり，労働者からの申告がなくても，会社は，健康にかかわる労働環境に十分な注意を払うべき安全配慮義務があることを示しており，実務において重要な判例である。

　なお，2014（平成26）年6月，労働安全衛生法の一部が改正され（施行は2015〔平成27〕年12月1日），常時50人以上の労働者を使用する事業場に対し，労働者の心理的な負担の程度を把握するために医師，保健師等による検査（ストレスチェック）の実施義務が定められた（安衛66条の10）。安衛66条に定めている健康診断とは異なり，労働者にストレスチェックを受ける義務は課されていない。事業者の義務は，検査を受ける機会を対象となる労働者全員に提供することにある。

　次に，石綿（アスベスト）ばく露作業に従事していたことによる中皮腫や肺がんなどの発症や印刷機のインクを落とす洗浄剤に含まれていた化学物質による胆管がんの発症が業務上の疾病であるとして労災認定されたことが昨今新聞紙上を賑わせている。このような職業性疾病の場合は潜伏期間が長いために，退職後に発症するケースがある。石綿による業務上の疾病については，医学的知見に基づいた認定基準が定められている（平成24・3・29基発0329第2号）。石綿にばく露する作業が原因となって，中皮種や肺がん等を発症し死亡したと認められる場合には，労災保険法に基づく遺族補償給付の支給を受けることができるが，請求権が時効（死亡した日の翌日から5年）で消滅している場合も少なくない。この場合，「石綿による健康被害の救済に関する法律」に基づいて特別遺族給付金が支給される（2016〔平成28〕年3月26日までに死亡した労働者の遺族が対象）。

2　労災保険制度の仕組みと運用

1　労災保険の目的

　労災保険法は，「業務上の事由又は通勤による労働者の負傷，疾病，障害，

死亡等に対して迅速かつ公正な保護をするため，必要な給付を行い，あわせて業務上の事由または通勤により負傷し，又は疾病にかかった労働者の社会復帰の促進，当該労働者及びその遺族の援護，労働者の安全及び衛生の確保等を図り，もって労働者の福祉の増進に寄与することを目的とする」(労基1条)と定めている。つまり，第1に，業務災害または通勤災害を被った労働者，その遺族に対して必要な給付を行うこと，第2に，それに附帯して，社会復帰促進等事業を行うことにある。

2 「適用事業」と「暫定任意適用事業」

労災保険制度は，暫定任意適用事業（個人経営の農業，水産業で労働者数5人未満の事業，個人経営の林業で労働者を常時には使用しない事業）を除いて，労働者をひとりでも使用するならば，業種や規模に関係なく適用事業とされる（法3条1項)。なお，国の直営事業，非現業の官公署については，労災保険と同様あるいはそれ以上の保護を内容とする他の法律が適用されるため，労災保険法は適用されない（適用除外)。船員については，船員保険法の適用を受け労災保険法の適用除外とされていたが，2010（平成22）年1月より船員保険制度のうち労災保険相当部分（職務上疾病・年金部分）が労災保険に統合された。

なお，「事業」とは，企業を指すものではなく，工場，鉱山，事業所のごとく，経営組織として独立性をもった最小単位の経営体をいい，一定の場所において一定の組織のもとに有機的に相関連をもって行われる作業の一体と認めることができれば，これを事業として取り扱われる（昭和22.9.11基発36号)。

3 「労働保険」の意義

1969（昭和44）年に制定された労働保険の保険料の徴収等に関する法律（以下「徴収法」）2条1項において，「労働保険」とは，労災保険法による労災保険および雇用保険法による雇用保険を総称する，と定められているが，徴収法でいう「労働保険」は，単に労災保険および雇用保険の総称であるにとどまらず，後述の「労働保険の保険関係」あるいは「労働保険料」などの概念からも明らかなように，両保険を総合的・不可分一体的にとらえたことばであるところに意義がある（『改訂版 労働保険徴収法（コンメンタール)』労務行政，2004，114頁)。

④　保険関係の成立

　適用事業については、「その事業が開始された日または暫定任意適用事業が適用事業に該当するにいたった日に、労災保険に係る労働保険の保険関係が成立する」（徴収3条）と規定されている。「労災保険に係る労働保険の保険関係」とは、業務災害、通勤災害等の保険事故が生じた場合に、①事業主は保険者に保険料を納付する義務を負い、②労働者が保険者に対して保険給付を請求する権利をもつ、という継続的な関係をいう。

　適用事業の要件を満たす事業については、その事業開始の日または適用事業に該当する日から当然に、事業主は保険者である政府に保険料を納付する義務を負う。つまり、事業主の加入の意思にかかわらず要件を満たせば加入となる強制加入制度である。他方、事業主が加入の手続きをしていない、または保険料納付を怠っている場合（以下「未適用事業」）でも、適用事業で業務上または通勤による災害が発生した場合、被災労働者または遺族は政府に対して保険給付を請求することができる。この場合、事業主は保険料を追徴されるとともに、事業主の故意や重大な過失による懈怠があると認定されると労災保険給付額の全額または一部が徴収される。

　未適用事業であっても、被災者は救済されるというところが労災保険の特色であり、雇用保険との取扱いは異なる（事業主の雇用保険加入手続きの懈怠により、基本手当相当の損害が発生したとして損害賠償を請求した事件で、労働者の請求が認められなかった裁判例がある（第6章第2節 ④ 3）参照）。

⑤　保険加入者としての事業主

　健康保険、厚生年金保険等の社会保険においては、保険加入者は、事業主と労働者（被保険者）である。保険事故が発生した際に保険給付を受ける被保険者も保険料を負担している。これに対し、労災保険の保険加入者は、事業主であり、保険料は事業主だけが負担する。したがって、労災保険には「被保険者」という概念がない。他の社会保険は被保険者（個人）単位での保険加入を行うが、労災保険は事業単位で行う。また、費用は事業主が負担するが、給付は被災者になされる。つまり、保険加入者と保険給付の受給者が同一人でない点が労災保険の特徴でもある。

6　適用労働者

　労災保険法には，保険給付の対象となる労働者の意義について定めた規定はないが，同法12条の8第2項が，労働者の業務災害に関する保険給付について，労基法に規定する災害補償の事由が生じた場合に，これを行う旨を定めていることから，労災保険法上の労働者は，労基法9条で定める労働者と同一と解される（日田労基署長（山仙頭）事件・最三小判平元・10・17労判556号88頁，同原審福岡高判昭63・1・28労判512号53頁）。したがって，労災保険の適用労働者は，「職業の種類を問わず，労災保険の保険関係の成立」する事業に使用される者で，賃金を支払われる者」といえる。「使用される者」とは，他人の指揮命令によって労務を提供する者をいい，「賃金」とは，賃金，給料，手当，賞与その他名称にかかわらず，労働の対償として使用者が支払うすべてのものをいう。

　会社と雇用関係にない事案では度々「労働者性」が問題となる。会社の運送係の指示に従い，自己の所有するトラックを持ちこんで，同社の製品の運送業務に従事していた傭車運転手は，労働者ではないと判断された事例がある（横浜南労基署長（旭紙業）事件・最一小判平8・11・28労判714号14頁）。判断のポイントは，①指揮監督関係の存在，②労務の対価として報酬が支払われているか，③事業者性の有無，④必要経費等の負担等である。この後の藤沢労基署長（大工負傷）事件（最一小判平19・6・28労判940号11頁）においても，同様の判断がなされている。昨今，雇用形態ならびに就業形態が多様化しており，今後もこのような労働者性が問われる争いは増加するであろうと思われる。

1）「適用労働者」にならない者

（1）　自営業者

　自営業者は，自らが使用者であり労働者ではない。ただし特定の業種で一定規模の自営業者は，後述の特別加入制度により労災保険の適用を受けることができる。事業主と居住および生計を一にする6親等内の血族，配偶者および3親等内の姻族は，原則として労働者ではない。ただし業務の遂行に当たり事業主の指揮命令に従っていることが明確で，就労実態が，その事業場の他の労働者と同様，賃金もこれに応じて支払われている場合などは労働者とみなされる。

（2）　法人の役員

　法人の代表者，役員は，一般に使用者であって労働者ではない。ただし，法

令，定款等の規定に基づく業務執行権がなく，工場長，部長等の職にあり，業務執行権を有する取締役等の指揮，監督を受けて業務に従事し，その対償として賃金を受けている者は，原則として労働者として取り扱う（昭和34・1・26基発48号）。裁判例として，執行役員の労働者性が問われた事案がある（国・船橋労基署長（マルキキカイ）事件・東京地判平23・5・19労判1034号62頁）。建設機械の卸売販売会社において，一般従業員を退職し，退職金が支払われた後に，理事，取締役を経て執行役員となった者の被災について，裁判所は，執行役員という地位にあったものの，業務実態は会社の指揮監督の下に業務を遂行し，その対価として報酬を受けていたということができ，従業員としての実質を有していた者と認められるから，労災保険法上の労働者であると判断した。

2）「適用労働者」になる者

判断に迷いがちな「適用労働者」の事例をあげる。

（1） 2以上の事業主に使用される者

労災保険においては，2以上の事業に使用される者は，それぞれの事業において労働者となる。この点，雇用保険においては，当該2以上の雇用関係のうち，その者が生計を維持するに必要な主たる賃金を受ける一の事業についてのみ被保険者となり，取り扱いが異なる。企業は労働者の業務遂行によって利益を得ているのだから，その業務遂行下において生じた災害の責務を負うのは当然である。したがって，複数の適用事業所で業務を行う労働者は各々の事業所で災害に遭遇するリスクがあるため，すべての事業所で労災の保護を受けられるということは自明のことである。

（2） アルバイト・パートタイム労働者

アルバイト，パートタイム労働者等であっても，使用され賃金を受ける者は適用労働者となる。社会保険や雇用保険の被保険者資格は，週の所定労働時間や日数において基準が定められているが，労災保険においては，「使用され賃金を受ける」ことだけが問われ，たとえ1日だけのアルバイトであったとしても労災保険の保護の対象者となる。

（3） 外国人労働者

外国人労働者は，たとえ入管法（出入国管理及び難民認定法）による不法就労者であっても労災保険法が適用される。なお，雇用保険法においては，不法就

労者は適用労働者とならず、この点においても違いがある。
（4）　派遣労働者
　労働者派遣法による派遣労働者の労災保険の適用については、当該派遣労働者と雇用関係にある派遣元事業主の事業にかかる保険関係により取り扱われる。

7　特別加入制度
1）特別加入制度の意義
　労災保険は、本来労働者の災害補償を目的とするものであり、保護の対象となるのは、労基法上の労働者である。したがって、労働者ではない事業主、自営業者、家族従事者等は保護の対象にならないが、業務の実態や災害の発生状況から、一般労働者と同じように保護することが適当な場合がある。そこで、1965（昭和40）年に特別加入制度が創設され、このような者について、労災保険の加入を認め保護を図ることとした（労災33条～36条）。
2）特別加入者の区分と範囲
　特別加入することができる者は、中小事業主とその家族従事者等（第1種特別加入者）、いわゆる一人親方等の一定の自営業者および特定作業従事者（第2種特別加入者）、海外派遣者（第3種特別加入者）である。
（1）　中小事業主等
　中小事業主等の特別加入者のこうむった災害が業務災害として保護される範囲は、あくまでも労働者の行う業務に準じた範囲である。また、この業務の内容は、特別加入予定者の業務の範囲を明確に特定しうる程度に具体性をもってされなければならないと示されている（昭和40・11・1基発1454号）。建築現場における「建築工事施工」を業務内容として特別加入の承認を受けていた建設事業を行う事業主が、受注を希望していた工事の予定地の下見に赴く途中の事故が原因での死亡が業務上の死亡かどうかが争われた事案がある（国・広島中央労基署長（A工業）事件・最二小判平24・2・24）。最高裁は、①保険関係は、労働者を使用する事業について成立するものだが、当事例の場合には、本店を拠点とする営業等の事業について保険関係が成立していなかったこと、②本件事故当時の被災者の下見行為は、営業等にかかる業務に起因するものである、として保険給付の対象とは認められなかった。

（2） 海外派遣者

本来、労災保険の適用範囲は日本国内に限られ、海外に派遣された労働者には、派遣先の国の法律が適用される（属地主義）。しかし、労災保険の仕組みが国によって異なり、補償が不十分である場合を考慮し、1976（昭和51）年に法改正され、海外の事業場に国内の事業場から派遣された労働者等も特別加入（第3種特別加入者）の対象とされた。海外派遣者とは、①日本国内の事業主から、海外で行われる事業に労働者として派遣される人、②日本国内の事業主から、海外にある中小規模の事業に事業主等（労働者ではない立場）として派遣される人、③独立行政法人国際協力機構など開発途上地域に対する技術協力の実施の事業（有期事業を除く）を行う団体から派遣されて、開発途上地域で行われている事業に従事している人、をいう。②は、中小企業の現地法人の社長等（事業主）を指す。現地での就業の実態が、労働者と同様の作業に従事する場合が多く、国内の中小事業主について特別加入が認められていることとの均衡等を考慮して、1996（平成8）年4月1日以降、特別加入の対象とされた。

なお、海外出張者の場合は、特別加入制度の適用対象ではなく、国内事業の保険関係において処理される。もっとも、海外出張と海外派遣の区別については、勤務する労働者の所属する事業場が海外か国内かで異なるが、企業内での定義に関わらず、その労働者の勤務の実態によって総合的に判断される。業務で海外（中国・大連市）のホテルに宿泊中、強盗に殺害された事案で、業務起因性の有無が争点となったが、災害発生当時北京市内のホテルで日本人が強盗・殺人等の被害にあう事例が相当数あった等を理由に、当該殺害事件は業務に内在する危険性が現実化したものとして業務起因性が肯定された事例がある（鳴門労基署長（松浦商店）事件・徳島地判平14・1・25判タ1111号146頁）。

3）特別加入制度の特徴

わが国の社会保険制度は、要件に該当すれば強制加入となることが原則であるが、特別加入制度は、「任意加入」の方式をとっており、加入と脱退には、都道府県労働局長による承認が必要である。また、業務上認定においては、特別の労災認定基準がある。

4）特別加入者の業務災害の認定と通勤災害の認定

特別加入者は、一般の労働者と異なり、労働契約に基づく他人の指揮命令に

より決まるものではなく，特別加入者自身の判断によって決定することが多い。このため，特別加入者が被災した場合の業務上・外の認定に当たっては，特別加入の申請時の記載された業務または作業の内容を基礎として，厚生労働省労働局長が定める基準に従って行われる（労災則46条の26）。中小事業主の場合には，例えば，取締役会に出席中の負傷等，本来事業主として行うべき業務遂行中にこうむった災害については，保険給付の対象にはならない（平成14・3・29基発0329008号）。また，第2種特別加入者のうち，個人タクシー業者や個人貨物運送業者等は，住居と就業の場所との通勤の実態がはっきりしない場合は，通勤災害は対象外となっている。

5）特別加入者の保険給付

特別加入者には，一般労働者と同様の給付（二次健康診断等給付を除く）が行われ，社会復帰促進等事業も原則として適用される。ただし，特別加入者には，特別給与（ボーナス）がないため，特別給与を算定基礎とする特別年金および特別一時金は支給されない。

8　労働保険料

徴収法において，「労働保険」とは，労災保険法による労災保険および雇用保険法による雇用保険を総称する（徴収法2条1項），とある。保険者である政府は，労働保険の事業に要する費用に充てるため，徴収法に基づいて事業主等から労働保険料を徴収する。雇用保険料は労使双方で負担するが，労災保険料は全額事業主が負担する。

1）保険料の種類と保険率

保険料の種類は，大きく分けて①一般保険料，②特別加入保険料，③印紙保険料がある。①一般保険料は，事業主がその事業で使用するすべての労働者に支払う賃金の総額にそれぞれの事業に定められた労災保険率を乗じて算出される額である（徴収法11条）。労災保険率については，事業主間の負担の公平を期するため「事業の種類」ごとに過去の災害率などに応じて定められている。

つまり，危険度の高い事業であれば保険料率も高くなり，危険度の低い事業は保険料率も低くなる。労災保険と雇用保険の双方の保険関係が成立している事業は，労災保険率と雇用保険率を加えた率を乗じることになる。②特別加入

第5章　労災保険

保険料は，一般労働者と異なり，労基法上の「賃金」が存在しないため，特別加入者本人が給付基礎日額を選択し，それに所定の保険料率を乗じて算定された保険料である。特別加入者の給付基礎日額は，3500円から2万5000円である（2013〔平成25〕年9月1日から，給付基礎日額の選択の幅が広がり，2万2000円，2万4000円，2万5000円が追加されている）。③印紙保険料は，雇用保険の日雇労働被保険者の保険料である。

2）メリット制

「事業の種類」ごとに災害率に応じて定められている労災保険率であるが，作業環境や災害防止努力の違いで個々の事業ごとの災害率には差が生じる。そこで，一定規模以上の事業について，災害率の高い事業については保険料負担を重くし，低い事業は負担を軽減するという「メリット制」が採用されている。

3）労働保険料の納付

労働保険料の納付義務者は，事業主である。一般の継続事業*については，毎保険年度（毎年4月1日から翌年3月31日まで）のはじめに，その保険年度の賃金総額を見込んで労働保険料を計算し，概算保険料として申告・納付する。そして，年度末に確定額を計算し（確定保険料），納付した概算額との過不足を精算する。

* 継続事業とは，一般の工場，事務所など特別の事情がない限り，継続的に事業が存続することが予定される事業をいう。

4）一元適用事業と二元適用事業

労災保険と雇用保険の保険料の申告・納付等を一元化して行われる一元適用事業と両保険の申告・納付等をそれぞれ別個の2つの事業とみなして二元的に取り扱う二元適用事業がある。一般に，農林漁業・建設業等が二元適用事業で，それ以外の事業が一元適用事業である。

9　労働保険事務組合

労働保険の加入は，企業規模を問わず義務づけられているが，事業主が行う労働保険の加入の手続きや保険料の申告・納付などの事務処理は，小規模事業主にとっては負担になることがある。そこで，徴収法では，事業主の委託を受けて労働保険料の徴収，納付，その他の労働保険事務を労働保険事務組合（以

下「事務組合」）に処理させることを認めている。

　事務組合に事務処理を委託することができる事業主は，常時300人（金融業，保険業，不動産業，小売業の場合は50人，卸売業，サービス業の場合は100人）以下の労働者を使用している事業主に限られる。なお，中小事業主およびその家族従事者が特別加入するためには，労働保険の事務処理を事務組合に委託していることが条件となっている。

3　業務災害

1　認定のしくみ

　労災保険は，労働者に生じた負傷，疾病，障害，死亡等（以下「傷病等」）が「業務上の事由」または「通勤」によると認定されたときに保険給付が行われる（労災1条）。つまり，業務災害とは，業務に起因して生じた「業務上の事由」による災害のことをいう。

　業務に従事していれば，労使双方がどんなに注意を払っても，業務が原因でけがをしたり病気に見舞われることを完全に避けることはできない。このような災害に対して，労災保険の給付が適用になるが，業務を行っていたときに生じた傷病等がすべて労災保険の給付の対象になるとは限らない。例えば，恣意的な行為・私的な行為または業務を逸脱して自ら招いた災害などは，就業時間中に生じた場合でも労災保険の給付の対象にはならない。もし，これらの災害も保険給付の対象とするならば，社会的衡平に反するであろう。また，「疾病」が，「業務上の事由」であるかどうかの判断は容易ではない。例えば，労働者が就業時間中に脳梗塞で倒れた場合，単に「就業時間中に倒れた」というだけでは「業務上の事由」かどうかの判断はできない。毎月100時間以上の法定労働時間を上回る長時間労働が何か月も継続しており，その過重労働がきっかけで脳梗塞を発症したという場合には「業務上の事由」と認められる場合もある。しかし，日常の業務（量や質）と脳梗塞の発症との間に因果関係が認められなければ，たまたま勤務時間中に発症したにすぎず，労災保険給付の対象の疾病とは認められない（本章第4節　2　参照）。

　したがって，労働者から労災保険給付の請求がなされた場合，所轄労働基準

監督署長が業務災害であるかどうかを判断する。労災保険法上の「業務上の事由」による災害であると認定された場合に保険給付がなされることになる。

1）労災保険の保険給付の対象となる「業務上」とは

労基法75条の「業務上」の傷病等と労災保険法1条の「業務上の事由」による傷病等は，同一のものと考えられる。このことは，労災保険法12条の8第2項の規定において，労災保険法の保険給付（傷病補償年金および介護補償給付を除く）は労基法の災害補償の事由が生じた場合に請求に基づいて行われると規定されていることからもわかる。労基法の災害補償規定には罰則の適用があることから，「業務上」の災害であるかどうかについて厳密な解釈が要求されるが，労災保険法は，被災者保護法としての側面もあるため，監督行政等と一体的に運営されることが求められる。

2）「業務上・外」の判断基準

業務上の事由による災害と認められるためには，「業務遂行性」と「業務起因性」の双方が認められなければならない。「業務起因性」は「業務遂行性」を第一次的判断基準としている。つまり，「業務遂行性」が認められない場合には，「業務起因性」を問うまでもなく業務災害とは認められないが，「業務遂行性」があってもそれだけでは「業務起因性」が認められるわけではない。

なお，「業務遂行性」および「業務起因性」は，労災保険法に明記されているものではなく，労働行政および裁判において，採用されている考え方である。

（1）「業務遂行性」とは

「業務遂行性」とは，労働者が労働契約に基づき，事業主の支配下にある状態をいうが，「事業主の支配下にある」とは，労働者が業務に従事している場合はもちろん，業務に従事していなくても，なお事業主が指揮命令をなし得る余地がある状態を含むものであるとされている。「業務遂行性」が認められる場合として，①（作業中，作業の準備・後片付けなど）事業主の支配・管理下で業務に従事している場合，②（休憩時間など）事業主の支配・管理下にあるが，業務に従事していない場合，③（出張中など）支配下にあるが，管理下を離れて業務に従事している場合，の3つの類型に大別できる。

（2）「業務起因性」とは

業務にはそもそも災害発生の危険性が内在している。その「内在している危

険有害性が現実化した」と経験則上認められることを「業務起因性」という。つまり，その業務に従事していれば，そのような災害発生の可能性があることをいう。例えば，配送業務に従事していれば，手が滑って荷物を自身の足の上に落として骨折をするかもしれないということは一般に想定できる。このように，配送業務中に荷物をうっかり落とすことで生じた災害（骨折）には「業務起因性」があると判断される。

「業務起因性」が否定される災害とは，①業務を離脱・逸脱行為中の災害，②恣意的・私的行為中の災害，③天災等の自然現象による災害，④その他通常ではあり得ないできごとによる災害等である。③については，本章第3節 ［2］7）参照。

［2］ 業務上認定の具体例

疾病についての業務上認定は後述する（本章第4節）。以下，業務上の事由による負傷等について検討する。

1）就業時間中の災害

就業時間中の作業中の負傷等は，一般に「業務遂行性」「業務起因性」が認められ，業務災害と認定されることが多い。作業に伴う準備行為や後始末行為中の災害も業務の延長行為として判断されうる。しかし，トイレなど，生理的に必要な行為を除き，就業時間中に私的な事由で職場を離脱したときに生じた負傷等は業務上の災害とは認められない。

2）就業時間外の災害

就業時間外においては，労働者は業務を行わないが，事業主の施設管理下にある限り事業主の支配下にあるものとして「業務遂行性」が認められる。しかし，就業時間外の行為は，私的行為であるため，事業場施設の不備や欠陥等に起因する災害であることが証明されない限り「業務起因性」は認められない。業務終了後の帰途で，事業場内にある池に転落したことで死亡した災害が業務上災害と認められた事例がある。これは，池の周りに柵を設けるなど危険予防の措置を怠っていたという事業場施設の不備があった，と判断されたものである（昭和23・4・2基収1259号）。休憩中の災害については，事業主の支配下にある限り，私的行為であっても業務行為に含まれ，業務災害と判断される。も

っとも，事業主の支配下を離れて私用で外出した最中の災害は，業務起因性は認められない。

3）出張中の災害

一般に「出張」は，事業主が労働者に対して特定の用務を果たすことを命じ行われるものである。したがって，特段の事情がない限り，「出張過程の全般」について業務遂行性が認められる。そして，労働者が合理的な順路，方法による出張途上にある場合には，飲食等の私的行為中の災害であっても，それが出張に通常伴う範囲内のものであれば，一般に業務起因性が認められる。出張中に，取引先と飲酒を伴う飲食を行うことがあるが，これについては，「飲酒行為は，宿泊を伴う出張において通常随伴する行為といえないことはなく，業務遂行性は中断されておらず，業務とまったく関連のない私的行為や恣意的行為ないしは業務遂行性から逸脱した行為によって自ら招来した事故」ではないとして，業務上の事由による災害であるとした裁判例がある（大分労基署長（大分放送）事件・福岡高判平5・4・28労判648号82頁）。もっとも，酩酊状態になるほどの飲酒による災害は「業務上の事由」とは判断されないであろう。

4）通勤途上の災害で業務災害と認定される災害

通勤途上は，事業主の支配下にあるとはいえないため，業務遂行性はないといえる。通勤途上の災害については，労災保険法7条2項に定める「通勤」に該当するのであれば，通勤災害とし保険給付の対象となるが，同条同項において，「業務の性質を有するものを除くものとする」との定めがある。例えば，事業主が通勤用に提供しているバス等を利用している最中に生じた災害等が該当し，この場合は要件を満たせば，通勤災害ではなく，業務災害として認定される。また，出勤後，工場の守衛所でタイムカードを打刻し，移動途中の工場構内において発生した災害について，被災者は，いまだ作業に従事していないが，すでに事業主の支配下において作業に就くための行動中であり，業務遂行性が認められ，積極的な私的行為によって発生した災害でなく，業務上災害と認められた事案がある（昭和37・8・3基収4070号）。

5）会社主催の懇親会等に参加した場合の災害

会社主催の懇親会，慰安旅行などに参加した労働者の災害については，業務遂行性の有無の判断が難しい。事業主から命じられ，催しの世話役等を自己の

職務の一環として行う労働者については業務遂行性が認められる傾向にあるが，それ以外の場合には，その催しの主催者，目的，内容，参加方法，運営方法，費用負担等を総合的に鑑みて判断されるが，特段の事情がなければ，業務遂行性がないと判断されることが通例である。「社外行事を行うことが事業運営上緊要なものと客観的に認められ，かつ労働者に対しこれへの参加が強制されているときに限り，労働者の右社外行事への参加が業務行為になる」と示した福井労基署長事件（名古屋高金沢支判昭和58・9・21労民集34巻5・6号，809頁；社会保障判例百選〔第4版〕108頁）がある。

6）他人の暴行による災害

就業時間中に職場の上司・同僚・部下あるいは第三者から暴行を受けた場合には，一般には，たまたま仕事中に起きた他人の故意に基づく行為として業務起因性は否定される。しかし，災害の原因が業務にあって，業務と災害との間に相当因果関係がある場合には，業務起因性が認められる場合がある。行政通達では，「業務に従事している場合又は通勤途上である場合において被った負傷であって，他人の故意に基づく暴行によるものについては，当該故意が私的怨恨に基づくもの，自招行為によるものその他明らかに業務に起因しないものを除き，業務に起因する又は通勤によるものと推定することとする」（平成21・7・23基発0723第12号）と示している。換言すれば，原因が私怨・怨恨などに起因している場合や被害者が職務上の限度を超えて加害者を挑発して暴力を誘引したような事実関係がある場合には，恣意的に自らの危険を招いたものとして，業務に起因したものとは認められない。

7）天災地変による災害

台風，洪水，地震などの「天災地変」は，それ自体は業務と関係のない自然現象であり，それに起因する災害は，一般的には業務起因性は認められない。伊豆半島沖地震の際に出された行政通達（昭和49・10・25基収2950号）において，この基本的な考え方が示されている。しかし，同通達において，「天災地変に際して発生した災害も同時に災害をこうむりやすい事情（業務に伴う危険）があり，それが天災地変を契機として現実化したものと認められる場合に限り，かかる災害について業務起因性を認めることができる」とある。つまり，「単に天災地変に際して発生した」災害は業務起因性が認められないが，「天災

地変を契機として，内在していた危険が現実化した」災害は業務起因性が認められることになる。

2005（平成 7）年 1 月17日発生の兵庫県南部地震（阪神・淡路大震災）の際の行政通達（平成 7・1・30事務連絡 4 号），2011（平成23）年 3 月11日に発生した東日本大震災発生時の「東北地方太平洋沖地震に伴う労災保険給付の請求に係る事務処理について」（平成23・3・11基労補発0311第 9 号），「東北地方太平洋沖地震と労災保険Q＆A」（3 月24日）もこの考え方を維持している。

8）自殺の場合の認定

自殺は，本人が故意に行うものであるから原則として業務外であり労災保険給付の対象とならない（法12条の 2 の 2 第 1 項）。行政の解釈では，「業務上の災害により負傷または疾病を蒙り療養中精神障害によって自殺した場合は，業務上の死亡として取り扱ってよいか」，との疑義に対して，「自殺が業務上の負傷又は疾病により発した精神異常のためかつ心神喪失の状態において行われ，しかもその状態が該負傷又は疾病に原因しているときのみを業務上の死亡として取り扱われたい」（昭和23・5・11基収1391号）との回答がある。しかし，その後，「業務上の精神障害によって，正常の認識，行為選択能力が著しく阻害され，または自殺行為を思いとどまる精神的な抑制力が著しく阻害されている状態で自殺が行われたと認められる場合には，結果の発生を意図した故意には該当しない」（平成11・9・14基発545号）との行政通達が発出され，これ以後，業務起因性を認める裁判例が増加している。なお，昨今，過重労働や職場のいじめ・嫌がらせによって精神障害を発症し，自殺にいたるケースが少なくない。これについては，本章第 4 節で取り上げる。

9）在宅勤務（テレワーク）中の災害

在宅勤務であっても，発生した災害において「業務遂行性」と「業務起因性」が認められる場合には，業務災害として労災保険の保護の対象となる。自宅における私的行為が業務上の災害とならないことは自明のことであるが，在宅勤務は，業務と私的行為との区別が不明確になりやすい。したがって，在宅勤務者の業務を行う上でのルール（就業場所の特定や労働時間の管理等）を定め，在宅勤務における業務と私的行為の区別を明確にしておく必要がある。

4　業務上の疾病

1　業務上の疾病とその特徴

　労災保険法は，負傷だけでなく，業務上の疾病も保護の対象としている。しかし，労働者に生じる疾病は，様々な要素や条件が重なり発病するため，業務が原因で発症したものか，業務以外の原因で発症したものかの判断は容易ではない。労災保険法が，労基法上の事業主の災害補償責任の責任保険としての役割を担っている側面からみると，労災保険の保護の対象となる業務上の疾病との判断は，適正になされなければならない。したがって，発症の一因に業務が関与していたとしても，それだけで労災保険の保険給付の対象にすることはできず，業務と疾病の間にいわゆる相当因果関係があると認められる場合に労災保険の保険給付の対象となる業務上疾病として取り扱われる。

　なお，労災保険の保険給付は，業務上と認定されると100％の給付がなされ，業務外であればゼロである。つまり，発症の一因が認められるから給付額の一部が支払われるという割合で認定される制度でない。これは民事上の損害賠償請求と異なる点である。

1）業務遂行性

　業務上疾病も業務上の負傷と同様に業務起因性を要件とし，その前提として，業務遂行性が認められる必要がある。業務上疾病かどうかを検討する場合の業務遂行性とは，「労働者が事業主の支配下にある状態」を意味するのではなく，「事業主の支配下にある状態において，健康障害を起こしうるほどの有害因子を受ける危険にさらされている状態」をいう。

2）業務起因性

　業務上疾病の発症の形態は，業務に内在する危険としての有害因子が労働者に接触し，または進入等により疾病発生の原因が形成されるものであるから，発症はその危険が具体化されたものである。ここでいう業務起因性とは，業務と発症原因との間の因果関係およびその発症原因と結果としての疾病との間の因果関係の二重の因果関係を意味する。そして，それぞれの因果関係は，単なる条件関係ないしは関与ではなく，業務が発症原因の形成に，また，その発症

原因が疾病原因に，それぞれ相対的に有力な役割を果たしたと医学的に認められ得ることが必要である（2009労災保険業務災害及び通勤災害認定の理論と実際　上巻　労務行政141頁）。つまり，一般的には，労働者に発生した疾病について，労働の場において有害因子の存在があり，有害因子へのばく露条件，発症の経過，病態の3要件が満たされる場合に，業務起因性が肯定されるものである。

2　業務上の疾病の範囲

業務上の疾病は，災害（事故等）を通じて発症する「災害性疾病」と災害を媒体としない「職業性疾病（非災害性疾病）」の2つに大別できる。「災害性疾病」は，事故によって有毒ガスを吸い込み気管支炎になった等，災害によって引き起こされる疾病で，一般に，業務との因果関係を客観的かつ容易に把握することができる。「職業性疾病」は，石綿（アスベスト）を扱う業務に従事し，その後長い年月（平均35年前後の潜伏期間）を経て発病する中皮腫などがある。「職業性疾病」は，職業に内在する有害作用やその他の性質の長期間の作用・影響により徐々に発生するものが多い。したがって，被災者が給付の請求に当たり，業務と疾病の因果関係を証明することは困難を極める。

1）業務上の疾病の範囲を定める労基則別表第1の2の規定

そこで，労基法は，業務上の疾病の範囲を命令で定めることとし（労基75条2項），それを受けて，業務上疾病を一覧表で示している（労基則35条，別表1の2第1号から第11号）。労災保険法においても，この別表に基づいて業務上の疾病かどうかの判断がなされる。別表1の2に列挙されている疾病については，労働者が，特定の業務に従事していて特定の疾病にかかったことおよびその業務が内容，従事期間その他の点で当該疾病を引き起こすに足るだけのものであることを立証すれば，特段の事情がない限り業務起因性が推定される。

もっとも，どの程度の立証が必要かについては，「訴訟上の因果関係の立証は，一点の疑義も許されない自然科学的証明ではなく，経験則に照らして全証拠を総合検討し，特定の事実が特定の結果発生を招来した関係を是認しうる高度の蓋然性を証明することであり，その判定は通常人が疑いを差し挟まない程度に真実性の確信をもちうるものであることを必要とし，かつ，それで足りる……と解すべきである」と判示した医療過誤に基づく損害賠償事件の最高裁判

決(東大病院ルンバール・ショック事件・最二小判昭50・10・24民集29巻9号1417頁)の判断枠組みが用いられることが少なくない。つまり,業務と傷病等との間の因果関係の立証については,経験則に照らして,事実と結果の間に高度の蓋然性が証明されればよいということになる。なお,労規則別表1の2第11号に「その他業務に起因することの明らかな疾病」として包括規定が定められている。つまり,1号ないし9号までに掲げられた疾病以外であっても,業務との間に相当因果関係が認められると補償の対象とされる。しかし,この場合,業務起因性についての推定が働かないため,労災保険の補償給付を請求する者が業務との因果関係を立証しなければならない。

2)労基則別表第1の2に追加された過重負荷による脳・心臓疾患(8号)と心理的負荷による精神障害(9号)

2010(平成22)年の改正で,改正前の包括規定である別表9号「その他業務に起因することが明らかな疾病」に該当するものとして取り扱われていた過重負荷による脳・心臓疾患や心理的負荷による精神障害が,新たに,長期間にわたる長時間の業務その他血管病変等を著しく増悪させる業務による脳出血,くも膜下出血,脳梗塞,高血圧性脳症,心筋梗塞,狭心症,心停止(心臓性突然死を含む。)もしくは解離性大動脈瘤またはこれらの疾病に付随する疾病(8号),人の生命に関わる事故への遭遇その他心理的に過度の負担を与える事象を伴う業務による精神および行動の障害またはこれに付随する疾病(9号)として例示疾病に追加された。これらは,新たな医学的知見の公表等の状況,あるいは疾病の発生状況等をふまえたものである。以下,各々の認定基準をみる。

(1) 脳・心臓疾患の業務上認定

過重労働が原因と推測される循環器疾患の発症には様々な要因が影響するため,業務起因性の立証が難しく,従来,業務上と認定されることは困難であった。しかし,横浜南労基署(東京海上横浜支店)事件(最一小判平12・7・17労判785号6頁)の判決が契機となり,行政は,平成13年12月12日付で,「脳血管疾患および虚血性心疾患等(負傷に起因するものを除く。)の認定基準について」(基発1063号)を発出し,業務上外認定の運用が見直された。この事件は,支店長付き自動車運転手が,支店長を迎えに行く途中で発症した,くも膜下出血が業務上の疾病に当たるかが争われた事件である。最高裁は,精神的緊張を

伴う業務に長時間拘束され，十分に休息を取れない環境の下で疲労を蓄積したという事実関係を重視して，基礎疾患が自然的経過を超えて増悪され発症にいたったものとして，業務起因性を肯定した。近年の裁判例でも，くも膜下出血により自宅で死亡が発見された事例で，時間外労働（発症前1か月間に72時間15分，同2か月間から4か月間において，1か月当たり65時間以上）が相当に長時間に及んでいたこと，日常業務に加えて，担当していたプロジェクトが相応の精神的緊張を伴う業務であったこと，発症の数日前に行った出張が相当程度の肉体的負担・精神的負担を伴うものであったこと，生活リズムの悪化をもたらす可能性がある深夜に及ぶ勤務も増加傾向にあったことなどを考慮して，当該死亡について業務起因性が肯定されている（国・常総労基署長（旧和光電気）事件・東京地判平25・2・28）。発症場所が自宅であったことから，業務上の疾病の「業務遂行性」の判断においては，発症が「事業主の支配下にある就業の場所」である必要はなく，「事業主の支配下にある状態において，健康障害を起こしうるほどの有害因子を受ける危険にさらされていた状態」であったかどうかが問われることがわかる。

　なお，業務上の負傷の後に発症したと認められる脳血管疾患および虚血性心疾患等においては，次の①②③のすべての要件を満たせば，労規則別表第1の2第1号に該当する疾病として取り扱われる。①負傷による損傷または症状と発症した疾病との間に，部位的または機能的な関連が，医学上認められること，②負傷の性質および程度が疾病の発症原因となりうることが，医学上認められること，③負傷から症状までの時間的経過が，医学上妥当なものであること（「脳血管疾患および虚血性心疾患等の認定基準について」（昭和62・10・26基発620号））。事例としては，建築板金作業員が作業中，脚立上から転落，頭部を打撲し外傷性くも膜下出血で死亡した。この死亡は①②③のいずれの認定要件も満たすものとして，労規則別表第1の2第1号に規定する「業務上の負傷に起因する疾病」と判断された（2009労災保険業務災害及び通勤災害認定の理論と実際上巻　労務行政452頁）。

　（2）　うつ病等精神疾患の業務上認定

　精神障害の発症も，事業主の支配下にある状態において，有害因子にさらされたことで発症した場合には，精神障害と業務との間に相当因果関係が認めら

れる場合に労災保険給付の対象となる。昨今,労働者が常軌を逸した長時間労働や職場のいじめや嫌がらせ等によってうつ病に罹患したとして,労災請求がなされるケースが珍しくない(本章第1節 4 参照)。

　精神障害等の労災認定にかかる審査基準は,1998(平成11)年に「心理的負荷による精神障害等に係る業務上外の判断指針について」(平成11・9・14基発544号)(以下「判断指針」)が示され,2009(平成21)年4月に,10年ぶりに基準が見直されハラスメントなどの場合の判断基準が新設された。その後,2011(平成23)年には,審査請求の迅速化,効率化を図るために,「心理的負荷による精神障害等の認定基準について」(平成23・12・26基発1226第1号)(以下「認定基準」)を発せられ従来の判断指針は廃止されている。

　この認定基準において,精神障害発症に係る業務起因性は,「ストレス―脆弱性理論*」に依拠し,①認定基準の対象となる精神障害を発病していること,②認定基準の対象となる精神障害の発病前おおむね6か月の間に,「業務による心理的負荷」が認められること,③業務以外の心理的負荷や個体側要因により発病したとは認められないこと,という要件をいずれも充たす必要がある。この場合の強い心理的負荷は,本人が主観的にどう受け止めたかではなく,職種,職場における立場や職責,年齢,経験等が類似する,同種の労働者が一般的にどう受け止めるかという観点から評価される。

　　* 「ストレス―脆弱性理論」は,環境由来のストレスと個体側の反応性,脆弱性との関係で精神的破綻が生じるかどうかが決まるという考え方であり,ストレスが非常に強ければ,個体側の脆弱性が小さくても精神障害が起こるし,逆に脆弱性が大きければ,ストレスが小さくても破綻が生ずるとする考え方である。この場合のストレス強度は,環境由来のストレスを,多くの人々が一般的にどう受け止めるかという客観的な評価に基づくものによる(「精神障害の労災認定の基準に関する専門検討会報告書」平成23年11月8日」)

　職場のセクシュアルハラスメント(以下「セクハラ」)による精神障害の発症の認定については,認定基準の中の「出来事の類型」として,「対人関係のトラブル」という類型から独立した類型として「セクハラ」をあげている。一般的な心理的負荷の強度をⅡ(中)としているが,業務災害として認定されうる「強」と判断される事例として「身体接触を含むセクハラであって,行為は継

続していないが，会社に相談しても適切な対応がなく，改善されなかった又は会社への相談の後に職場の人間関係が悪化した場合」などが示されている。

なお，国・京都下労基署長（ケー・エム・フレッシュ）事件（京都地判平26・7・3労判1103号70頁）では，行政処分時（平成21年11月25日および平成22年11月8日）には存在しなかった認定基準に照らして本件各処分の違法性を判断している。裁判所は，行政の「判断指針及び認定基準がいずれも裁判所の判断を拘束するものではないこと，認定基準は，より新しい医学的知見をふまえたものであることから，当裁判所は，主に認定基準に示された事項を考慮しつつ，総合的に本件処分の違法性を検討」したことにも着目したい「（認定基準は）労災保険制度の基礎である危険責任の法理にもかなうものであって，その作成経緯及び内容に照らして十分な合理性を有する」と肯定する国・横浜西労基署長（ヨコハマズボルタ）事件（東京地判平24・11・28労判1069号63頁）がある一方で，「一つの参考資料にどどまる」と評価する国・鳥取労基署長（富国生命・いじめ）事件（鳥取地判平24・7・6労判1058号）がある。

5 通勤災害

1 通勤災害制度制定の背景

労災保険法が制定された1947（昭和22）年当初は，通勤災害は給付の対象になっていなかったが，1973（昭和48）年に改正が行われ，通勤災害が労災保険の保護の対象に加えられた。その背景として，交通事情等の変化に伴い，労働者が通勤の途中に災害を被ることが多くなってきたことや，通勤は，単なる指摘行為とは異なり，労働者が労務を提供するための不可欠な行為であることから，通勤災害についても保護の対象にすべきとの声が高まっていたことがある。

本改正により，労災保険においては，通勤災害を被った労働者に対し，業務災害を被った労働者と同等の保護が与えられることとなった。通勤災害についても業務災害と同等の保護を行うべしとするILO第121号条約の要件をも満たすことができるようになり，1974（昭和49）年6月に同条約を批准した（『七訂新版 労働者災害補償保険法（コンメンタール）』労務行政，2008，53頁）。

2 業務災害と通勤災害の相違点

業務災害と通勤災害の主な相違点は，次の5つである。

①労基法において，使用者の災害補償義務の対象は「業務災害」であり，「通勤災害」は対象ではない。通勤災害に対する保険給付は，労災保険法独自のものである。業務災害に関する給付では，例えば「療養補償給付」というように，「補償」という語が用いられるが，通勤災害に関する給付では「療養給付」といい，使用者の災害補償責任を意味する「補償」は用いられない。②保険給付水準は，どちらもおおむね同じ水準であるが，通勤災害の療養給付を受ける労働者からは200円を超えない範囲で一部負担金を徴収する（法31条2項）。③業務災害における休業補償給付は休業の4日目から給付がなされる。労基法では，業務災害が発生した場合に使用者に補償義務を定めているため，労災保険の保険給付の対象とならない最初の3日間（待期期間）については，労基法の定めによって使用者は休業補償をしなければならない。これに対して，上述のとおり，通勤災害は労基法の災害補償義務の対象ではないため，最初の3日間も含めて使用者は一切の補償義務を負わない。④通勤災害は「労基法上の業務上の災害」ではないため，労基法19条の解雇制限の適用はない。⑤業務災害の労災保険率は，事業の危険の度合いによって異なる。労災保険率には，通勤災害にかかる料率も含まれているが，通勤に関する料率は事業の種類に関係なく一律である（通勤災害にかかる災害率と二次健康診断等給付にかかる率を合算した非業務災害率が一律の1000分の0.6〔平成28年3月時点〕）。

3 労災保険法上の「通勤災害」とは

通勤災害とは，法7条1項2号により「労働者の通勤による負傷，疾病，障害又は死亡」と定義されている。「通勤による」とは，通勤と相当因果関係のあることをいう。保険給付を行う際には，法で定義された通勤行為の途上に発生した災害のみが通勤災害として認定される。つまり，通勤を原因とするすべての災害に対して労災保険給付がなされるのではなく，保険給付を行うことが相当である災害に限って行われる。

1）「通勤」の定義

労災保険法上の「通勤」は，法7条2項において「労働者が，就業に関し，

次に掲げる移動を，合理的な経路及び方法により行うことをいい，業務の性質を有するものを除くものとする」と定義づけている。「次に掲げる移動」とは，次の3つを指している。①住居と就業の場所との往復（1号），②厚生労働省令で定める就業の場所から他の就業の場所への移動（2号），③上記①に掲げる往復に先行し，または後続する住居間の移動（厚生労働省令で定める要件に該当するものに限る）（3号）。②③については，2005（平成17）年の法改正（平成18年4月1日施行）により新設された。また，同条3項において，原則として，通勤途上で，経路を逸脱・中断した場合には，労災保険法における「通勤」とは取り扱われないことを定めている。

2）「通勤」の意義

法7条2項の定めをより詳しくみる。

（1） 就業に関し

「就業に関し」とは，上述の①②③の移動行為が，業務に就くために，または業務を終了したことによって行われることが必要である。つまり，通勤と認められるためには，これらの移動行為が業務と密接な関連をもって行われることが必要とされる。この場合，所定の就業日に所定の就業開始時刻を目処に住居を出て就業の場所へ向かう場合は，寝過ごしによる遅刻，あるいはラッシュを避けるための早出等，時刻に若干の前後があっても就業との関連性があるといえる。他方，運動部の練習に参加する等の目的で，例えば，午後の遅番の出勤者であるにもかかわらず，朝から住居を出る等，所定の就業開始時刻とかけ離れた時刻に会社に行く場合は，当該行為は，むしろ，当該業務以外の目的のために行われるものと考えられるので，就業との関連性は認められないことになる（『労災保険 業務災害及び通勤災害認定の理論と実際（上巻）』労務行政，2010，335頁）。

（2） 合理的な経路および方法

「合理的な経路」とは，会社に届け出ている通勤経路だけでなく，通常は電車で通勤している労働者が何らかの事情で，バスあるいはマイカーで通勤する場合の経路も合理的な経路となる。また，マイカーを利用する場合には，利用しうる経路がいくつかあれば，そのいずれも合理的な経路となる。

「合理的な方法」とは，通常通勤に利用する交通機関や徒歩による方法をい

う。ただし，無免許運転や泥酔して運転するような場合には，「合理的な方法」とは認められない。裁判例として，飲酒を伴う任意参加の会合の主催部署の次長が，業務性のある本件会合で多量の飲酒をして酩酊し，会合が終了した3時間以上経過後の帰宅途上，地下鉄階段から転落し，それが原因で死亡した事故が，「合理的な方法による通勤ではない」として，通勤災害とは認められなかった，国・中央労基署長（通勤災害）事件（東京高判平20・6・25）がある。

（3）　業務の性質を有するもの

「業務の性質を有するもの」とは，移動行為による災害が業務災害と解されるものをいう。具体的には，事業主の提供する専用交通機関（マイクロバス等を利用），突発的事故による緊急用務のため，休日または休暇中に呼び出しを受け，予定外に緊急出勤する場合などがこれに当たる（第3節 2 4）参照）。

（4）　住　居

労災保険法上でいう「住居」とは，原則として，労働者が現に居住して日常生活の用に供している家屋等の場所で，本人の就業のための拠点となるところを指すものである（昭和48・11・22基発644号）。就業の必要があって，労働者が家族の住む場所とは別に，就業場所の近くに単身でアパートを借りたり，下宿してそこから通勤するような場合は，そこが「住居」である。また，通常は家族のいる所から出勤し，早出出勤など，業務の必要から事業所近くのアパートから出勤しているような場合には，家族と生活する住居とアパートの双方が住居として認められる。次にみるように，単身赴任の場合も労災保険法上でいう「住居」が複数ある。

（5）　単身赴任者の帰省先住居と赴任先住居との間の移動

転居を伴う転勤に際して，子どもの教育への配慮や，家族の介護の問題等から，労働者が単身赴任を余儀なくされることは多い。この場合，当該労働者にとって，赴任先住居と家族が住む「帰省先住居」の2か所が住居として存在する。これについては，従来から，単身赴任者が就業場所と家族の住む自宅との間の往復行為に反復・継続性が認められれば，家族の住む自宅も「住居」として取り扱うこととしているが（平成7・2・1基発39号），前述のとおり，2006（平成18）年4月施行の法改正により，法7条2項3号に「住居と就業の場所との間の往復に先行し，又は後続する住居間の移動（厚生労働省令で定める要

件に該当するものに限る）」と定められ，単身赴任者の帰省先住居と赴任先住居との間の移動も通勤の定義に含められた。この法改正のきっかけとなったのが高山労基署長（通勤災害）事件（名古屋高判平18・3・15労判914号5頁）である。

（6）　就業の場所

「就業の場所」とは，労働者が業務を開始，または終了する場所をいうが，会議・研修などの会場や会社の行う行事の現場なども就業の場所となる。なお，直行直帰の営業担当者などは，自宅を出てから最初の用務先が業務開始の場所であり，最後の用務先が業務終了の場所となる（昭和48・11・22基発644号，平3・2・1基発75号）。従業員主催のバドミントン大会に参加した後，同僚の運転する自動車に同乗し帰宅途中の交通事故による負傷が通勤災害に該当しないと判断された事件がある（国・米沢労基署長（通勤災害）事件・東京地判平22・10・4）。これは，本件大会が強制ではなく参加が業務に該当するといえないことから，大会開催場所の体育館が「就業の場所」とは認められないと判断されたものである。

（7）　複数就業者（マルチジョブホルダー）の事業場間の移動

労災保険法上の「通勤」は，従来，「住居と就業の場所との往復」についてのみ保険給付の対象としていたことから，第1の事業場から第2の事業場への移動は，法の保護の対象ではなかった。しかし，前述のとおり，2006（平成18）年改正でこれらの事業場間の移動が新たに通勤災害の補償の対象に追加された（法7条2項2号）。なお，第1の事業場から第2の事業場への移動の途中に発生した通勤災害については，第2の事業場の保険関係によって取り扱われる。この場合，保険給付額は，第2の事業場の保険関係だけをもとに算定されることになる。第2の事業場の賃金が第1の事業場の賃金よりも低額な場合，十分な休業給付が得られないという問題が残存している。

3）逸脱・中断

通勤の定義で述べた①～③の移動の経路を逸脱し，または移動を中断した場合，原則として，その逸脱または中断の間およびその後の中断は，通勤とはされない。「逸脱」とは，通勤の途中で就業または通勤とは関係のない目的で合理的な経路をそれることをいい，「中断」とは，通勤の経路上において，通勤

とは関係のない行為を行うことをいう。通勤とは関係のない行為中にこうむった災害まで保険給付の対象とすることは，通勤災害保護の趣旨に沿わないからである。しかし，すべての「逸脱」や「中断」の後を通勤としないことはやや厳しすぎるため，逸脱または中断が，日用品を購入するとか，これに準ずる程度の日常生活上必要な行為をやむを得ない事由により行うための最小限度のものである場合は，逸脱または中断後を通勤と認めることとしている。帰途の経路の近くにある公園で短時間休息する場合や，経路上の店でのどの渇きをいやすためごく短時間お茶やビールなどを飲む場合などのように，労働者が通常通勤の途中で行うようなささいな行為の場合には，逸脱，中断としては取り扱われない。

4）日常生活上必要な行為

「日常生活上必要な行為であって厚生労働省令で定めるもの」とは，①日用品の購入その他これに準ずる行為，②公共職業能力開発施設の行う職業訓練等，③選挙権の行使その他これに準ずる行為，④病院または診療所において診察または治療を受けることその他これに準ずる行為，⑤要介護状態にある配偶者，子，父母，配偶者の父母，孫，祖父母および兄弟姉妹の介護（継続的にまたは反復して行われるものに限る）である（労働者災害補償保険法施行規則〔以下「労災則」〕8条）。⑤については，羽曳野労基署事件（大阪高判平19・4・18労判937号14頁）が契機となり，2008（平成20）年4月1日に労災則に追加されたものである。さらに，2017（平成29）年1月1日施行の育児・介護休業法の改正によって対象家族が拡大されたことをふまえ，孫，祖父母，兄弟姉妹に対する「同居・扶養要件」が撤廃された。

6　労災補償の内容

1　労災保険給付の概要

　労災保険法における業務上災害に対する補償の内容は，①療養補償給付，②休業補償給付，③障害補償給付，④遺族補償給付，⑤葬祭料，⑥傷病補償年金，⑦介護補償給付の7種類である（労災12条の8）。なお，第3節 1 1）で述べたとおり，⑥傷病補償年金と⑦介護補償給付は，労基法においては災害補償

の対象ではない。また，過重労働等による脳・心臓疾患等の発生を予防し，労働者の健康を確保するために二次健康診断等給付がある（労災7条1項3号）。

通勤災害に関する保険給付は，①療養給付，②休業給付，③障害給付，④遺族給付，⑤葬祭給付，⑥傷病年金，⑦介護給付である（法21条）。

2 保険給付の請求と時効

1）請　求

労災保険給付は，「補償をうけるべき労働者若しくは遺族又は葬祭を行う者に対し，その請求に基づいて行う」（労災12条の8第2項）と定めている。この請求は，原則として，被災労働者または遺族が，所属事業場を管轄している労働基準監督署長へ直接行う。これに対し，労基法は，被災者等の「請求」は必要ない。例えば，「療養補償及び休業補償は，毎月1回以上，これを行わなければならない」（労基則39条），と定めているように，労基法は，使用者には，補償すべき災害が発生すれば，被災者等が請求をしなくても補償義務が発生する。なお，労災保険の保険給付を受けるべき者が，事故のため，自分で請求等の手続きができないときは，事業主は助力しなければならない（労災則23条1項）。また，証明を求められたときは，事業主はすみやかに証明をしなければならない（同条2項）。

2）時　効

保険給付を受ける権利は，請求をしなければ時効によって消滅する。療養補償給付（療養給付），休業補償給付（休業給付），葬祭料（葬祭給付）および介護補償給付（介護給付）を受ける権利は2年を経過したとき，障害補償給付（障害給付）および遺族補償給付（遺族給付）を受ける権利は，5年を経過したとき，時効により消滅する（42条）。また，消滅時効の起算日は，民法166条1項に基づき「権利を行使することができる時から」である。なお，傷病補償年金は，政府が職権で支給を決定するため，時効の問題は生じない。

支給決定のあった保険給付（傷病補償年金〔傷病年金〕含む）の支払請求権（年金たる保険給付については，支払期月ごとに生ずる支分権*たる支払請求権）は，会計法30条の規定により，5年で時効消滅する（昭和41・1・31基発73号，昭和52・3・30基発192号）。（消滅時効の起算点，時効の中断・停止については，

第1章第3節 [6] を参照)。
* 基本権(年金給付たる保険給付の支給を受ける権利)は支給または給付決定によって確定し、支分権(毎月支払期ごとに支払を受ける権利)は特別の決定処分をまたずに支払期月ごとに法律上当然に生ずる。

[3] 給付基礎日額

労災保険は、業務災害または通勤災害による稼得能力の損失の補填を現金支給により行っている。この現金支給を現金給付といい、治療行為等の現物給付とあわせて保険給付と呼ばれている。現金給付は、稼得能力の損失補填を目的としているため、災害発生直前の賃金額を基礎として行うことになる。この基準となるものが「給付基礎日額」であり、現物給付を除くすべての保険給付額の基礎になる。複数の使用者から賃金を得ている労働者が災害をこうむった場合、当該災害が発生した使用者から支払われた賃金のみを基礎とする平均賃金によって現金給付が算定される(王子労基署長(凸版城北印刷)事件・最三小判昭61・12・16労判489号6頁)。これについては、本章第5節 [3] 2)(7)でも述べたが、被災した事業場における賃金が兼業の他社の賃金よりも低額な場合、十分な補償を得られないという問題が残存している。労災保険が、労基法で定める使用者の災害補償責任の責任保険としての役割だけでなく、被災労働者の損害補填を行う役割を期待されているということに鑑みると、今後検討すべき課題である。

1) 給付基礎日額の原則

給付基礎日額は、原則として、労基法12条の「平均賃金*に相当する額」とされる(8条1項)が、平均賃金に相当する額を給付基礎日額とすることが適当でないと認められるときは、厚生労働省令(労災則9条)で定めるところによって政府が算定する額を給付基礎日額とする(8条2項)。なお、平均賃金の算定に当たり、銭未満の端数が生じたときはこれを切り捨てるものとされているが(昭和22・11・5基発232号)、給付基礎日額に1円未満の端数がある場合は、これを1円に切り上げる(8条の5)。

* 労基法12条の平均賃金とは、「これを算定すべき事由の発生した日以前3か月間にその労働者に対し支払われた賃金の総額を、その期間の総日数で除し

た金額をいう」（12条1項）。

2）給付基礎日額の算定の特例措置

平均賃金相当額を給付基礎日額とすることが適当でないと認められる場合には，給付基礎日額の算定方法に特例が設けられている。具体的には，①平均賃金の算定期間中に業務外の災害による負傷・疾病の療養のため休業した期間がある場合（労災則9条1項1号），②じん肺にかかって保険給付を受ける場合（労災則9条1項2号），③1年を通じて船員として船舶所有者に使用される者（労災則9条1項3号），④その他平均賃金の額を給付基礎日額とすることが適当でないと認められる場合（労災則9条1項4号），⑤平均賃金の額または①から④までにより算定された額が給付基礎日額の最低保障額（自動対象変更額*）に満たない場合，である。

＊　自動変更対象額は，厚生労働省で作成している「毎月勤労統計」における「毎月決まって支給する給与」の年度（4月分から翌年3月分まで）の平均額（平均定期給与額）によって変動し，毎年7月31日までに告示される（労災則9条1項5号，2項～4項）。

　また，休業や年金の給付が長期にわたる場合は，給付額が一般の労働者の賃金水準より低くならないよう，スライド制が採用されている。

４　算定基礎日額

労災保険法には，保険給付以外に「社会復帰促進等事業」と呼ばれる被災労働者や遺族に対する側面的な援助を行う事業がある（第7節参照）。事業のひとつに，保険給付の上乗せとして支給される「特別支給金」がある。特別支給金は，支給額または支給率があらかじめ決められているものと，被災前1年間に支払われた特別給与（3か月を超える期間ごとに支払われる賃金をいい，給付基礎日額の基礎から除外されるもの。いわゆる賞与）をもとにした支給金がある。

傷病特別年金，障害特別年金，障害特別一時金，遺族特別年金および遺族特別一時金の5種類の特別支給金は，算定基礎年額に基づいて支給される。算定基礎年額とは，負傷または発病の日以前1年間に支払われた特別給与の総額をいい，算定基礎年額を365で除して算出した額が算定基礎日額である（労災保険特別支給金支給規則6条5項）。算定基礎日額が，特別年金，特別一時金の支

給基準となる。

5　労災保険給付

　労災保険法による保険給付では，災害発生から傷病の治癒*にいたるまでの間，そして治癒後に障害が残った場合や労働者が死亡した場合等に応じて種々の給付が行われる。保険給付は，業務災害と通勤災害に対して行われるが，給付の内容は同じである。以下の説明は業務災害の場合を前提として述べる。

　　*　労災保険法でいう「治癒」とは，身体の諸器官や組織が健康時の状態に完全に回復した状態だけをいうのではなく，傷病の症状が固定し，医学上一般に認められた医療を行っても，その医療効果が期待できなくなった状態（症状固定）をいう。

1）療養補償給付

　療養補償給付は，労災指定医療機関において被災労働者に医療の現物支給を行う「療養の給付」を原則としており（13条1項），例外として，労災指定医療機関以外の医療機関で療養した場合等に「療養の費用」を償還する現金給付として行われる（13条3項）。

（1）　療養の給付の範囲

　療養の給付の範囲は，①診察，②薬剤または治療材料の支給，③処置，手術その他の治療，④居宅における療養上の管理およびその療養に伴う世話その他の看護，⑤病院または診療所への入院およびその療養に伴う世話その他の看護，⑥移送，であり，「政府が必要と認めたものに限る」とされている。「政府が必要と認めたもの」とは，一般には，療養の効果が医学上一般に認められるものでなければならず，したがって，試験的又は研究的過程にあるものはこれに含まれない（『七訂新版 労働者災害補償保険法（コンメンタール）』労務行政，2008，344頁）。

（2）　療養の費用

　「政府は，療養の給付をすることが困難な場合その他厚生労働省令で定める場合には，療養の給付に代えて療養の費用を支給することができる「（13条3項）」と定められている。「療養の給付をすることが困難な場合」とは，その地域に指定病院等がおかれていない場合や，特殊な医療技術や医療施設を必要とする傷病であって近くの指定病院等のこれらの技術や施設が整っていない場合

など，保険給付を行う側（政府）の事情で療養の給付を行うことが困難な場合をいう。「その他厚生労働省令で定める場合」とは，療養を受けないことについて労働者に相当の理由がある場合であって（労災則11条の2），労働者側に療養の費用にすることの理由があるときをいう。例えば，緊急な療養が必要なときに指定病院等以外の病院・診療所へ行った場合や，最寄りの病院が指定病院等ではなかった場合である。

療養の給付を行うことが原則であり，療養の給付と療養の費用の支給のいずれを受けるかを被災労働者が選択するということではない。

（3） 療養開始後1年6か月経過後の療養補償給付

なお，療養開始後1年6か月を経過してもその傷病が治らない場合で，かつ，その傷病による障害の程度が傷病等級に該当するときは，休業補償給付にかえて傷病補償年金が支給される。この場合，引き続き療養補償給付は治癒するまで続けられる。

（4） 療養補償給付の請求

請求手続きは，原則として，被災労働者または遺族が，所属事業場を管轄している労働基準監督署長へ行うが，療養の給付の請求だけは，指定病院等を経由して所轄労働基準監督署長へする（労災則12条1項）。

2）休業補償給付

業務上災害によって労働不能になった場合の所得損失に対する補償として，療養のため労働することができないために，賃金を受けない日の第4日目から休業補償給付が支給される。つまり，給付の条件は，①労働ができないこと，②療養のために休業すること，③賃金を受けないこと，である。

（1） 待期期間

休業の最初の3日間（待期期間）については，労災保険法の補償の対象ではない。したがって，労基法84条1項に規定する「使用者の補償の責を免れる」に該当せず，この3日間については，使用者は，労基法76条1項に基づき平均賃金の100分の60の休業補償を行わなければならない（なお，通勤災害の場合には，労基法の災害補償義務はない）。

なお，「休業補償給付は，継続すると断続しているとを問わず実際に休業した日の第4日目から支給する」との解釈例規がある（昭40・7・31基発901号）。

健康保険法においても，私傷病における休業補償の意味合いで支給される「傷病手当金」があるが（健康保険法99条），当該手当は，連続する3日間の待期期間が完成しないと給付がなされないという違いがある。

（2）「賃金を受けない」とは

「賃金を受けない日」については，全部を受けない日と一部を受けない日とを含んでいる。したがって，業務上の負傷で入院していたが，回復して午前中3時間は勤務し，午後は通院するような場合には，午後の不就労時間に対して労災保険の給付を受けることができる。

（3）支給額

所定労働時間の全部について労働不能の場合，休業1日につき給付基礎日額の100分の60に相当する額が支給される。なお，この場合，事業主から給付基礎日額の100分の60未満の賃金が支払われたときは，休業補償給付が全額支給され，100分の60以上が支払われたときは休業補償給付は支給されない。

3）傷病補償年金

傷病は療養によって治癒にいたるが，傷病の状態により長期間の療養によっても治癒せず，さらに療養を続ける必要が生じる場合がある。このような場合には，一定の要件に該当すれば，休業補償給付にかえて傷病補償年金を支給することとし，1日ごとの補償から1年ごとの補償へと切りかえる。なお，傷病補償年金の支給決定があった場合でも，治癒していないことから，療養の継続は必要であり，療養補償給付は継続して支給される。

（1）支給要件

療養の開始後1年6か月を経過した日または同日後に，①負傷または疾病が治っていない，②負傷または疾病による障害の程度が傷病等級に該当，のいずれにも該当することとなった場合に，その状態が継続している間支給される。なお，1年6か月経過後に治癒しておらず，障害の程度が傷病等級にも該当しないという場合には，傷病補償年金は支給されず，引き続き休業補償給付が支給される場合もある。

（2）労基法の打切補償との関係

業務上の傷病等により療養している労働者がその療養開始後3年を経過した日において，傷病補償年金を受けている場合，または同日後において傷病補償

年金を受けることとなった場合には，労基法81条の規定により打切補償が支払われたとみなされ（労災19条），労基法19条1項の規定による解雇制限は解除される。

4）障害補償給付

（1）　障害補償年金と障害補償一時金

業務上の傷病等が療養により治癒したが，身体に一定の障害が残った場合，その障害の程度に応じ，障害等級1級から7級までは障害補償年金，8級から14級までは障害補償一時金が支給される（労災15条1項）。もっとも，障害等級に対応する労働能力喪失率は，7級で56％，8級で45％，9級で35％である（労働基準局長通牒昭和32・7・2基発551号）。7級と8級で比較すると，労働能力喪失率は11％の差であるのに対し，7級の給付は年金（障害補償給付は，給付基礎日額の131日分），8級のそれは一時金（同，503日分）である。このことから，労働能力喪失率と給付との均衡に問題があるように思われる。

身体障害の程度（障害等級）は，労災則の別表第1に定められている。したがって，障害が残った場合でも，その障害が別表第1に定められた障害等級に該当しない程度のものであれば，障害補償給付は行われない（労災則14条1項）。

なお，労災保険法に定める障害補償給付は，障害による労働能力の喪失に対する損失填補を目的とするものであり，そこにいう労働能力は，一般的な平均的労働能力を意味する。年齢，職種，利き腕，知識，経験等の職業能力的条件が障害の程度を決定する要素とはなっていない。したがって，例えば，ピアニストが小指を失った場合と事務職員の場合では，一般には，その損害の程度はかなり異なると思われるが，労災保険法においては，個別の事情に関わりなく評価される。この場合，労災保険でカバーされない損害については，民事上の損害賠償請求を行う以外に方法がない。

障害等級表において，業務災害によって外貌に醜状を残した場合，男性と女性で異なる等級が定められていた（「女性の外貌に著しい醜状を残すもの」は第7級，男性のそれは第12級と5級の差がある）が，園部労基署長事件（京都地判平22・5・27労判1010号11頁）では，外貌の醜状障害について障害等級に男女差を設けることが違法であると示された。それを受けて，2011（平成23）年2

月1日から，従来の男女の外貌の醜状障害の区別は廃止され，性別を問わず，著しい醜状を残す（7級），相当程度の醜状を残す（9級），それ以外の醜状を残す（12級）の3つの等級に改正された（平成23・2・1基発0101第2）。

（2） 障害補償年金前払一時金と障害補償年金差額一時金

障害補償年金前払一時金制度とは，傷病の治癒後に障害が残った労働者について，その者の生活設計や社会復帰に際しての費用に充てるため，一定のまとまった金額を年金の前払として行うこととしている（法附則59条）。前払一時金の制度は，遺族補償年金前払一時金が先例である。

障害補償年金の受給権者が死亡した場合で，それまでに支払われた障害補償年金および障害補償年金前払一時金の合計額が，障害等級別の給付額*に達していないときは，その額に達するまでの差額を当該死亡した受給権者の遺族の請求に基づき，障害補償年金差額一時金が支給される。

* 第1級は付基礎日額の1,340日分，第2級は付基礎日額の1,190日分，第3級は付基礎日額の1,050日分，第4級は付基礎日額の920日分，第5級は付基礎日額の790日分，第6級は付基礎日額の670日分，第7級は付基礎日額の560日分

5）介護補償給付

業務上災害の結果，介護を要する状態となり，自宅で介護を受けている被災者に対して，従前は，労働福祉事業の一環として介護料が支給されていた。しかし，高齢化，核家族化，女性の就業率が向上していること等から家庭で十分な介護を受けることが困難になっていること，民間事業者からサービスを受ける要素性が高まっていること，その費用負担が増大することなどの問題が生じつつあった。そこで，労働災害によって生じた介護を受けることに伴う費用の支出等の損害については，労災保険給付の対象とすることが適当であるとの考えから，1995（平成7）年の労災保険法の改正によって介護補償給付が創設された（1996〔平成8〕年4月1日施行）。

介護補償給付は，障害補償年金または傷病補償年金を受ける者が常時または随時介護を要する状態（障害等級・傷病等級が第1級および第2級の一部に相当する）にある場合に支給される。ただし，病院・診療所に入院している間および一定の障害者施設等に入所している間は支給されない（労災12条の8第4項）。

6）遺族補償給付

業務上の事由で死亡したとき，その遺族に対して，遺族補償給付が支給される。遺族補償給付には，遺族補償年金と遺族補償一時金の2種類がある（労災16条）。

（1） 遺族補償年金

遺族補償年金を受給することができる遺族は，「労働者の死亡当時その者の収入によって生計を維持していた配偶者（内縁の者も含む），子，父母，孫，祖父母，兄弟姉妹」とされている。ただし，妻以外の遺族については，被災労働者の死亡当時に一定の高齢または年少であるか，あるいは一定の障害の状態にあることが必要である。つまり，労災保険の遺族補償給付の受給権者と民法上の相続人は一致するとは限らない。この受給資格者のうち，最先順位の者が受給権者になる。受給権者が2人以上あるときは，その額を当分した額がそれぞれの受給権者が受け取る額となる。

配偶者については，他の社会立法と同様に，遺族保護の見地から，実態に着目して，内縁配偶者も遺族補償年金を受給しうる遺族に含まれている。これについては，労働保険審査会の裁決や最高裁判決（農林漁業団体職員共済組合法にかかる遺族年金却下取消請求事件・最一小判昭58・4・14民集37巻3号270頁，遺族共済年金不支給処分取消請求事件・最一小判平17・4・21判時1895号50頁）によって戸籍上届出のある配偶者が存在していたとしても，「事実上の離婚関係にある場合」や「（離婚の合意がなくとも）婚姻関係が実体を失って形骸化している」場合には，事実上の婚姻関係にあった者（いわゆる重婚的内縁関係）の受給権を認めなかった処分を取り消している。行政通達でも同様の趣旨の通知がある（平成10・10・30基発627号）。

また，地方公務員災害補償法の遺族補償年金の事例であるが，遺族補償年金の受給権第1位である配偶者のうち，妻には年齢要件がないのに，夫にのみ年齢要件を定める規定は，憲法14条1項に違反する不合理な差別的取扱いとして無効とされた裁判例がある（地公災基金大阪府支部長（市立中学校教諭）事件・大阪地判平25・11・25労判1088号32頁）。裁判所は，「女性が男性と同様に就業することが相当困難であったため一般的な家庭モデルが専業主婦世帯であった（地公災法の）立法当時は，一定の合理性を有していたといえるものの，女性

の社会進出が進み，男性と比べれば依然不利な状況にあるとはいうものの，相応の就業の機会を得ることができるようになった結果，専業主婦世帯の数と共働き世帯の数が逆転し，共働き世帯が一般的な家庭モデルとなっている今日においては，配偶者の性別において受給権の有無を分けるような差別的取扱いはもはや立法目的との間に合理的関連性を有しないというべき」と判示している。

なお，法律は異なるが，国民年金の遺族基礎年金の支給対象が「子のある妻または子」，つまり母子家庭に限定されていたが，法改正によって父子家庭も支給対象に加わっている（平成26年4月1日施行）。したがって，控訴審の結果等により，遺族補償年金の受給資格者の要件が，今後改正となる可能性もある。

（2）遺族補償一時金

遺族補償年金の受給資格は，上述のとおり，妻以外の者については，一定の年齢または一定の障害の状態にあることが要件であるため，労働者の死亡当時，①遺族補償年金の受給資格者となる遺族がいない場合，②遺族補償年金の受給権者の権利が消滅し他に受給資格者がいない場合で，これまでに支給された遺族補償年金および遺族補償年金前払一時金の合計額が，給付基礎日額の1,000日分に満たない場合はその差額が支給される。

（3）遺族補償前払一時金

労働者が死亡した直後は，一時金としてまとまった額の給付を行うことが適切な場合もあるため，遺族補償年金の受給権者が請求すれば，1回だけ年金の前払を受けることができる。

7）葬祭料

労働者が業務上死亡した場合に，その遺族または葬祭を行う者に対して，その請求に基づいて支給される（法12条の8第2項）。「葬祭を行う者」とは，必ずしも実際に葬祭を行った者であることを必要とせず，葬祭を行うと認められればよいとされている。したがって，通常は遺族に支給されるが，葬祭を行う遺族がいないために社葬として会社が葬祭を行った場合には，会社に支給されることもある（昭和23・11・29基災収2965号）。

支給額は，31万5000円に給付基礎日額の30日分を加えた額である。この額が給付基礎日額の60日分に満たない場合は，給付基礎日額の60日分が支給される（労災則17条）。

8）二次健康診断等給付

二次健康診断等給付は，労働安全衛生法の規定による定期健康診断等のうち，直近のもの（一次健康診断）において，脳・心臓疾患の発症に関わる一定の検査項目について，そのいずれの項目にも異常の所見があると診断されたときに，その労働者の請求に基づいて支給される。二次健康診断等給付では，「二次健康診断」と「特定保健指導」を受けることができる。すでに脳血管疾患または心臓疾患の症状を有すると認められる者および特別加入者は，二次健康診断等給付の対象外である。

7　社会復帰促進等給付

1　意　義

労災保険法1条では，保険給付を行う以外に，「労働者の福祉の増進に寄与することを目的とする」と定めている。それを受けて「政府は，この保険の適用事業に係る労働者及びその遺族について，社会復帰促進等事業として，次の事業を行うことができる」(29条) としている。①被災労働者の円滑な社会復帰を促進するために必要な事業（リハビリテーション施設の運営等），②被災労働者およびその遺族の援護を図るために必要な事業（特別支給金，労災就学等援護費の支給等），③労働者の安全および衛生の確保等を図るために必要な事業（メンタルヘルス対策等，働きやすい職場環境形成事業，未払賃金の立替払事業の実施），の3つの事業に分かれている。

2　特別支給金

保険給付の上乗せとして支給される「特別支給金」は，支給額（または支給率）があらかじめ定められているものと，被災前1年間に支払われた特別給与（ボーナス等）をもとにして1日あたりの給付額が決められているものとに分かれる。休業特別支給金，障害特別支給金，遺族特別支給金，傷病特別支給金がある。

保険給付との違いは，①保険給付は「請求」することに対し（傷病補償年金を除く），特別支給金は「申請」すること，②特別支給金は，事業主からの費

用徴収の対象とならないこと，③損害賠償との調整や国民年金，厚生年金保険との併給調整が行われないこと，④受給権が譲渡，差し押さえの対象となること，⑤特別給与を基礎とする特別年金および特別一時金は，給付基礎日額ではなく，算定基礎年額を365で除して得た，算定基礎日額（第6節 4 参照）を支給基準とすること等がある。

8　給付制限・費用徴収・受給権の保護・他の社会保険等との調整

1　給付制限

　労災保険法は，労働者が，故意に負傷，疾病，障害もしくは死亡またはその直接の原因となった事故を生じさせたときは，政府は保険給付を行わない（法12条の2の2第1項）として，保険給付の権利が発生しないことを定めている。

　次に，同条2項は，労働者が故意の犯罪行為もしくは重大な過失により，負傷，疾病にかかるなどし，またはその原因となった事故を発生させた場合および労働者が故意の犯罪または重大な過失により，あるいは正当な理由がなくて療養に関する指示に従わないことにより，負傷，疾病，障害もしくは障害の程度を増進させ，もしくはその回復を妨げたときは，政府は，保険給付の全部または一部を行わないことができる，と定めている。

　保険給付の対象となる傷病等が労働者の故意によるものであれば，業務や通勤との因果関係が成立せず，保険給付の対象とならないことを定めている。なお，「故意の犯罪行為」とは，事故の発生を意図した故意ではないが，その原因となる犯罪行為が故意によるものであることをいう。この場合，必ずしも業務外になるとは限らず，同条1項の「故意による」事故発生と混合すべきではない，との行政が示している（昭和40・7・31基発901号）。

　故意の犯罪行為または重大な過失がある場合の給付制限の対象となる保険給付は，原則として，休業補償給付，障害補償給付，傷病補償年金で，保険給付のつど所定給付額の30％が支給制限される。したがって，療養補償給付，遺族補償給付，介護補償給付，葬祭料については，支給制限されない。

第5章 労災保険

2 費用徴収

偽りその他不正の手段によって保険給付を受けた者に対し，政府は，その保険給付に要した費用に相当する金額の全部または一部をその者から徴収することができる（労災12条の3）。

事業主が，①故意または重大な過失によって労災保険の加入手続きを怠っていた期間中に労働災害が生じた場合，②労災保険料を滞納している期間中に労働災害が生じた場合，③故意または重大な過失により業務災害を生じさせた場合，に労災保険給付が行われたとき，事業主から遡及して労災保険料を徴収する他に，その保険給付に要した費用の全部または一部を徴収する（法31条）。

3 受給権の保護

保険給付を受ける権利は，労働者の退職によって労働関係が消滅した後も変更されることはない（労災12条の5第1項）。したがって，例えば休業補償給付を受給中の労働者が退職したとしても，要件に該当していれば退職後も継続して支給される。

保険給付を受ける権利は，譲り渡し，担保に供し，または差し押さえることができない（同条2項）。労基法83条1項においても，会社から補償を受ける権利について，同様の規定がおかれている。

保険給付として支給を受けた金品（現金給付ならびに現物給付）は，労働災害により，労働者，遺族等の被った損失を填補し，その保護を図るために必要なものであるから，税法上にいう，いわゆる所得とはその性質を異にしており，国税たると地方税たるとを問わず，これを標準としては，租税は課せられない（法12条の6，『七訂新版 労働者災害補償保険法（コンメンタール）』労務行政，2008，309頁）。

なお，特別支給金は保険給付ではないため，労災保険法上では非課税とはならないが，所得税法に関する行政通達（国税庁から労働基準局への回答文書，昭和50・2・28）により非課税扱いになっている。

4 他の社会保険等との調整

労災保険の給付と同一の事由に基づき異なる制度から行われる給付において

215

は，併給調整される。この場合，年金と一時金でその扱いが異なる。

　国民年金，厚生年金保険の各年金給付と同一の事由で支給される労災保険の年金給付が競合する場合には，労災保険の年金額に政令で定められた調整率を乗じて減額した額が支給され（昭和63・3・31基発203号），国民年金および厚生年金保険の年金給付は，全額支給される。

　次に，同一の事由により厚生年金保険の障害手当金と労災保険の障害補償給付が競合する場合には，有利な一時金である労災保険が減額されずに支給され，厚生年金保険の障害手当金は支給されない（厚年56条3号）。

　健康保険法における保険給付は，業務外の傷病等を対象とし，労災保険法上では業務上を対象とするが，副業で行う請負，インターンシップ，シルバー人材センター従事者の負傷などについては，どちらの給付対象にもならず，自費診療となるケースが生じていた。この問題を解決するために，2013（平成25）年に健康保険法が改正され，「労災保険の給付が受けられない場合には，健康保険の対象とする」ことになった。

（朝生万里子）

第6章 雇用保険

Introduction

　雇用保険法の前身である失業保険法は，戦後間もない1947（昭和22）年に制定され，職を失った失業者に対する経済的な支援を行った。その後，失業保険法に代わって1974（昭和49）年に成立した雇用保険法は，それだけでなく，失業中の再就職の支援や，雇用の継続が困難となりうる場合の支援，つまり失業の回避・防止という役割を展開している。

　失業の回避・防止という点では，1994（平成6）年に雇用継続給付として，高年齢雇用継続給付と育児休業給付が創設された（介護休業は4年遅れ）。1998（平成10）年には，労働者のキャリア形成のための教育訓練給付が創設された。学卒入社後，定年まで継続して雇用される者にとっては，「失業」は無縁のものであるため，雇用保険の保険料は「掛け捨て」の感をもつことがある。しかし，これらの給付創設によって，職業生活の中で労働者に起こりうる雇用継続の危機への対応や能力開発による雇用の継続に寄与することとなった。また，雇用保険二事業においては，失業予防に努める事業主に対しても助成金などの支給を行っている。

　昨今の特徴的ともいえる問題は，雇用が不安定である非正規雇用者の増加問題である。1984（昭和59）年には，非正規の職員・従業員は，604万人（全雇用者の15.3％）であったが，2016（平成28）年には，2016万人（同37.5％）と急増している（厚生労働省「非正規雇用」の現状と課題　正規雇用と非正規雇用労働者の推移より）。非正規雇用者の中には，雇用保険が適用除外である労働者が存在し，法の保護を受けることができない。そのため，2008（平成20）年以降，加入要件や受給資格要件の緩和などが行われ，保護の対象が拡大されてきた。さらに，2011（平成23）年には雇用保険で救済されない者に対する求職者支援制度が施行されている。

　本章では，雇用保険法における給付の理解を深めるとともに，法の趣旨や法改正の背景，今後の課題などを考察したい。

1　失業と雇用保険

1　雇用保険法の意義

　1947（昭和22）年に失業者の生活の安定を図るために失業保険法が制定されたが，1974（昭和49）年に，同法は雇用保険法として全面的に改正された。法の目的として，失業保険法1条が「失業保険は，被保険者が失業した場合に，失業保険金を支給して，その生活の安定を図ることを目的とする」と定めていたのに対し，雇用保険法1条では，「雇用保険は，労働者が失業した場合及び労働者について雇用の継続が困難となる事由が生じた場合に必要な給付を行うほか，労働者が自ら職業に関する教育訓練を受けた場合に必要な給付を行うことにより，労働者の生活及び雇用の安定を図るとともに，求職活動を容易にする等その就職を促進し，あわせて，労働者の職業の安定に資するため，失業の予防，雇用状態の是正及び雇用機会の増大，労働者の能力の開発及び向上その他労働者の福祉の増進を図ることを目的とする」と定めている。つまり，雇用保険法には，大きく分けて2つの役割がある。第1に，労働者が失業してその所得の源泉を喪失した場合，労働者について雇用の継続が困難となる事由が生じた場合および労働者が自ら職業に関する教育訓練を受けた場合に，生活および雇用の安定と就職の促進のために失業等給付を支給すること。第2に，失業の予防，雇用状態の是正および雇用機会の増大，労働者の能力の開発および向上その他の労働者の福祉の増進を図るための事業を実施することである。このように，雇用保険法は，失業時の生活保障を行うだけでなく，失業の防止，職業能力の開発，雇用の創出や確保という側面から，雇用に関する総合的な機能をもった制度として構成されている。

2　雇用保険制度に内在する問題

　失業によって生活の不安を余儀なくされる局面にあっても，雇用保険制度によって失業者の不安は軽減されるが，一方で，この雇用保険制度のセーフティネットの性格が再就職への意欲を阻害する要因ともなりうる。いわゆる「濫給」の問題である。雇用保険法4条に，失業とは，「労働の意思および能力を

有するにもかかわらず，職業に就くことができない状態」と定めているが，「労働の意思および能力」は，外形的に把握，判断することが困難な場合がある。行政は，求職活動を2回行うことで労働の意思がある等の基準を設け，失業の認定を行っているが，それでも完全な「濫給」の解決策を見出すことは難しい。

　次に，わが国の従来からの雇用慣行である年功序列・終身雇用という雇用形態が昨今変化しつつある。雇用が不安定な，いわゆる非正規労働者の増加が問題としてあげられる。例えば，非正規労働者の中には，安定した職業に就けず，雇用保険の適用除外である週20時間未満のアルバイトを掛け持ちしているケースもある。このような労働者は，雇用保険の被保険者に該当しないため法の保護を受けることができない。雇用が不安定である故に保障されるべき労働者が保護の適用除外になっている法制度に矛盾を感じるものの，非正規労働者の中には，あえて非正規労働者としての働き方を選択し，雇用保険や社会保険の保護を求めない労働者も存在する。したがって，雇用保険制度のあるべき姿を考えるときに，社会事情や他の法令に照らし合わせて検討する必要がある。

3　雇用保険の適用等の状況

　雇用保険は，政府が管掌する強制保険制度であり，労働者を雇用する事業は原則として強制的に適用される。平成26年版厚生労働白書によると，適用事業所は約208万所，被保険者は約3949万人，受給者実人数は約56万人となっている（平成25年度平均）。

2　保険関係の当事者

1　適用事業

　雇用保険法においては，業種，規模を問わず，「労働者が雇用される事業」を適用事業とする（雇保5条1項）。したがって，労働者をひとりでも雇用する事業ならば当然に雇用保険が適用される（強制適用）。なお，農林事業および畜産・養蚕・水産の事業のうち労働者が常時5人未満の個人経営の事業は，当分の間は任意適用事業とされている（暫定任意適用事業）。暫定任意適用事業

の事業主が，その事業に使用される労働者の2分の1以上の同意を得て加入の申請をし，厚生労働大臣の認可があった日に雇用保険の保険関係は成立する。また，暫定任意適用事業の事業主は，その事業に使用される労働者の2分の1以上が希望するときは，加入の申請をしなければならない（徴収附則2条）。なお，適用事業についての保険関係の成立および消滅については，徴収法において定められている（徴収5条2項）。

　事業とは，経営上一体をなす本店，支店，工場等を総合した企業（会社）そのものを指すのではなく，個々の本店，支店，工場，鉱山，事務所のように，1つの経営組織として独立性をもった経営体をいう。したがって，企業（会社）ごとではなく，事業（事業所）ごとで雇用保険の適用を行う。独立性のない支店等は，「雇用保険事業所非該当承認申請書」を公共職業安定所長（以下「職安所長」）に提出し，承認を受けて本社等で一括して手続きを行う。行政手引（業務取扱要領）では，「事業所非該当承認は，一の経営組織としての独立性を有しない施設につき一の事業所として取り扱わないことを承認するものであり，徴収法第9条の規定による継続事業の一括の認可や本社等で一括して事務処理を行う場合（行政手引〔以下同〕22061）のように，賃金計算等の事務をコンピュータ等により集中管理する事業について，事業主及び行政の事務処理の便宜と簡素化を図るために行うものではない。」として，事業所ごとに事務を処理すべき原則に反しないよう留意しなければならないと示している（22051）。

2　保険者

　雇用保険は政府が管掌する（雇保2条1項）。雇用保険の事務の一部は，政令で定めるところにより，都道府県知事が行うこととすることができる（2条2項）。

3　被保険者

1）雇用保険法上の被保険者

　適用事業に雇用されている労働者は，6条に定める適用除外に該当しない限り，すべて雇用保険の被保険者となる（雇保4条1項）。つまり，雇用保険への加入は，労働者や事業主の希望によるものではなく要件を満たせば当然に被

保険者となる（強制加入）。もし，雇用保険の加入を任意とすれば，年齢や地域による失業リスクの高い者のみが加入することになり，保険の制度として成立しなくなるであろう。

　雇用保険法において，「労働者」の定義はなされていないが，労基法9条の「労働者」と同様の判断基準で判断されることになる（西村健一郎，2003,『社会保障法』有斐閣，390頁）。雇用保険法における労働者性が争われた事件で，生命保険等に関する確認業務に従事する委任契約を締結した雇用関係にない者について，労働者性を肯定したはじめての裁判例（大阪西公共職業安定所長（日本インシュアランスサービス）事件・福岡高判平25・2・28判時2214号111頁）がある。この事件の争点は，委任契約を締結した者が雇用保険法4条1項の「労働者」に該当するか否かである。高裁は，「（略）したがって，同法における労働者というためには，事業主に対し，労務を提供し，賃金，給料，手当，賞与その他名称のいかんを問わず，その対償の支払を受ける関係があることを必要とするということができるが，そのような関係が存するというためには，事業主と労働者の間に，民法623条による雇用契約が締結されている場合にとどまらず，仕事の依頼や業務に従事すべき旨の指示等に対する諾否の自由の有無，業務遂行上の指揮命令の有無，場所的・時間的拘束性の有無，代替性の有無，報酬の性格，当該労務提供者の事業者性の有無，専属性の程度，その他の事情をも総合考慮して，上記雇用保険法の趣旨に照らして，上記の同法上の保護を受けるに相当な関係が存すれば足りると解するのが相当である」と判示した。つまり，契約の形式に関わりなく，実態で判断され，使用従属関係の有無によって判断される。本件と同様の争点が争われた裁判例として，建設現場で業務を請け負う一人親方のアンカー職人の雇用保険法上の労働者性を争った，池袋職安所長（アンカー工業）事件（東京地判平16・7・15労判880号110頁）や経営コンサルタントの「労働者性」が争われた所沢職安所長（飯能光機製作所）事件（浦和高判昭59・2・29判時1113号59頁）がある。いずれも，労働者性は否定されたが，雇用保険法上の「労働者性」の判断においてはおおむね同様の基準で判断がなされている。

　2）適用除外

　次の者については，雇用保険は適用されない（雇保6条）。

①１週間の所定労働時間が20時間未満である者（日雇労働被保険者に該当する者を除く。同条１号），②同一の事業主の適用事業に継続して31日以上雇用されることが見込まれない者（前２月の各月において18日以上同一の事業主に雇用された者および日雇労働被保険者に該当する者を除く。同条２号），③季節的に雇用される者であって４か月以内の期間を定めて雇用される者または１週間の所定労働時間が20時間以上で厚生労働大臣の定める時間数未満である者（同条３号），④学校教育法に規定する学校の昼間学生（同条４号），⑥船員保険法の規定による被保険者（同条５号），⑦国，都道府県，市町村等の事業に雇用される者であって，離職した場合に，他の法令，条例，規則等に基づいて支給を受ける諸給与の内容が，雇用保険の求職者給付および就職促進給付の内容を超えると認められる者（同条６号）。

②の「同一の事業主の適用事業に継続して31日以上雇用されることが見込まれない者」については注意が必要である。例えば，雇用契約期間が31日未満であっても，雇用契約の更新される場合がある旨の記載がある場合や，雇用契約に更新する旨の記載がなくても，当該事業所において同様の雇用契約に基づき雇用されている者が更新等により31日以上雇用された実績がある場合には，31日以上雇用されることが見込まれるものとして一般被保険者となる。また，当初の雇入時に31日以上雇用されることが見込まれない場合であっても，雇入れ後において，雇入れ時から31日以上雇用されることが見込まれることとなった場合には，雇入れ時から一般被保険者となる。つまり，「31日以上の雇用見込まれない」とは，31日以上雇用が継続しないことが明らかな場合を意味し，雇入れ時に31日未満の期間の雇用契約を締結していても，期間満了後も更新することが予定されている場合には，一般被保険者となる。

なお，被保険者資格要件を満たす雇用期間は，2009（平成21）年３月30日までは，雇用の見込みが１年以上であったが，その後適用基準の見直しや加入要件が緩和されている。その背景として，2008（平成20）年秋のリーマン・ショックによる雇用失業情勢の悪化がある。人員整理をやむなく行うこととなった事業所は，解雇等の雇用調整は，正規社員に先立って非正規社員から実施すべき（正規社員の雇用を守るために雇用調整弁である非正規社員の雇用を打切る）との判例法理に従い，多くの非正規労働者に対し雇止めや解雇を実施した。し

かし，職を失った非正規社員の中には，「1年以上の雇用見込み」という被保険者資格要件を満たさないため雇用保険に加入できず，セーフティネットである雇用保険の失業給付を得られないという問題が表面化した。このようなことから，雇用保険法の適用拡大を求める声が高まり，2009（平成21）年3月31日以降，「1年以上」が「6か月以上」に改められ，さらに，2010（平成22）年4月1日から現在の「31日以上雇用見込み」に改正された（雇保6条1項2号）。

3）被保険者の種類

　雇用保険の被保険者は，その就労の実態に応じて，①一般被保険者，②高年齢被保険者，③短期雇用特例被保険者，④日雇労働被保険者，の4種類に分けられる。

　①一般被保険者とは，②③④以外の被保険者をいう。②高年齢被保険者とは，65歳以上の被保険者（雇保37条の2第1項）であって，短期雇用特例被保険者および日雇労働被保険者以外の者をいう。なお，65歳に達した日以後に雇用された者であって，2017（平成29）年1月1日前から引き続いて雇用されている者については，2017（平成29）年1月1日に当該事業主の適用事業に雇用されたものとみなす（平成28年改正雇用保険法等附則3条）。③短期雇用特例被保険者とは，季節的に雇用されている者で，次の(1)(2)に該当しない者をいう（雇保38条）。(1)4か月以内の期間を定めて雇用される者，(2)1週間の所定労働時間が20時間以上であって厚生労働大臣の定める時間数（30時間。平成6年労働省告示10号）未満である者。④雇用保険において，日雇労働者とは，日々雇用される者および30日以内の期間を定めて雇用される者をいう（雇保42条）。被保険者となる日雇労働者は，(1)適用区域内に居住しており，適用事業に雇用される者，(2)適用区域外に居住しているが，適用区域内の適用事業に適用される者，および(3)適用区域外に居住し，適用区域外の地域にある適用事業であって，日雇労働の労働市場の状況その他の事情に基づき厚生労働大臣が指定したものに雇用される者，(4)職安所長の認可を受けた者である（雇保43条1項）。ただし，日雇労働者が同一の事業主の適用事業に前2か月の各月において18日以上雇用された場合はその翌月，同一の事業主の適用事業に継続して31日以上雇用された場合はその日から一般被保険者等として取り扱われる。

4）実務上被保険者性が問題となる場合

上述の適用除外に該当する以外の適用事業に雇用される労働者は，雇用保険法における被保険者であるが，実務上被保険者性が問題となる場合について行政手引（20351，20352）を参考に検討する。

（1）　労働者性の判断を要する場合

（あ）　株式会社の代表取締役等

株式会社の代表取締役は雇用される労働者ではないため被保険者とならない。取締役も原則として被保険者としないが，取締役であって，同時に会社の部長，支店長，工場長等従業員としての身分を有する者（いわゆる兼務役員）は，報酬支払等の面からみて労働者的性格の強い者であって，雇用関係が認められるものに限り被保険者となる。この場合，職安所長に「兼務役員等の雇用実態証明書」の提出が必要である。監査役については，会社法上従業員との兼職禁止規定（会社法335条2項）があるため被保険者にならないが，名目的に監査役に就任しているにすぎず，常態的に従業員として事業主との間に明確な雇用関係があると認められる場合はこの限りではない（20351）。合名会社，合資会社または合同会社の社員は，株式会社の取締役と同様に取り扱い，原則として被保険者とならない。

（い）　在宅勤務者

在宅勤務者（労働日の全部またはその大部分について事業所への出勤を免除され，かつ，自己の住所または居所において勤務することを常とする者をいう）については，指揮監督系統，拘束時間，勤務管理や報酬の労働対償性などの明確性，請負・委任的色彩の不存在などに留意した上で総合的に判断される。

（2）　労働者性の特性・状況を考慮して判断する場合

（あ）　2以上の事業主の適用事業に雇用される者

同時に2以上の雇用関係にある労働者については，当該2以上の雇用関係のうち一の雇用関係（原則として，その者が生計を維持するに必要な主たる賃金を受ける雇用関係とする）についてのみ被保険者となる。つまり，従たる賃金を受ける事業所においては被保険者とならない。

（い）　在籍出向者

在籍出向者の場合，出向元と出向先の2つの事業主との雇用関係にあるが，

その者が生計を維持するに必要な主たる賃金を受ける1つの雇用関係についてのみ被保険者資格が認められる。出向者に支払う賃金は，出向元または出向先のいずれかが支払うか，または双方が分担するかは出向契約において任意に決定されるものである。もし，出向元と出向先の両社が出向者に対する賃金を分担する場合，出向者が給付を受ける場面はある問題が生じる。というのは，2つの事業主との雇用関係にありながら，雇用保険においては一の事業主との雇用関係についてのみ被保険者となるため，当該出向者に対しての給付は当該保険関係が成立する一方でのみ行われる。したがって，出向元・出向先のどちらかがまとめて全額賃金を支払う場合よりも給付額が少なくなってしまう，という問題である。

　（う）　長期欠勤・休職者

労働者が長期欠勤している場合であっても，雇用関係が存続する限り，賃金の支払を受けているかどうかは問わず被保険者となる。

　（え）　国外で就労する者

出張や海外支店等への転勤によって国外で働く場合や海外の現地法人等へ出向する場合には，国内の出向元との雇用関係が継続している限り被保険者となる。

　（お）　在日外国人・外国人技能実習生

日本国に在住する合法的に就労している外国人は，国籍（無国籍を含む）のいかんを問わず被保険者となる。外国人技能実習生は，受入先の事業主と雇用関係にあるので，被保険者となる。

　（か）　学生・生徒

大学・高校の夜間等の者以外のもの（昼間学生）は被保険者とならないが，次の①から④の者は被保険者となる。①卒業見込証明書を有する者であって，卒業前に就職し，卒業後も引き続き同一事業所に勤務する予定の者，②休学中の者，③事業主の命により，雇用関係を存続したまま，大学院等に在学する者，④一定の出席日数を過程終了の要件としない学校に在学する者であって，当該事業において，同種の業務に従事する他の労働者と同様に勤務しうると認められる者。

4 保険関係の変動に関する届出と「確認」

1）事業主による適用事業所に関する届出

事業主は，事業所を設置または廃止したとき，①事業所の名称および所在地，②事業の種類，③被保険者数，④事業所を設置し，または廃止した理由，⑤事業所を設置し，または廃止した年月日，を記載した届書をその設置または廃止の日の翌日から起算して10日以内に，事業所の所在地を管轄する職安所長に提出しなければならない（雇保則141条）。

2）事業主による被保険者に関する届出

（1） 被保険者となったこと・被保険者でなくなったことの届出

事業主は，雇用する労働者が被保険者となったことその他厚生労働省令で定める事項を厚生労働大臣に届け出る義務がある（雇保7条）。具体的には，事業主は雇用する労働者が被保険者になったことについて，当該事実のあった日の属する月の翌月10日までに雇用保険被保険者資格取得届（以下「資格取得届」）をその事業所の所在地を管轄する職安所長に提出しなければならない（則6条）。また，被保険者でなくなったことについて，当該事実のあった日の翌日から起算して10日以内に，雇用保険被保険者資格喪失届（以下「資格喪失届」）を被保険者でなくなったことの事実およびその事実のあった年月日を証明する書類を添えて職安所長に提出しなければならない（雇保則7条）。なお，被保険者でなくなる日は，離職日の翌日であるため，資格喪失届は離職した日の翌々日から起算して10日以内に提出しなければならないことになる（コンメンタール361頁）。

なお，60歳で定年退職し，その退職の翌日に再雇用された者については，退職金の支払の有無や労働条件の変更に関係なく「離職」とは取り扱わない。雇用関係が存続していると解され，被保険者の資格取得や喪失の届出は不要である。

なお，資格喪失届の「喪失原因」欄は，死亡や在籍出向などの「1　離職以外の理由」，自己都合退職等の「2　3以外の離職」，事業主の都合による解雇等の「3　事業主の都合による離職」のいずれかを記載する。離職原因によって，被保険者の基本手当の給付日数が異なり，給付制限の有無に関わるため，判断には十分な注意を要する。

（2） 離職証明書と離職票

被保険者でなくなったことの原因が離職であるときは，事業主は資格喪失届に雇用保険被保険者離職証明書（以下「離職証明書*」）を添えて提出しなければならない（雇保則7条1項）。しかし，当該被保険者が雇用保険被保険者離職票（以下「離職票」）の交付を希望しない場合には，離職証明書を添えないことができる。ただし，離職の日において59歳以上である被保険者については，離職票の交付を希望しない場合であっても離職証明書を添えなければならない（雇保則7条2項）。

　＊　離職証明書は，1枚目は事業主控，2枚目は安定所提出用，3枚目が離職票−2の3枚一組複写式となっている。

職安所長は，離職により被保険者でなくなった者に離職票を交付しなければならないが，事業主が資格喪失届に離職証明書を添えた場合には，離職票の交付は事業主を通じて行うことができる。

失業した被保険者が失業の給付を受けるためには，求職の申込みの際に交付された離職票が必要である。

3）厚生労働大臣による被保険者資格の確認等

（1） 被保険者資格取得の効力の発生

厚生労働大臣は，①事業主からの届出，②被保険者または被保険者であった者からの文書または口頭による請求（文書または口頭），③職権により，労働者が被保険者となったことまたは被保険者でなくなったことの確認を行うものとする（雇保9条）。事業主から被保険者となった労働者の資格取得届の提出があった場合，厚生労働大臣（この権限は，職安所長に委任されている（雇保則1条1項，2項）。）は，これらの確認を行い，事業主に対し確認通知書を交付する。厚生労働大臣の確認が行われると，被保険者取得の効力が発生する。

（2） 確認の請求

被保険者または被保険者であった者は，上記（1）②の請求をいつでも行うことができる（雇保8条）が，在職時に被保険者が確認の請求を行うことはまれである。また，事業主は職安所長から交付された被保険者用確認通知書を労働者に渡さなければならないが，実務上，それがなされていないこともある。したがって，被保険者は，厚生労働大臣の確認が行われたかどうかを知ることが

できない。また，厚生労働大臣は，職権によって確認を行うことができると定められている（9条）ものの，実際に職権による確認が行われることはほとんどないであろう。したがって，事業主が被保険者資格取得要件に該当する労働者の届出義務を怠っていた場合，厚生労働大臣の確認が行われず，被保険者資格取得の効力が生じないという問題が発生する。裁判例では，事業主の雇用保険加入手続の懈怠により，基本手当相当の損害が発生したとして，賠償を請求したケースでは，労働者本人が「確認の請求を行うことができる」ことを理由に請求が否定された事件がある（山口（角兵衛寿し）事件・大阪地判平元・8・22労判546号27頁）。

　なお，資格要件を満たしていたが，事業主が加入の手続を怠っていた場合，原則最大2年まで遡って加入することができる（雇14条2項2号，74条）。もっとも，失業等給付の主要な給付である基本手当を受給するには，被保険者期間が長期であることが有利となるが，遡及して被保険者期間の確認がなされても，その期間は2年に限定されていることから，基本手当を受給できる日数である所定給付日数は，確認の日の2年より前の期間は考慮されない。

　こうしたことから，2010（平成22）年10月1日より，雇用保険料が賃金から控除されていたことが明らかである場合には，2年を超えて遡って，雇用保険の加入手続きができるようになった。2010（平成22）年10月1日以降に離職した者が対象者となる。源泉徴収票や給与明細書など，被保険者の負担すべき額に相当する額がその者に支払われた賃金から控除されていたことを証明する書類を添付して（則33条の2），職安所長に確認の請求を行う（22条5項）。行政手引では，「確認の請求を行おうとする者に対しては，請求に先立ち，被保険者であった期間の確認により給付内容に変更が生じるが，必ずしも給付日数の増など給付額が増加するとは限らない場合もあり得ることから，給付内容への影響について的確な説明を行い，請求者の理解を得た上で確認の請求を行わせる。」（23522）との記載がある。これは，例えば，請求によって，被保険者であった期間が1年ではなく6年と確認されたとしても，自己都合による離職の場合，被保険者期間は1年以上10年未満の所定給付日数は90日であるため，確認請求を行ったとしても給付日数の増加はない。このことを事前に請求者に説明が必要であることを意味している。

3　保険事故としての「失業」

　雇用保険法における保険給付は，雇用保険法上の「失業」について行われる。つまり，離職したことが保険給付の要件ではない。

1　雇用保険法における「失業」とは

　雇用保険法の保険事故は，一義的には失業である。雇用保険法において，「失業とは，被保険者が離職し，労働の意思及び能力を有するにもかかわらず，職業に就くことができない状態にあること」（雇保4条3項）とある。したがって，事業主との雇用関係が終了する「離職」（雇保4条2項）だけでは「失業」したことにはならず，離職後に，労働の意思および能力を有するにもかかわらず，職業に就くことができない状態にあることが，雇用保険の保険事故である「失業」に該当する。もっとも，前述のとおり，「労働の意思および能力を有する」ことが外観的に判断することが難しいことが常に問題の原点となる。

　また，解雇によって離職し，失業給付を受給したが，その後解雇が撤回された場合，雇用関係が存続していたことになり，失業保険法にいう失業状態は遡及的に消滅したものというべきであるとの裁判例がある（金沢地判昭48・4・27労民集24巻6号525頁）。この場合，そもそも「失業」していないため，問題は，賃金請求権の存否として処理され，すでに支払われた失業給付の返還が求められることになる。

2　「離職」とは

　雇用保険法4条3項に定める「失業」とは，被保険者が「離職」することを前提としている。この「離職」とは被保険者について，事業主との雇用関係が終了することをいう（4条2項）。雇用関係終了の理由として，解雇，契約期間の満了，任意退職，合意解約，定年退職，労働者の死亡等，そのいかんは問わない。

3　「労働の意思」とは

　行政手引によると，「労働の意思とは，就職しようとする積極的な意思をい

う。すなわち、公共職業安定所（以下「安定所」）に出頭して求職の申込みを行うのはもちろんのこと、受給資格者自らも積極的に求職活動を行っている場合に労働の意思ありとするものである」（51202）。妊娠、出産、育児、介護その他家事、家業手伝いのため退職した場合などは、その離職理由から労働の意思を失ったもの（または環境上、職業に就き得ない状態にあるもの）と推定されるが、このような場合であっても、例えば、労働の意思能力とは関係がない、通勤可能地域外への住居移転の必要によって退職した場合などで、真に労働の意思または能力があると認められる場合はこの限りではない。

　また、職業指導を行ったにもかかわらず、特別の理由がないのに安定所が不適当と認める職業または不当と認める労働条件その他の求職条件の希望を固執する者は、労働の意思がないものと推定される。年齢や学歴等からみて容易に就職できるにもかかわらず、就職先を大企業に限定し、その希望条件を緩和する見込みがなく、雇用保険法施行令3条（当時の）「特に職業指導その他再就職の援助を行う必要があると認められるもの」との要件に該当しないと判断し、延長給付を行わず基本手当の支給をしないとの処分が正当であると示した裁判例がある（下市職安所長事件・大阪高判昭57・8・9労判392号カード11頁）。もっとも実際、「求職条件の希望を固執する場合」には、「労働の意思があり、自己の適職を真摯に探している」場合と「希望する条件が非現実的であり、どうみても労働の意思がない」と思われる場合があり、判断には慎重さが求められる。

4　「労働の能力」とは

　行政手引では、「労働の能力とは、労働（雇用労働）に従事し、その対価を得て自己の生活に資し得る精神的・肉体的及び環境上の能力をいうのであり、受給資格者の労働能力は、安定所において本人の体力、知力、技能、経歴、生活環境等を総合してその有無を判断するものである」（51203）と説明されている。

　労働能力がないと推定される場合の例として、老齢に伴う体力低下の著しい者、高度または悪質伝染性の疾病、負傷中の者、高度の身体障害により常に介護を要する者、労務に服することができない者、産前6週間以内の女性および（原則）産後8週間以内の女性、労災保険法の規定による休業補償給付その他これに相当する給付の支給を受けている者がある。これらの者は、医師の証明

等により労働の能力があることが立証できない者であり，労働の能力がないものと推定される。また，家事，家業または学業等の都合により他の職業に就き得ない状態にある者も労働能力がないと推定される。

5　「職業に就くことができない状態」とは

行政手引によると，「職業に就くことができない状態とは，安定所が受給資格者の求職の申込みに応じて最大の努力をしたが就職させることができず，また，本人の努力によっても就職できない状態をいうのである。この場合，安定所は，その者の職歴，技能，希望等を配慮した上で，職業紹介を行う。」（51204）と説明されている。また，就職とは，雇用関係に入るものはもちろん，請負，委任により常時労務を提供する地位にある場合，自営業を開始した場合等であって，原則として1日の労働時間が4時間以上のもの（4時間未満であっても被保険者となる場合を含む）をいい，現実の収入の有無を問わない。

「職業に就くこと」について争われた例として，岡山職安所長事件（広島高岡山支部昭63・10・13労判528号25頁）がある。この事件は，定年退職後に妻が設立した会社の代表取締役に就任したXが，雇用保険の失業給付を受給していたが，職安所長は，役員就任の届出をしなかったことを「偽りその他不正の行為により」失業給付を受給したとして，Xに対して同給付の支給停止決定と返還命令を行ったものである。1審（岡山地判昭63・3・29労判518号54頁）では，仮に役員報酬を得ていないとしても，「B社の代表取締役として同社と委任関係に立ち報酬等の経済的利益の取得を期待しうる地位にあった」から，「失業認定手続当時，Xが失業状態になかったことは明らかである」と判示し，Xの請求を棄却，高裁も雇用保険法4条にいう「職業に就く」とは，会社等の役員に就任した場合や自営業を始めた場合も含まれると解すべきであるとしている。

4　失業等給付の体系

1　失業等給付の概要

雇用保険は，**資料6-1**にみるとおり，「失業等給付」「二事業」「就職支援法事業」から成り立っているが，「失業等給付」が雇用保険における中心的事業

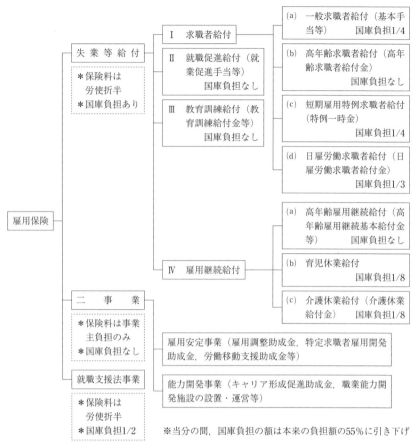

資料 6-1　雇用保険制度の概要（体系）

(出所)　平成28年9月5日「雇用安定分科会雇用保険部会（第115回）資料」(2017年3月21日アクセス)

である。

　雇用保険法1条の目的にあるように，失業等給付は，「労働者が失業した場合」のための「求職者給付」の他，失業を前提としない「労働者の雇用の継続が困難となる事由が生じた場合」の「雇用継続給付」や「労働者が自ら教育訓練を受けた場合」に「教育訓練給付」を行うことにより，労働者の生活および雇用の安定を図るとともに，「就職促進給付」を行うことで「求職活動を容易にする等その就職を促進」するものである。そのため，「失業給付」ではなく，

「失業等給付」と称している。

2 求職者給付

　求職者給付は，失業等給付の4つの給付の中でも中心的な給付である。つまり，労働者が保険事故である失業に遭遇した場合，生活の安定を図るために一定の所得の保障がなされるものである。一般被保険者，高年齢被保険者，短期雇用特例被保険者，日雇労働被保険者，の4つの被保険者に応じた給付がある。

　1）一般被保険者に対する求職者給付
　一般被保険者が失業した場合の給付は，基本手当，技能習得手当，寄宿手当，傷病手当である（雇保10条2項）。
　（1）　基本手当の受給要件
　基本手当とは，いわゆる失業手当（かつての失業保険金）のことで，求職活動中，失業している日について支給される。もっとも，失業している全期間が保護の対象とされているわけではなく，法の定める一定の期間に限られる。
　なお，被保険者が事業主の保険料滞納により不利益を受けないように，基本手当の受給にあたっては，保険料の納付がなされているかどうかは要件とされていない。
　（あ）　基本手当の受給資格
　基本手当は，被保険者が失業した場合において，算定対象期間（原則として，離職の日以前2年間）に，雇保14条で定める被保険者期間が通算して12か月以上である場合に支給される（13条）。ただし，当該期間に疾病，負傷，出産，（事業主の責めに帰すべき理由以外の）事業所の休業，事業主の命による外国における勤務等のため引き続き30日以上賃金の支払を受けることができなかった被保険者については，その日数を2年に加算する（ただし，最長4年間）。この算定対象期間の延長措置を「受給要件の緩和」という。なお，この場合の疾病，負傷については，業務上，業務外の別を問わない。ただし，有期労働契約が更新されなかったこと等によって離職した特定理由離職者（第4節 2 1）(5)（う））および倒産・解雇等によって離職した特定受給資格者（第4節 2 1）(5)（い））は，算定対象期間を離職の日以前1年間とし，その間に被保険者期間が6か月以上あることが受給資格となっている。

法14条で定める「被保険者期間」とは，離職の日から遡って満1か月の間に賃金支払基礎日数が11日以上あるときに，その1か月を被保険者期間の1か月として計算する。このように1か月ごとに区切っていくと，1か月未満の期間が生じる場合があるが，この場合，その期間の日数が15日以上であり，かつ，当該期間内における賃金の支払の基礎となった日数が11日以上であるときは当該期間を2分の1か月の被保険者期間として計算する。

なお，「被保険者であった期間」と「被保険者期間」とは異なる概念であるため注意が必要である。「被保険者であった期間」とは，被保険者として雇用されていたすべての期間のことをいい賃金支払の有無を問わないが，「被保険者期間」というのは，上述のとおり，法14条1項に定められている一定日数以上の賃金の支払の基礎となった日数がある期間のことをいう。また，被保険者期間を計算する場合の「賃金の支払の基礎となった日数」とは，現実に労働に従事した日数という意味ではなく，労基法26条に定める休業手当が支払われた場合や，年次有給休暇を取得した日数も賃金の支払の基礎となった日数に算入される。

　（い）　受給資格の決定

基本手当の支給を受けようとする者は，受給資格者の住所または居所を管轄する安定所に出頭し，離職票を提出し，受給資格の決定を受けなければならない。受給資格の決定とは，職安所長が離職票を提出した者について，基本手当の支給を受けることができる資格を有する者であると認定することをいう（50102）。受給資格者であると認定されると失業の認定日が指定され，受給資格者証が交付される。また，職安所長は，受給資格者に該当しないと認めたときは，離職票にその旨を記載し，返付しなければならない（雇保則19条）。

　（う）　失業の認定

受給資格者が基本手当の支給を受けるには，受給資格者の住所または居所を管轄する安定所に出頭し求職の申込みをした上，失業の認定を受けなければならない（雇保15条1項2項）。具体的には，職安所長より指定された失業の認定日に安定所に出頭し，失業認定申告書に受給資格者証を添えて提出した上で，職業の紹介を求めなければならない（雇保則22条1項）。

失業の認定とは，失業の認定日において，原則として前回の認定日から今回

の認定日までの期間に属する各日について、その者が失業していたか否かを確認する行為である（51201）。失業の認定要領としては、受給資格者が離職後最初に出頭した日から起算して4週間に1回ずつ直前の28日の各日について行う（雇保15条3項）。また、認定対象期間中に自己の労働によって収入を得たときは、失業認定申告書に、その収入の額その他の事項を届け出なければならない（雇保19条3項および雇保則29条1項）。

受給資格者が所定の認定日に出頭しない場合には、その期間中の基本手当は支給されない。ただし、受給資格者が、次の理由によって安定所に出頭できなかった場合には、その理由を記載した証明書を提出することによって、失業の認定を受けることができる。①疾病または負傷のため（その期間が継続して15日未満であるときに限る）、②安定所の紹介に応じて求人者に面接するため、③安定所長の指示した公共職業訓練の受講のため、④天災その他のやむを得ない理由のため（15条4項）。これらの理由以外にも、職業に就くためその他やむを得ない理由のため失業の認定日に安定所に出頭できない場合には、受給資格者の申出により、職安所長が変更することができる（雇保則23条1項1号）。

したがって、これらの例外に該当せず所定の認定日に安定所に出頭しないときは、基本手当を受給することはできない。受給資格者の勘違いによって認定日に出頭せず、基本手当を受給できなかったことについて職安所長の不支給処分の取消しを求めた裁判で、「受給資格者が保険給付を受ける抽象的な権利を基本手当の支給を受ける具体的な権利への具体化させる手続きを自ら怠ったものであるから、受給資格者のいう認定請求権をいかに強調しても本件不支給処分が違法であるとは到底いえない」と示した裁判例がある（姫路職安所長事件・神戸地判昭61・5・28労判477号29頁）。これは、受給資格者の勘違いが雇保則23条1項1号の「やむを得ない理由」には該当しないと明確に示したものである。

職安所長は、失業の認定に当たって、28日の認定対象期間に、求職活動実績が原則2回以上あることを確認する。求職活動実績として認められる活動は、職業紹介等を受けることや求人への応募等で、知人への紹介依頼や新聞・インターネット等での求人情報の閲覧等だけでは求職活動実績には該当しない。

（2）　基本手当の日額
（あ）　基本手当の日額

基本手当の日額は，当該受給資格者の賃金日額に50％から80％（60歳以上65歳未満の者にあっては45％から80％）を乗じて算出する（雇保16条）。

（い）　賃金日額

賃金日額は，原則として，被保険者期間として計算された最後の完全な6賃金月に支払われた賃金（臨時に支払われる賃金および3か月を超える期間ごとに支払われる賃金は除く）の総額を180で除した額である（雇保17条1項）。

この場合において，「賃金月」とは，同一の事業主のもとにおける賃金締切日の翌日から次の賃金締切日までの期間をいい，その期間が満1カ月であり，かつ，賃金支払基礎日数が11日以上ある賃金月を「完全な賃金月」という。また，賃金が月給でなく，日給，時間給，出来高払その他の請負制等によって支払われる者については，上述の計算方法によって計算すると，労働日数が少ない場合には不利となる場合があるため，最後の6か月間の支払われた賃金の総額を当該最後の6か月間に労働した日数で除して得た額の100分の70を最低保障としている。また，賃金の一部が月給制，週給制等一定の期間によって定められている場合には，その部分の総額をその期間の総日数で除して得た額と前述の100分の70の額とを合算した額が賃金日額とされる（雇保17条2項）。

賃金日額には最高限度額と最低限度額が定められている（雇保17条4項）。最高額を制限することとしたのは，賃金日額があまりに高くなると基本手当の日額が高額となり，基本手当の失業者の一定期間の生活保障という目的からみて適当でなく，また，その者の労働市場における再就職賃金と比較した場合に再就職の意欲を減退させ，いたずらに基本手当に頼ることにもなり，受給者の早期再就職の促進という重要な政策目的の妨げとなってしまう可能性があるからで，最低額を保障しているのは，失業中の生活保障という法目的を達成するためである（『新版　雇用保険法（コンメンタール）』労務行政，2005，440頁）。また，賃金日額の範囲等については，毎月勤労統計の平均給与額の上昇または低下に応じて，毎年8月1日に変更される（雇保18条）。なお，賃金日額の下限額が最低賃金を基礎として算出された賃金日額を下回る場合には，当該最低賃金日額を下限額とすることとなった。

（3） 基本手当の受給期間
（あ） 原則の受給期間
　基本手当の支給を受けることができる期間を受給期間という。受給期間は，原則として，受給資格に係る離職の日（基準日）の翌日から起算して1年間に限られる。この期間が経過すると，たとえ所定給付日数が残っていたとしても，基本手当を受給することはできない。これについて，「雇用保険法は，基本手当を受ける地位を1年間保障することによって，これを背景に再就職活動をなしうる利益を与えたものを解する」と示した裁判例がある（出雲職安所事件・広島高松江支部平元・5・31労判548号87頁）。したがって，所定給付日数のすべてを消化せずに，1年の受給期間が経過した場合には，すでに利益を享受したものと解される。
　なお，基準日において45歳以上65歳未満であって算定基礎期間が1年以上の就職困難な受給資格者は，1年に60日を加算した期間，基準日において45歳以上65歳未満であって算定基礎期間が20年以上の特定受給資格者は，1年に30日を加算した期間が受給期間となる（雇保20条1項）。

（い） 受給期間の延長
　受給期間内に妊娠，出産，育児，疾病または負傷（傷病手当の支給を受ける場合を除く）などの理由により引き続き30日以上職業に就くことができない期間がある者が職安所長に申出をすることによって，その期間を入れて最高4年まで受給期間を延長することができる（20条1項）。この申出は，引き続き30日以上職業に就くことができなくなるにいたった日の翌日から起算して1か月以内にしなければならない（雇保則31条3項）。

（う） 受給期間の特例
　60歳以上の定年に達したことによる離職者は離職後一定期間求職の申込みを希望しないことを申し出ることによって，1年を限度として受給期間の延長をすることができる（雇保20条2項）。したがって，この場合の受給期間は最大2年間となる。これは，長年の労働に対する休息期間を考慮する意味合いがある。この申出は，離職の日の翌日から起算して2か月以内にしなければならない（雇保則31条の3）。

（4）待　期

　基本手当は，受給資格者に対して，離職後直ちに支給されるわけではなく，基本手当の受給資格に係る離職後最初に職安所に求職の申込みをした日以後において，失業している日が通算して7日に満たない間は，支給されない（雇保21条）。これを「待期」という。待期7日には，疾病または負傷のため職業に就くことができない日も含まれる。この制度は，所得補償の必要があるといえる程度の失業状態にあるか否かを確認するためと，また基本手当の濫用を防ぐことのために設けられたものである（『新版　雇用保険法（コンメンタール）』労務行政，2005，481頁）。

（5）所定給付日数

　基本手当は，一定の日数分を限度として支給される。この一定の日数を所定給付日数といい，基本手当が失業中の生活の安定を図り，再就職活動を助けるという見地から，再就職の難易度に応じた日数が定められている。例えば，離職後の就職活動を自分で計画しやすい自己都合退職者よりも，会社の都合等でやむを得ず離職した特定受給資格者の方が所定給付日数は多くなっている。また，離職日における年齢，被保険者であった期間（算定基礎期間）によっても給付日数は異なる（資料6-2）。算定基礎期間（被保険者であった期間）とは，受給資格に係る離職日まで引き続いて同一の事業主の適用事業に被保険者として雇用されていた期間のみに限らず，離職後1年以内に被保険者資格を再取得した場合には，その前後の被保険者として雇用された期間も通算する。ただし，基本手当または特例一時金の支給を受けたことがある場合には通算の対象にはならない。

　なお，有期労働契約が更新されなかったこと等により離職した者である，特定理由離職者の所定給付日数は，一般の離職者と同じ給付日数であるが，暫定措置として，2022年3月31日までの暫定措置として，特定受給資格者と同じ給付日数に拡充されている（雇保附則4条1項）。

　2017（平成29）年4月1日から，30歳以上45歳未満の特定受給資格者に係る基本手当の所定給付日数が引き上げられた。これは，「熱心に就職活動を行っていたが，就職に結びついていない」ため，拡充されたものである。

第6章 雇用保険

資料6-2 基本手当の所定給付日数

① 特定受給資格者および一部の特定理由離職者[1]（③就職困難者を除く）

1) 特定理由離職者のうち「特定理由離職者の範囲」の1に該当する方については，受給資格に係る離職の日が平成21年3月31日から平成34年3月31日までの間にある方に限り，所定給付日数が特定受給資格者と同様となる。

特定受給資格者・特定理由離職者

区分 \ 被保険者であった期間	1年未満	1年以上5年未満	5年以上10年未満	10年以上20年未満	20年以上
30歳未満	90日	90日	120日	180日	—
30歳以上35歳未満		120日（90日）[2]	180日	210日	240日
35歳以上45歳未満		150日（90日）[2]		240日	270日
45歳以上60歳未満		180日	240日	270日	330日
60歳以上65歳未満		150日	180日	210日	240日

2) 受給資格に係る離職日が平成29年3月31日以前の場合の日数。

② ①および③以外の離職者

区分 \ 被保険者であった期間	1年未満	1年以上5年未満	5年以上10年未満	10年以上20年未満	20年以上
全年齢	—	90日	90日	120日	150日

③ 就職困難者

区分 \ 被保険者であった期間	1年未満	1年以上5年未満	5年以上10年未満	10年以上20年未満	20年以上
45歳未満	150日	300日			
45歳以上65歳未満	150日	360日			

（出所）「ハローワークインターネットサービス 基本手当の給付日数」（2017年4月28日アクセス）より作成。

（あ） 就職困難者とは

就職困難者とは，障害者の雇用の促進等に関する法律に規定する身体障害者，知的障害者および精神障害者の他，社会的事情により就職が著しく阻害されている者をいう（雇保則32条，行政手引50304）。

（い） 特定受給資格者

特定受給資格者とは，その者を雇用していた事業主の事業について発生した倒産・事業の廃止・移転や解雇等の理由（雇保則35条，36条）により再就職の準備をする時間的余裕がなく離職を余儀なくされた者をいう（雇保23条2項）。2014（平成26）年4月から賃金の不払いに関する理由（雇保則36条3項）と長

時間労働に関する理由（雇保則36条5項）において，特定受給者の項目が2点追加されている。

　昨今，社会問題となっているいわゆるパワーハラスメント，セクシュアルハラスメントなどの就業環境が著しく害されるような言動を受けての離職は，行政の定めた基準に該当すれば，特定受給資格者となりうる。さらに，基準の見直しが行われ，2017（平成29）年1月1日以降，事業所から妊娠，出産，育児，介護等に関するハラスメントにより離職した場合も特定受給資格者の要件に加わった（50305ロ（リ））。

（う）　特定理由離職者

　2009（平成21）年の法改正で新設された特定理由離職者とは，特定受給資格者以外で，期間の定めのある労働契約の期間が満了し，かつ，更新がないこと（更新の希望をしたにもかかわらず，当該更新についての合意が成立するにいたらなかった場合に限る），その他やむを得ない理由により離職した者をいう（13条3項）。行政手引によると，「結婚に伴う住所の変更」や「自己の意思に反しての住所または居所の移転を余儀なくされたこと」により通勤が不可能または困難となり退職した場合も特定理由離職者と判断されることもある（50305-2ロ（ホ））。業務との関連が直接ない離職も保護の対象とされていることに注目したい。

（6）　給付日数の延長

　受給資格者の個別的な事情やそのときの雇用失業情勢，地域の特殊性によっては，所定の給付日数だけでは十分な保護に欠ける場合がある。このため次の4つの給付日数の延長制度が設けられている。

（あ）　訓練延長給付（雇保24条）

　職安所長の指示により，公共職業訓練等（期間が2年以内のものに限られる）を受ける受給資格者に対して，受講を容易にするために，所定給付日数を超えて基本手当が支給される。延長日数は，①当該公共職業訓練等を受けるために待期している期間（90日を限度とする），②当該公共職業訓練等を受けている期間，③当該公共職業訓練等を受け終わってもなお就職が困難な者については当該公共職業訓練等の終了後の期間（30日を限度とする）。

（い）　広域延長給付（雇保25条）

　失業者が多数発生した地域で厚生労働大臣が必要と認めて指定した地域において，広域職業紹介活動により職業のあっせんを受けることが適当であると認定された受給資格者に対して，90日を限度として所定給付日数を超えて基本手当が支給される。

（う）　全国延長給付（雇保27条）

　厚生労働大臣は，失業の状況が全国的に著しく悪化し，一定の基準に該当するにいたった場合において，受給資格者の就職状況からみて必要があると認めるときは，その指定する期間内に限り，すべての受給資格者を対象として所定給付日数を超えて基本手当を支給する措置を決定することができる。延長される給付日数は90日を限度とする。

（え）　個別延長給付

　リーマンショック時に暫定措置として設けられた個別延長給付は廃止された。代わって，①雇用情勢の悪い地域に居住する者の給付日数を60日延長する地域延長給付（予定），②自然災害等により，離職した特定受給資格者等や，難病等，病気の治療を図りながら求職活動を行う特定受給資格者等の基本手当の所定給付日数を原則60日延長する個別延長給付（2017〔平成29〕年4月1日施行）（雇保24条の2）が創設された。

（お）　延長給付相互の調整

　同一の受給資格者について，同時に2以上の延長給付の対象となることがあるが，その場合，優先度の高いものから実施する。個別延長給付，広域延長給付，全国延長給付，訓練延長給付の順に優先度が高い（雇保28条，附則5条）。

2）一般被保険者に対するその他の求職者給付

（1）　傷病手当

　受給資格者が，離職後安定所に出頭し，求職の申込みをした後において，疾病または負傷のために継続して15日以上職業に就くことができないときは，労働の意思があっても労働の能力に欠けるため基本手当は支給されない。しかし，基本手当が支給されない日については，受給資格者の申請により基本手当の代わりに基本手当の日額と同額の傷病手当が支給される。傷病手当の支給があったときは，当該傷病手当を支給した日数に相当する日数分の基本手当の支給が

あったものとみなされる。

（2） 技能習得手当および寄宿手当

受給資格者が，職安所長の指示した公共職業訓練等を受ける場合には技能習得手当が支給され，また職安所長が指示した公共職業訓練等を受けるため，その者により生計を維持されている同居の親族と別居して寄宿する場合には寄宿手当が支給される（雇保36条）。

技能習得手当には，受講手当と通所手当の2種類があり（則56条），受講手当は，職安所長の指示した公共職業訓練等を受ける場合に，公共職業訓練等を受けた日（基本手当の支給対象日に限る）であって，基本手当の支給の対象となる日について40日分を限度として支給される。受講手当の日額は500円である（則57条）。通所手当は，受給資格者が，公共職業訓練等を行う施設への通所のため交通機関，自動車等を利用するために支給される。通所手当の月額は，通所方法により最高4万2500円までである。

寄宿手当は，受給資格者が，職安所長の指示した公共職業訓練等を受けるため，その者により生計を維持されている同居の親族（婚姻の届出はしていないが，事実上その者と婚姻と同様の事情にある者を含む）と別居して寄宿する場合には寄宿手当が支給される（雇保則60条）。寄宿手当の月額は1万700円である。

3） 高年齢被保険者に対する求職者給付

高年齢保険者とは，65歳以上の被保険者であって，短期雇用特例被保険者や日雇労働被保険者とならない者である。この高年齢被保険者が失業した場合，一般の被保険者の場合と異なり，高年齢求職者給付金の支給を受けることができる。被保険者であった期間が1年未満の場合には，基本手当の日額の30日分，1年以上の場合には，50日分が一時金として支給される。なお，この高年齢求職者給付金は，基本手当等と異なり，失業している日数に対応して支給されるものでなく，失業の状態にあれば支給され，支給された翌日から就職したとしても返還の必要はない。なお，高年齢求職者給付金の受給資格者に対しては，各種延長給付はなされず，就職促進給付も支給されない（54201）。

4） 短期雇用特例被保険者に対する求職者給付

短期雇用特例被保険者とは，季節的に雇用されるものであって，短期の雇用（同一の事業主に引き続き被保険者として雇用される期間が1年未満である雇用を

いう）に就くことを常態とする者をいう（雇保38条1項）。短期雇用特例被保険者が失業した場合は、求職者給付として特例一時金が支給される。受給要件は、離職前の各歴月において11日以上の賃金支払基礎日数のある月が6か月以上あることで、受給の手続きは、離職の日の翌日から起算して6か月を経過する日までに行わなければならない。特例一時金の額は、その者が一般被保険者であったと仮定して算定した基本手当の日額の30日分である。ただし、当分の間は40日とされている（雇保附則8条）。

5）日雇労働被保険者に対する求職者給付

雇用保険において日雇労働者とは、日々雇用される者および30日以内の期間を定めて雇用される者をいう（雇保42条）。日雇労働者であって、一定の要件に該当するものは、その者の雇用されたときの年齢にかかわらず、日雇労働被保険者となる。日雇労働被保険者が失業した場合、日雇労働求職者給付金が支給される。日雇労働求職者給付金には、「普通給付」と「特例給付」があり、それぞれ受給要件が異なっている。

（1） 普通給付

日雇労働被保険者が失業した場合、その失業した日の属する月の前2月間に、通算して26日分以上の印紙保険料*が納付されているときは、普通給付としての日雇労働求職者給付金が支給される。失業の認定を受けようとする日雇労働被保険者は、所定の時限までに、その希望する任意の安定所に出頭して、求職の申込みをしなければならない。この時限後に出頭した者については失業の認定は行わない（雇保47条、雇保則75条）。日雇労働求職者給付金の日額は、失業した日の前2月間に納付された印紙保険料の等級と納付日数により決定される。日雇労働求職者給付金の日額は、1級が7500円、2級は6200円、3級は4100円の3種類である（雇保48条）。その月に支給できる日数の上限は、直前2か月の手帳に貼付された雇用保険印紙の枚数により13日から17日までの範囲で定められている（雇保50条）。

＊ 徴収法10条2項4号に定める印紙保険料。

（2） 特例給付

日雇労働被保険者の中には、特定の月に季節の影響その他の理由により、普通給付の日数を超えて継続的に失業する者がある。普通給付制度ではこれらの

者に十分な保護が行われないので，その雇用，失業の実態に即応した保護をするために特例給付の制度が設けられている。特例給付の受給要件は，日雇労働被保険者が失業した場合において，継続する6か月間（基礎期間）に印紙保険料が各月11日分以上，かつ，通算して78日分以上納付されていることで，基礎期間に続く4か月の期間内の失業している日において，通算して60日分を限度として支給される。失業の認定は，安定所で4週間に1回ずつ行われる。

3 就職促進給付

　雇用保険制度は，労働者が失業した場合にその者の生活の安定を図り，失業者の求職活動を支援するものであるが，すでに述べたように，給付がなされる期間は再就職の機会があっても就職をしないこともある。このため，失業後，早期に再就職した者に対して就職促進給付が支給される。就職促進給付は，①就業促進手当，②移転費，③広域求職活動費の3種類がある。

1）就業促進手当

　2003（平成15）年に就業手当が創設され，これまで就職促進給付の1つとて別個の条文に規定されていた再就職手当，常用就職支度手当（常用就職支度手当の前身）とともに就業促進手当として統合された。

（1）再就職手当

　再就職手当は，基本手当の支給残日数（就職日の前日までの失業の認定を受けた後の残りの日数）が所定給付日数の3分の1以上ある者が，①1年を超えて引き続き雇用されることが確実な職業に就いたこと，②離職前の事業主に再び雇用されたものでないこと，③待期期間の経過後に就職したものであること等，一定の要件を満たした場合に支給される（雇保56条の3第1項ロ）。なお，支給要件であった「支給残日数が45日以上あること」は，2011（平成23）年改正により撤廃された。

　再就職手当は，2003（平成15）年時点では，一律で支給残日数の30％の給付割合とされていたが，2017（平成29）年1月からは，支給残日数に応じた段階的な給付割合とされていて，早期に再就職するほど金額が大きくなり，所定給付日数の3分の1以上の支給日数を残して再就職した場合は，支給残日数の60％に基本手当日額を乗じ，所定給付日数の3分の2以上の支給日数を残して再

就職した場合には，乗率が60％になる。

　さらに，2014（平成26）年4月1日から，再就職手当の受給者が，再就職先に引き続き6か月以上雇用され，かつ，再就職後の賃金が離職前賃金と比べて低下している場合に，基本手当日額に支給残日数に相当する日数の40％を限度として低下した差額の一部を補填する「就業促進定着手当」の給付を受けることができる（56条の3第3項第2号）。この制度は，希望する仕事での再就職先がみつかったとしても，給与が離職前の給与より低下するならば，「もう少し条件のよいところはないか」と就職を躊躇する場合などに有効であると考えられる。

（2）　就業手当

　就業手当は，再就職手当の支給の対象とならない職業，例えば，臨時的なアルバイトや1年以下の雇用等，非常用型の職業に就いた場合に支給される。基本手当の支給残日数が45日以上，かつ，所定給付日数の3分の1以上あること等が支給要件となる。就業手当の額は，就業日ごとに基本手当の日額の30％に相当する額である。就業手当が支給された場合，その日数に相当する基本手当を受給したものとみなされる。

（3）　常用就職支度手当金

　常用就職支度手当金は，基本手当等の受給資格がある者のうち，障害者等就職が困難な者が安定した職業に就いた場合，基本手当の支給残日数が所定給付日数の3分の1未満であり，一定の要件に該当する場合に支給される。支給額は，原則として，基本手当の日額の18日分（45日分×40％）から36日分（90日分×40％）に相当する額である（雇保56条の3第3項3号，雇保則83条の6）。

　2）移転費

　移転費は，受給資格者等が安定所の紹介した職業に就くため，または職安所長の指示した公共職業訓練等を受けるため，住所または居所を変更する場合に，職安所長が厚生労働大臣の定める基準に従って，必要があると認めたときに支給される（雇保58条1項）。移転費は，鉄道費，船賃，航空賃，車賃，移転料および着後手当の6種類である（雇保則87条1項）。

　3）広域活動求職費

　広域活動求職費は，受給資格者等が安定所の紹介により広範囲の地域にわた

る求職活動をする場合で，職安所長が，厚生労働大臣の定める基準に従って，必要があると認めたときに支給される（雇保59条1項）。広域求職活動費には，鉄道賃，船賃，航空賃，車賃および宿泊料の5種類がある（雇保則97条）。

4　教育訓練給付

　教育訓練給付は，一般被保険者または一般被保険者であった者で被保険者でなくなった日（離職日の翌日）から原則1年以内の者が，厚生労働大臣が指定する教育訓練を受け，これを修了した場合に，その受講のために支払った費用の一部が支給されるものである。

　教育訓練給付は，1998（平成10）年に失業予防を目的に導入され，当初は，給付率が80％であったが，2003（平成15）年改正において「20～40％」に引き下げられ，2007（平成19）年には一律20％となった経緯がある。

　2014（平成26）年3月31日に公布された改正雇用保険法において，給付内容が拡充された。従来の教育訓練給付金（名称を「一般教育訓練の教育訓練給付金」に変更）に加え，新たに「教育訓練支援給付金」が創設された。

1）一般教育訓練給付金

　一般教育訓練の受講を開始した日（基準日）において支給要件期間（基準日までに同一の事業主の適用事業に引き続いて被保険者（一般被保険者または短期雇用特例被保険者）として雇用された期間）が3年以上（はじめて支給を受ける場合には，当分の間，1年以上）ある者が一般教育訓練給付金の支給対象者である。過去に教育訓練給付金を受給したことがある場合，その時の受講開始日以後3年以上の支給要件期間が必要である。

　給付額は，教育訓練施設に支払った教育訓練経費の20％に相当する額である（上限は10万円）。

2）専門実践教育給付金

　従来の枠組みを引き継いだ「一般教育訓練給付金」に加えて，「専門実践教育訓練給付金」が新設された。厚生労働大臣が「専門的・実践的な教育訓練」として指定する講座を受講する場合に限られている。例えば，看護師，美容師，保育士などの業務独占資格や名称独占資格の取得につながるものや，文部科学大臣が認定した専門学校の職業実践専門課程などの講座が対象となる。専門実

践教育給付金が支給される基準日において，支給要件期間が10年以上（初めて支給を受ける場合には，当分の間，2年以上）あることが必要であり，給付額は，教育訓練施設に支払った教育訓練経費の40％に相当する額（年間上限32万円）で，4000円を超えない場合は支給されない。さらに，受講終了日から1年以内に資格を取得し，一般被保険者として職に就いている場合は20％が追加支給され，合計60％に相当する額が支給されることとなる。訓練期間が3年の場合の144万円が上限（1年の場合は48万円が上限）である。さらに，給付率の上限が60％から70％への引上げが予定されている。

3）教育訓練支援給付金の創設

45歳未満の若年離職者が上述の専門実践教育訓練の教育訓練を受講する場合，当該訓練受講中の基本手当の支給が受けられない期間について，基本手当の日額に相当する額の50％が支給される「教育訓練支援給付金」が新設された。2014（平成26）年10月1日以降に開始した教育訓練から適用されている。2018（平成30）年度までの暫定措置であるが，延長が予定されているとともに，給付率50％が80％に改正されることが予定されている。

5 雇用継続給付

雇用継続給付は，「雇用の継続が困難となる事由が生じた場合」を保険事故として，1994（平成6）年に創設された（介護休業給付は2000〔平成12〕年創設）。60歳以降一定以上賃金が低下した場合に支給される「高年齢雇用継続給付」，育児休業を行った場合に支給される「育児休業給付」，介護休業を行った場合に支給される「介護休業給付」の3つの種類がある。

1）高年齢雇用継続給付

高年齢雇用継続給付には，①基本手当を受給せずに雇用を継続する者に対して支給される「高年齢雇用継続基本給付金」と②基本手当を受給した後に，再就職した者に対して支給される「高年齢再就職給付金」がある。

（1） 高年齢雇用継続基本給付金

高年齢雇用継続基本給付金は，被保険者であった期間が5年以上ある一般被保険者が，60歳以降基本手当を受給することなく，60歳到達後も継続して雇用され，60歳以降の各月の賃金が60歳到達時点の賃金月額の75％未満の場合に支

給される（雇保61条）。60歳時点において，被保険者であった期間が5年に満たない場合は，5年の要件を満たしたときに，受給資格が発生した時点の賃金に比べて賃金月額の75％未満に低下したときにも支給される。支給期間は65歳に達するまでの期間である。

　高年齢雇用継続基本給付金の額は，60歳以上65歳未満の各月の賃金が60歳時点の賃金の61％未満に低下した場合は，支給対象月の賃金の15％相当額が支給され，61％以上75％未満に低下したときは，その低下率に応じて，15％から一定の割合で逓減する率をその月の賃金に乗じる。高年齢雇用継続給付金として算定された額に支給対象月に賃金を加えて得た額には，支給限度額が定められている。

　なお，高年齢雇用継続給付の支給が受けられるときは，厚生年金の在職老齢年金の仕組みにより年金額が支給停止されることに加えて，一定の範囲内で年金との併給調整が行われる。

（2）　高年齢再就職給付金

　高年齢再就職給付金は，被保険者であった期間が5年以上あり，かつ，当該受給資格に基づく基本手当を受けたことがある受給資格者が，60歳に達した日以後安定した職業に就き，離職前の賃金の75％未満で就労しているときに支給される（61条の2）。高年齢再就職給付金は，支給残日数が100日以上の場合は最大1年間，200日以上の支給残日数があれば，最大2年間支給される。高年齢再就職給付金の額の算出方法は，高年齢雇用継続基本給付金と同様である。

2）育児休業給付

　育児介護休業法の定めるところにより，労働者は希望すれば1歳に満たない子を養育するために休業することができる。事業主はこれを拒むことはできないが，ノーワーク・ノーペイの原則から，育児休業期間中は無給と定めている事業主は少なくない。そのため，雇用保険は，育児休業中の所得保障として「育児休業給付金」を支給し，職場復帰するまでの経済的な支援を行い，雇用の継続に寄与している。

　育児休業給付金の支給対象期間は，原則として，当該育児休業にかかる子が満1歳に達するまでであるが，次の場合には支給期間が延長される。①保育所に入れない等の事由（雇保則101条の11）があるときは，満2歳まで，②父母が

交代で育児休業をするとき（パパ・ママ育休プラス）は，1歳2か月まで（雇保則101条の11の3）。

育児休業給付金は，育児休業開始前2年間にみなし被保険者期間（賃金支払基礎日数11日以上の月を1か月とする）が12か月以上あれば，受給資格の確認を受けることができる。その上で，①休業開始前の1か月あたりの賃金の8割以上の賃金が支払われていないこと，②休業中に出勤日等が含まれるときも，「就業していると認められる日が支給単位期間＊ごとに10日以下（10日を超える場合には，就業時間が80時間以下）」，であれば支給される。

* 支給単位期間とは，休業開始日または休業開始応当日から各翌月の休業開始応当日の前日までの各期間をいう。

育児休業給付金は，支給対象期間当たり，休業開始時賃金日額に支給日数（原則として30日）の50％（育児休業開始日から180日は67％（2014〔平成26〕年の改正））を乗じた額が支給される。なお，法律の本則上は40％と定められているが，暫定措置により当分の間は50％の支給がなされている。

なお，2017（平成29）年1月1日から，育児休業給付金の要件が次の①②のとおり見直された。①特別養子縁組の監護期間中の子，養子縁組里親に委託されている子といった法律上の親子関係に準じるといえるような関係にある子が給付金の対象となった。②有期契約労働者の育児休業支給要件が，育児休業開始時点において，「事業主に引き続き雇用された期間が1年以上ある」「子が1歳6か月に達する日まで更新されないことが明らかでない」という要件に緩和された。また，上述のとおり，育児休業給付金の支給対象期間は，原則として，当該育児休業にかかる子が満1歳に達するまでであるが，保育所に入れない等の事由があるときは，満1歳6か月まで支給期間が延長されているところであるが，それでもなお保育所に入れない場合に限り，さらに6か月（2歳まで）の再延長が可能となった（2017〔平成29〕年3月改正）。

3）介護休業給付

介護休業は，育児介護休業法の定めるところにより，要介護状態＊にある家族の介護のために，通算して93日休業することができる。雇用保険は，育児休業同様に，介護休業中に①休業開始前の1か月当たりの賃金の8割以上の賃金が支払われていないこと，②休業中に出勤日等が含まれるときも，「就業して

いると認められる日が支給単位期間ごとに10日以下である，という要件を満たした一般被保険者に対して，「介護休業給付金」を支給し経済的な支援を行っている（雇保61条の6）。

＊　要介護状態とは，負傷，疾病または身体上もしくは精神上の障害により，2週間以上にわたり常時介護を必要とする状態のこと。

介護休業給付金の額は，2016（平成28）年8月1日以降，休業開始時賃金日額に支給日数の40％から67％に引き上げられた。

なお，2017（平成29）年1月1日から，介護休業給付金の要件が次の①②③のとおり見直された。①祖父母，兄弟姉妹，孫に対する「同居かつ不要」の要件が廃止された。②介護休業の取得回数は，原則1回93日を限度として対象としていたが，通算93日分を最大3回まで分割取得することが可能となった。③有期契約労働者の介護休業支給要件が，介護休業開始時点において，「事業主に引き続き雇用された期間が1年以上ある」「93日経過後から6か月を経過するまで更新されないことが明らかでない」という要件に緩和された。

5　給付制限・不正受給，未支給の失業等給付，受給権の保護

1　給付制限の3つの類型

給付制限は，雇用保険制度による失業者の所得保障が正当な受給権を持つ者に対してのみ行われるべきであるという理由および怠惰に陥ることを防止しようとする趣旨に基づいて行われるものである（行政手引52101）。

基本手当の給付制限は，①職業紹介拒否等などの積極的な就職意欲に欠けている場合，②離職の理由からみて自己都合による失業など，任意的な失業の場合，③不正受給を行った場合，がある。

1）職業紹介拒否等による給付制限

（1）就職，職業訓練，職業指導拒否をした場合の給付制限

受給資格者（訓練延長給付，広域延長給付または全国延長給付を受けている者を除く）が職安所の紹介する職業に就くことまたは職安所長の指示した公共職業訓練等を受けることを拒んだときは，その拒んだ日から起算して1か月間は，基本手当は支給されない（雇保32条1項）。また，職安所が行う再就職促進の

ための必要な職業指導を受けることを拒んだときは，その拒んだ日から起算して1か月を超えない範囲内において職安所長の定める期間は，基本手当は支給されない（雇保32条2項）。ただし，厚生労働大臣の定める基準に照らして，拒否したことに正当な理由があると認められた場合には，制限はかからない。

（2） 給付日数を延長した場合の給付制限

訓練延長給付，広域延長給付または全国延長給付を受けている受給資格者が，正当な理由がなく，安定所の紹介する職業に就くこと，職安所長の指示した公共職業訓練等を受けることまたは安定所が行う再就職を促進するための職業指導を受けることを拒んだときは，その拒んだ日以降基本手当を支給されない（雇保29条）。

以上のように，正当な理由がないにもかかわらず，積極的な就職意欲に欠けている場合に，給付制限がなされている。

2）離職理由による給付制限

被保険者が，自己の責めに帰すべき重大な理由により解雇された場合や被保険者が正当な理由がなく自己の都合により退職した場合には，待期が満了した後1か月以上3か月以内の間で職安所長の定める期間は，基本手当は支給されない（33条1項）。なお，この給付制限期間は，原則として3か月とされている。予測不可能である突然の失業等に対しては早急に保護の必要性があるが，自発的な離職による失業に対しては，ある一定の給付制限がなされる。

（1）「自己の責めに帰すべき重大な理由」により解雇された場合

「自己の責めに帰すべき」とは，故意または重過失の場合を指し，「重大な理由」とは，解雇の原因となった行為の結果または影響が重大であることをいう。通常は，会社による懲戒解雇などがこれに該当する。

（2） 正当な理由がなく自己の都合により退職した場合

正当な理由とは，事業所の状況，被保険者の健康状態，家庭の事情その他からみてその退職が真にやむを得ないものであることが客観的に認められる場合をいい，被保険者の主観的判断は考慮されない。「正当な理由のある」自己都合退職として，給付制限処分の取消しを求めて訴えを提起した新宿職安所長（京王交通）事件（東京地判平4・11・20労判620号50頁）がある。裁判所は，「会社が間接的に退職勧奨をした事実も認められず，退職することが真にやむを得

なかったものであったとの客観的事実はなく，本件離職が法33条2項に規定する正当な理由のある自己都合退職に該当しない。」と判示している。

　給付制限がかかると基本手当の支給開始時期が3か月遅れる。したがって，退職時には正当な理由のない自己都合で退職としていても，ハローワークで求職の申し込みをする時点で，離職の経緯は，会社からのはたらきかけによって退職を余儀なくされたと主張する場合もある。このような場合，行政は，事業主と労働者双方の主張を聞いた上で，調査の上，行政が判断することになる。この処分（決定）に対して，不服があれば，審査請求および再審査請求をすることができる（第7節 2 1 ））。

　なお，(1)および(2)の認定は，33条2項の規定により，職安所長が厚生労働大臣の定める基準に従って行われる。

（3）給付制限による受給期間の調整

　もし，最長3か月の給付制限がかかると，受給期間内に所定給付日数分の基本手当を受給できないことが起こりうる。そのため，離職による給付制限が行われた場合，所定給付日数分の受給を保障するため，給付制限期間に7日を超え30日以下の範囲内で厚生労働省令で定める日数（21日）および当該受給資格にかかる所定給付日数に相当する数を加えた期間が1年を超えるとき，受給資格者の受給期間は，当初の受給期間にその超える期間を加えた期間とされる（33条3項，則48条の2）。つまり，離職理由による給付制限が行われても，所定給付日数が減じられることはない。

3）不正受給による給付制限

　受給資格者が，偽りその他不正の行為によって失業等給付の支給を受け，または受けようとした場合は，これらの給付の支給を受け，または受けようとした日以後，失業等給付は支給されない（雇保34条，60条，60条の3，61条の3，61条の5，61条の7）。

　虚偽の届出や申請書の偽造など，偽りその他不正の行為によって失業等給付の支給を受けた者に対し，政府は，支給した失業等給付の全額または一部を返還することを命ずることができる。この場合，政府は，支給を受けた失業等給付の額の2倍に相当する額以下の金額を納付することを命ずることができる（いわゆる3倍返し）。また，不正受給が事業主，職業紹介事業者等または指定

教育訓練実施者の虚偽の届出，報告または証明によるものであれば，連帯して返還が命ぜられることになる（雇保10条の4）。

厚生労働省（ハローワーク）のWEBサイト上には，「実際には行っていない求職活動を，『失業認定実績書』に実績として記すなど偽りの申告を行った場合」「就職や就労した（パートタイマー，アルバイト，派遣就業，試用期間，研修期間，日雇などを含む）にもかかわらず，『失業認定申告書』にその事実を記さず，偽りの申告を行った場合」「いつでも就職できる能力（身体的・環境的）」がなく，しばらく失業給付を受け，受給終了直後に年金を受給しようと考えている者が『失業認定申告書』により偽りの申告を行った場合」等を不正受給の典型例としてあげている。

2 未支給の失業等給付

失業等給付の支給を受けることができる者が死亡した場合において，その者に支給されるべき失業等給付でまだ支給されていないものがあるときには，一定範囲の遺族は，その者に支給されるべきであった失業等給付の請求権が認められている。

請求者の範囲は，死亡者の配偶者（婚姻の届出をしていないが，事実上婚姻関係と同様の事情にあった者を含む。），子，父母，孫，祖父母または兄弟姉妹であって，その者の死亡の当時その者と生計を同じくしていたものは，自己の名で，その未支給の失業等給付の支給を請求することができる。

3 受給権の保護

失業等給付を受ける権利は，受給者の一身専属的な権利であり，かつ，失業者の最低生活を保障することを主たる目的とする給付であるので，その目的のために使用されることを確保するため，一般の債権と異なり，これを他人に譲り渡すことはできず，担保に供することも差し押さえることも禁止されている（雇保11条，『新版 雇用保険法（コンメンタール）』労務行政，2005，397頁）。

また，受給者が失業等給付として支給を受けた金銭に対しては，租税その他の公課は課されない（雇保12条）。

6　雇用安定事業等

1　制度の意義

　1974（昭和49）年に失業保険法から全面的に改正された雇用保険法では，失業給付を行う以外に，新たに雇用改善事業，能力開発事業，雇用福祉事業が行われることになった。さらに，1977（昭和52）年の雇用保険法の改正によって，景気の変動等に伴う失業の発生を未然に防止し，職業転換を促進するため「雇用安定事業」が行われることになった。

　上述のとおり，当初は，雇用安定事業，能力開発事業，雇用福祉事業の三事業とされていたが，2007（平成19）年の法改正によって雇用福祉事業が廃止され，雇用保険法64条は削除された。現在，雇用保険二事業（雇用安定事業，能力開発事業）は，雇用保険法62条から65条に定められ，被保険者だけでなく，被保険者であった者および被保険者になろうとする者（以下「被保険者等」という）に対する事業を行う。

　失業等給付が失業者に対する給付であるのに対して，雇用保険二事業は，失業予防に努める事業主，就職困難者の雇入れを支援する事業主や労働者の職業能力の向上を図るために職業訓練などを実施する事業主に対して，助成金の支給を行っているところに特徴がある。なお，その費用は，もっぱら事業主が負担している。

2　雇用安定事業

　雇用安定事業は，失業の予防，雇用状態の是正，雇用機会の増大その他雇用の安定を図るために行われる（雇保62条）。①雇用調整を助成する措置，②離職者の再就職を援助する措置，③高年齢者の雇用の安定のための措置，④雇用機会を増大させる必要がある地域の雇用開発を促進する措置，⑤その他就職困難者等を助成する措置，を行う事業である。

　雇用安定事業の主な事業として，「雇用調整助成金」がある（雇保則102条の3）。雇用調整助成金は，景気の変動，産業構造の変化その他の経済上の理由によって事業活動の縮小を余儀なくされた事業主が，その雇用する労働者の雇

用を打ち切らずに休業・教育訓練または出向などを実施した場合に、その賃金負担相当額の一部を助成するものである。2008（平成20）年秋のリーマン・ショックを受けて、雇用調整助成金の助成内容等を中小企業向けに拡充した中小企業緊急雇用安定助成金が創設された（同年12月から運用が開始された）ことは記憶に新しい。その後雇用情勢の改善等に伴い、何度かの支給要件の変更を経て2013（平成25）年4月1日より、雇用調整助成金に統合された。

3 能力開発事業

能力開発事業は、職業生活の全期間を通じて、労働者の能力を開発し、および向上させることを促進するために行われる（雇保63条）。職業訓練施設の整備や教育訓練受講の援助など、主に、被保険者等のキャリア形成を促すために行われる事業である。主な助成金に、「キャリア形成促進助成金」がある。

4 求職者支援制度

近年、雇用保険の被保険者の範囲は拡大されてきたが、それでも被保険者資格を有していなかった者が失業した場合や、被保険者であっても受給資格要件を満たさない者は、雇用保険の保護の対象とならない。そこで、2011（平成23）年に制定された「職業訓練の実施等による特定求職者の就職の支援に関する法律」に定める認定職業訓練を行う者に対して、職業訓練を行うとともに、一定の要件を満たせば、その期間について職業訓練受講給付金（月10万円と通所手当）が支給される制度が新設された（雇保64条）。これは、雇用保険の附帯事業として位置づけられる（就職支援法事業）求職者支援制度である。「特定求職者」とは、職安所に求職の申込みをしている者のうち、労働の意思および能力を有している者で、職業訓練その他の支援措置を行う必要があるものと職安所長が認めたものをいう。具体的には、在職中に週に20時間未満の就労であったために雇用保険に加入できなかった者、雇用保険の失業給付を受給中に再就職できないままに支給を終了した者、雇用保険の加入期間が足りずに失業給付を受けられない者、就職が決まらないままに学校を卒業した者等である。

求職者支援制度の財源は、2分の1が労使が負担する保険料、残りの2分の1が国庫負担である（雇保66条1項4号）。もっとも、当面、国庫負担は暫定的

に100分の55（50％×55％）となっているため，実質，労使負担が2分の1以上となっている。

7　費用の負担・不服申立て・時効・罰則等

1　費用の負担

　雇用保険事業に要する費用は，国庫負担金と事業主および被保険者が負担する保険料でまかなわれる。この保険料は，労働者災害補償保険事業の運営に充てるための保険料をあわせて労働保険料として一元的に徴収されており，納付の手続等は，徴収法に規定されている。労働保険料のうち，労災保険料は全額事業主負担であるが，雇用保険料は労働者が保険料の一部を負担している。これは，雇用保険の保険事故である失業について，労働者の責めに帰すべき事由，労働者の自己都合等による失業についても失業等給付の支給の対象としていることによる。

　1）保険料納付義務の発生時期

　保険料の納付義務は，厚生労働大臣の被保険者資格取得の確認の日以後に発生する。したがって，遡及によって確認がなされた場合には，遡及して被保険者としての効力を発し，その時点から保険料の納付義務が発生することになる。つまり，被保険者として確認された過去の期間の保険料の納付義務が発生するということである。なお，徴収法において，厚生労働大臣の被保険者資格の確認と保険料決定は直接関係がない。したがって，基本手当の受給に当たっては，保険料の納付がなされているかどうかは要件とされていない。

　2）保険料

　失業等給付に要する費用は，事業主と被保険者が，各々2分の1ずつ負担することとされているが，雇用保険二事業に要する費用は，すべて事業主が負担する。

　保険料の額は，事業主が労働者に対して支払った賃金総額に雇用保険料率を乗じて得た額である（徴収法11条）。2017（平成29）年度の雇用保険料率は**資料6-3**のとおりである。短期雇用特例被保険者を多数雇用する業種（農林水産業・清酒製造業等の事業，建設等の事業）の保険料率は，給付と負担の均衡を図

資料6-3　2017（平成29）年度の雇用保険料率

事業の種類	① 労働者負担（失業等給付の保険料率のみ）	② 事業主負担	失業等給付の保険料率	雇用保険二事業の保険料率	①＋② 雇用保険料率
一般の事業	3/1,000	6/1,000	3/1,000	3/1,000	9/1,000
（28年度）	4/1,000	7/1,000	4/1,000	3/1,000	11/1,000
農林水産・清酒製造の事業※	4/1,000	7/1,000	4/1,000	3/1,000	11/1,000
（28年度）	5/1,000	8/1,000	5/1,000	3/1,000	13/1,000
建設の事業	4/1,000	8/1,000	4/1,000	4/1,000	12/1,000
（28年度）	5/1,000	9/1,000	5/1,000	4/1,000	14/1,000

（注）　枠内の下段は平成28年度の雇用保険料率。
（出所）　厚生労働省　周知用リーフ　平成29年度の雇用保険料率（2017年4月28日アクセス）。

るために，一般よりも高い保険料率が定められている。

3）国庫負担の割合

「失業」は，労働者個人や事業主の事情だけを原因とするものではなく，国の雇用施策等と無関係ではない。そのため，国も失業に対する責任の一端を担うべきであるとの考えから，雇用保険事業のうちの求職者給付（高年齢求職者給付を除く）および雇用継続給付に要する費用に充てるため，その費用の一定割合を国庫が負担する（雇保66条）。就職促進給付，教育訓練給付および雇用保険二事業に要する費用について国庫負担はない。

2　不服申立て・時効・罰則等

一般に，行政庁の処分等の不服がある場合には，行政不服審査法に基づく不服申立てや行政事件訴訟法による訴訟を行うことができるが，雇用保険の処分等については特別な取扱いが行われている。

1）審査請求および再審査請求

被保険者の資格または喪失の確認に関する処分，失業等給付に関する処分，失業等給付の返還命令等について不服のある者は，雇用保険審査官に対して審査請求することができ，その決定に不服のある者は，労働保険審査会に対して再審査請求をすることができる（雇保69条1項）。この審査請求および再審査

請求は，時効の中断に関しては，裁判上の請求とみなされる（同条3項）。

　2）**審査請求前置主義**

　上述1）の処分の取消しの訴えは，当該処分についての再審査請求に対する労働保険審査会の裁決を経た後でなければ，提起することができない。これを審査請求前置主義という。

　3）**時　効**

　失業等給付の支給を受け，またはその返還を受ける権利および失業等給付の返還命令等の規定により納付をすべきことを命ぜられた金額を徴収する権利は，2年を経過したときは，時効によって消滅する（雇保74条）。

　4）**罰　則**

　事業主が，法に定められた届出や文書の提出等を行わない場合や偽りの報告もしくは，偽りの記載をした文書を提出した場合は，6か月以下の懲役または30万円以下の罰金（雇保83条）もしくは6か月以下の懲役または20万円以下の罰金（雇保85条）に処せられる。

（朝生万里子）

事項索引

あ行

安全配慮義務　177
按分割合　164
育児休業給付　247
移送費　61
遺族基礎年金　145-147
遺族厚生年金　160, 162
遺族特別支給金　213
遺族補償一時金　212
遺族補償給付　211, 214
遺族補償年金　211
遺族補償前払一時金　212
一部負担金　58, 73
一般教育訓練給付金　246
医療計画　80
医療法　78
印紙保険料　243
うつ病　176
上乗せ給付　115
遠距離介護　93

か行

介護医療院　105
介護休業給付　247
介護給付　112
介護サービス計画（ケアプラン）　109, 112
介護支援専門員（ケアマネジャー）　107, 112
介護認定審査会　110
介護の社会化　94
介護保険事業計画　122
介護保険審査会　124
介護補償給付　210, 214
介護予防サービス　113
介護予防サービス事業者　103
介護予防支援　104
介護予防地域密着型サービス　113
介護療養型医療施設　105
介護老人福祉施設　105
介護老人保健施設　105
学生納付特例　149
確定給付企業年金　167
確定拠出年金　170
家族移送費　61
家族出産育児一時金　64
家族訪問看護療養費　61
家族埋葬料　65
家族療養費　58
合算対象期間　139
寡婦年金　146, 147
寄宿手当　233, 241
基礎年金拠出金　149
技能習得手当　233, 242
基本権　24
基本受給権　130
基本手当　233
休業特別支給金　213
休業補償給付　207
求職活動実績　235
求職者支援制度　255
給付処分の取消　21
給付制限　131, 214, 226, 250
教育訓練給付　232, 246
教育訓練支援給付金　247
共済制度　2
共助　5
強制保険　7
業務起因性　187
業務遂行性　187
居宅介護支援　104

259

居宅サービス　113
居宅サービス事業者　103
金銭給付　9
訓練延長給付　240
健康保険組合　47
現物給付（方式）　9, 117
憲法14条（法の下の平等）　11
憲法19条（思想・良心の自由）　12
憲法25条（生存権・国の社会的責任）　10
憲法84条（課税）　13
兼務役員　224
広域延長給付　240
広域活動求職費　245
合意分割　163
高額療養費　61
後期高齢者　88
公助　5
厚生年金基金　129, 165
公的扶助　5
高年齢雇用継続基本給付金　247
高年齢雇用継続給付　247
高年齢再就職給付金　247
高齢者医療確保法　87
国際人権規約・A規約　15
国民皆保険　46
国民健康保険組合　70
国民健康保険団体連合会　85, 125
国庫負担　150, 165
国庫負担金　256
個別延長給付　241
雇用安定事業　254
雇用継続給付　232, 247
雇用保険事業所非該当承認申請書　220
雇用保険被保険者資格取得届　226
雇用保険被保険者資格喪失届　226
雇用保険被保険者離職証明書　227
雇用保険被保険者離職票　227
混合診療　65

さ 行

財産権の保障　12
再就職手当　244

在職支給停止　156
再審査請求　257
裁定　131
3号分割　163
算定基礎期間　238
算定対象期間　233
暫定任意適用事業　219
支給停止　133
支給の繰上げ　141, 157
支給の繰下げ　142, 158
時効　135, 258
自助　5
示談　30
市町村特別給付　112
失業　229
失業等給付　228, 231, 233
失権　135
指定　106
指定の取消　83
支払基金　85
支分権　24
支分受給権　132
死亡一時金　146, 147
社会手当　5
社会福祉サービス　5
社会復帰促進等給付　213
社会法典（Sozialgesetzbuch）　3
社会保険　6
社会保障制度　4
就業促進手当　244
就業手当　245
住所　136
就職促進給付　232, 244
住所地特例　99
受給権　18, 130, 132, 250, 253
受給者の一身専属的な権利　253
受講手当　242
出産育児一時金　64
出産手当金　64
障害基礎年金　142, 144
障害厚生年金　158, 159
障害手当金　158, 159

事項索引

障害等級	143, 159	措置	93, 95
障害特別支給金	213	措置から契約へ	95
障害認定日	143	損害賠償請求権の代位取得	27
障害補償一時金	209		
障害補償給付	209	た　行	
障害補償年金	209	第1号被保険者	98, 136
使用関係	151	待期期間	207
償還払い方式	117, 120	第3号被保険者	137
使用者災害	33	第三者	27
譲渡・担保提供・差押えの禁止	19	退職者医療制度	87
傷病手当	233, 241	第2号被保険者	98, 137
傷病手当金	62	代理受領方式	9, 117
傷病特別支給金	213	短時間労働者	152
傷病補償年金	208, 213	単身赴任者	200
消滅時効	23, 24, 135	地域支援事業	122
条約	15	地域包括ケアシステム	124
常用就職支度手当金	245	地域包括支援センター	124
将来給付分	31	地域保険（住民保険）	7, 69
条理	17	地域密着型サービス	104, 113
初診日	143	治癒	206
所定給付日数	228	通所手当	242
自立	96	出来高払方式	84
シルバー人材センター	216	適用事業所	150
審査請求	40, 257, 258	適用除外	152
審査制度	38	テレワーク	191
診療所	78	特定疾病	101, 102
診療報酬	83	特定受給資格者	233, 240
ストレス―脆弱性理論	196	特定理由離職者	233, 240
ストレスチェック	177	特別加入制度	182
スライド	141, 156	特別給与	184
生計維持関係	137, 146	特別区	98
成年後見制度	125	特別支給金	213, 215
セクシュアルハラスメント	196, 240	特別徴収	118
前期高齢者	88	特例給付	243
全国延長給付	241	届出	138, 153
全国健康保険協会	47	取消訴訟	39
選定療養	60		
専門実践教育給付金	246	な　行	
総合事業	122, 124	内縁関係	160
葬祭料	212, 214	二事業	231
争訟手続	38	二次健康診断等給付	213
租税法律主義	75	二次判定	110

261

日常生活自立支援事業　125
日本年金機構　129
入院時食事療養費　59
入院時生活療養費　59
任意加入　137, 151
任意継続被保険者　50
任意包括被保険者　48
妊娠, 出産, 育児, 介護等に関するハラスメント　240
認定対象期間　235
年金記録　138, 139, 154
年金積立金管理運用独立行政法人(GPIF)　130
年金分割　162
納付猶予　149
能力開発事業　255

　　　　　　　　は　行

罰則　258
パワーハラスメント　240
ビスマルクの社会保険　2
被扶養者　53
被保険者　48, 70, 136, 150
被保険者期間　138, 233, 234
日雇労働求職者給付金　243
病院　78
病院開設中止の勧告　81
評価療養　60
被用者保険　7, 46
標準賞与額　154
標準報酬　55
標準報酬月額　154
付加年金　141
賦課方法　75
付加保険料　148
不正受給　22, 250
普通給付　243
普通徴収　118
フラット・システム (均一給付・均一拠出)　4
併給制限　23
併給調整　134
併合認定　144, 159
訪問看護療養費　61

保険　6
保険医療機関及び保健医療養担当規則　83
保険医療機関の指定　82
保険外併用療養費　59
保険者　129
保険税　74
保険料　67, 74, 148, 164
保険料条例　14
保険料納付済期間　138, 139
保険料免除　139, 148

　　　　　　　　ま　行

埋葬料　65
マクロ経済スライド　141
マルチジョブホルダー　201
未支給年金　133
未支給の給付の処理　22
未支給の失業等給付　250, 253
無過失責任　174
無拠出制の障害基礎年金　143, 144
命令・告示　16

　　　　　　　　や　行

薬価基準　84
要介護状態　100, 249
要介護認定　109
要支援状態　100
横出し給付　115
予防給付　112

　　　　　　　　ら　行

ライヒ保険法　3
濫給　218
離職　229
療養給付　58, 206
療養の費用　206
療養費　60
療養病床　78
療養補償給付　206, 214
老人保健法　87
労働の意思および能力　218, 229
労働保険事務組合　185

労働保険審査制度　39
老齢基礎年金　140
老齢給付金　167, 168, 170, 171
老齢厚生年金　155
老齢年金給付　166
老老介護　93

判例索引

最高裁判所

最判昭30・1・27民集9巻11号1720頁	19
最判昭30・1・28民集9巻1号60頁	40
最大判昭33・2・12民集12巻2号190頁	12
最判昭37・4・26民集16巻4号975頁	29, 30
最判昭38・6・4民集17巻5号716頁	28, 31
最判昭40・6・18判時418号35頁［山本工務店事件］	53
最判昭41・12・1判時470号58頁	29
最大判昭42・5・24民集21巻5号1043頁［朝日訴訟］	10, 43
最判昭42・10・31集民88号869頁	28
最判昭48・12・20民集27巻11号1594頁	85
最判昭50・2・25民集29巻2号143頁	24
最判昭50・10・24判時798号16頁	30
最二小昭50・10・24民集29巻9号1417号［東大病院ルンバール・ショック事件］	194
最判昭52・5・27民集31巻3号427頁	32
最判昭52・10・25民集31巻6号836頁	34
最判昭53・3・14民集32巻2号211頁	40
最判昭53・4・4判時887号58頁	86
最大判昭57・7・7民集36巻7号1235頁	134
最一小昭58・4・14民集37巻3号270頁［農林漁業団体職員共済組合法にかかる遺族年金却下取消請求事件］	160, 211
最判昭58・4・19民集37巻3号321頁	29
最大判昭60・3・27民集39巻2号247頁	13, 14
最判昭61・10・17判時1219号58頁	86
最三小昭61・12・16労判489号6頁［王子労基署長（凸版城北印刷）事件］	204
最判昭62・7・10民集41巻5号1202頁	28, 37
最判平元・4・11民集43巻4号209頁	33
最判平元・4・27民集43巻4号278頁	35
最三小判平元・10・17労判556号88頁［日田労基署長（山仙頭）事件］	180
最判平4・2・4労判610号6頁	40
最大判平5・3・24民集47巻4号3039頁	32
最判平7・7・6労判678号13頁	41
最判平7・11・7民集49巻9号2829頁	43
最三小判平7・11・7民集49巻9号2829頁	43, 132, 133
最判平8・2・23民集50巻2号249頁	35

最一小判平8・11・28労判714号14頁［横浜南労基署長（旭紙業）事件］………………………180
最判平10・9・10判時1654号49頁………………………………………………………………27
最一小判平12・7・17労判785号6頁［横浜南労基署（東京海上横浜支店）事件］……………194
最決平13・2・27判タ1058号98頁………………………………………………………………42
最判平16・1・15民集58巻1号226頁……………………………………………………………71
最判平16・12・20判時1886号46頁……………………………………………………………36, 37
最一小判平17・4・21判時1895号50頁…………………………………………………………161
最一小判平17・4・21判時1895号50頁［遺族共済年金不支給処分取消請求事件］…………211
最判平17・7・15民集59巻6号1661頁……………………………………………………………81
最判平17・9・8判時1920号29頁…………………………………………………………………81
最判平17・10・25判時1920号32頁………………………………………………………………81
最大判平18・3・1民集60巻2号587頁…………………………………………………………15, 75
最小判平18・3・28判タ1208号78頁……………………………………………………………121
最一小判平19・3・8民集61巻2号518頁………………………………………………………161
最一小判平19・6・28労判940号11頁…………………………………………………………180
最二小判平20・10・10判時2027号3頁…………………………………………………………143
最判平22・9・13民集64巻6号1626号，判時2099号20頁……………………………………36
最小判平23・7・14裁判所HP……………………………………………………………………107
最判平23・10・25民集65巻7号2923頁…………………………………………………………66
最二小判平24・2・24［国・広島中央労基署長（A工業）事件］…………………………182
最二小判平26・3・24……………………………………………………………………………177
最大判平27・3・4労判1114号6頁［フォーカスシステム事件］……………………………36
最三小判平29・3・21労判1162号5頁……………………………………………………………12
最三小判平29・10・17裁時1686号1項…………………………………………………………136

高等裁判所

広島高岡山支判昭38・9・23行集14巻9号1684頁………………………………………………49
広島高岡山支判昭38・9・23判時362号70頁…………………………………………………151
高松高判昭45・4・24判時607号37頁………………………………………………17, 21, 132
大阪高判昭55・11・21判時357号52頁……………………………………………………………49
名古屋高金沢支判昭56・4・15労判365号25頁………………………………………………25
仙台高秋田支判昭57・7・23判時1052号3頁……………………………………………13, 75
大阪高判昭57・8・9労判392号カード11頁［下市職安所長事件］…………………………230
名古屋高金沢支判昭58・9・21労民集34巻5・6号809頁［福井労基署長事件］………190
東京高判昭58・10・20判時1092号31頁…………………………………………………………17
浦和高判昭59・2・29判時1113号59頁［所沢職安所長（飯能光機製作所）事件］…………221
名古屋高判昭60・4・30判時1168号76頁………………………………………………………20
名古屋高判昭61・5・19労判476号23頁…………………………………………………………25
名古屋高決昭63・1・25判1276号49頁…………………………………………………………20
福岡高判昭63・1・28判時512号53頁…………………………………………………………180
広島高岡山支判3・10・13労判528号25頁［岡山職安所長事件］……………………………231
広島高松江支判平元・5・31労判548号87頁［出雲職安所事件］……………………………237

265

東京高決平4・2・5判タ788号270頁 …………………………………………………… 20
仙台高判平4・12・22判タ809号195頁［本山製作所事件］ ……………………… 52
福岡高判平5・4・28労判648号82頁［大分労基署長（大分放送）事件］ ……… 189
札幌高判平11・12・21判時1723号37頁 ……………………………………………… 15
東京高判平16・9・7判時1905号68頁 ………………………………………………… 132
名古屋高判平18・3・15労判914号5号［高山労基署長（通勤災害）事件］ ……… 201
大阪高判平18・5・11判自283号87頁 ………………………………………………… 121
大阪高判平18・7・20裁判所HP ……………………………………………………… 121
大阪高判平19・4・18労判937号14頁［羽曳野労基署事件］ ……………………… 202
東京高判平20・6・25［国・中央労基署長（通勤災害）事件］ …………………… 200
東京高判平20・7・9労判964号5号 …………………………………………………… 169
東京高判平21・3・25判例985号58頁 ………………………………………………… 167
名古屋高金沢支判平21・7・15社会保障判例百選〔第5版〕108頁 ……………… 107
東京高判平23・2・23判時1022号5頁 ………………………………………………… 176
大阪高判平23・4・14賃社1538号17頁 ………………………………………………… 153
東京高判平24・3・23 ……………………………………………………………………… 36
福岡高判平25・2・28判時2214号111頁［大阪西公共職業安定所長（日本インシュアランスサービス）事件］ …………………………………………………………… 221
名古屋高判平25・4・26裁判所HP ……………………………………………………… 107
大阪高判平27・6・19労判1125号27頁 ……………………………………………… 12

地方裁判所

静岡地判昭35・11・11行集11巻11号3208頁 ………………………………………… 151
東京地決昭40・4・22行集16巻4号708頁 …………………………………………… 41
松山地宇和島支判昭43・12・10行集19巻12号1896頁 ……………………………… 17
山口地判昭44・3・31行集20巻2=3号323頁 ………………………………………… 74
大阪地判昭44・4・19行集20巻4号568頁 …………………………………………… 71
金沢地判昭48・4・27労民集24巻6号525頁 ………………………………………… 229
大阪地判昭56・3・23判時998号11頁 ………………………………………………… 82
新潟地決昭60・1・29判時1276号52頁 ………………………………………………… 19
神戸地判昭61・5・28労判477号29頁［姫路職安所長事件］ ……………………… 235
岡山地判昭63・3・29判時518号54頁 ………………………………………………… 231
東京地判平元・3・14判時1301号21頁 ………………………………………………… 65
大阪地判平元・8・22労判546号27頁［山口（角兵衛寿し）事件］ ……………… 228
横浜地判平2・11・26判時1395号57頁 ………………………………………………… 55
東京地判平4・11・20労判620号50頁［新宿職安所長（京王交通）事件］ ……… 251
旭川地判平10・4・21判時1641号29頁 ……………………………………………… 14
鹿児島地判平11・6・14判時1717号78頁 …………………………………………… 83
京都地判平11・9・30判時1715号51頁 ……………………………………………… 153
徳島地判平14・1・25判タ1111号146頁［鳴門労基署長（松浦商店）事件］ …… 183
東京地判平16・7・15判判880号110頁［池袋職安所長（アンカー工業）事件］ … 221
大阪地判平18・1・26労判912号51頁 ………………………………………………… 153

266

京都地判平18・9・28裁判所HP……………………………………………… 107
東京地判平19・10・19判時1997号52頁……………………………………… 169
東京地判平19・11・7判時1996号3頁………………………………………… 66
京都地判平22・5・27労判1010号11頁［園部労基署長事件］……………… 209
東京地判平22・10・4［国・米沢労基署長（通勤災害）事件］…………… 201
東京地判平23・5・19労判1034号62頁［国・船橋労基署長（マルキキカイ）事件］………… 181
東京地判平23・11・8判時2175号3頁………………………………………… 147
鳥取地判平24・7・6労判1058号［国・鳥取労基署長（富国生命・いじめ）事件］…………… 197
千葉地裁平24・9・28裁判所HP……………………………………………… 107
東京地判平24・11・28労判1069号63頁［国・横浜西労基署長（ヨコハマズボルタ）事件］……… 197
東京地判平25・2・28［国・常総労基署（旧和光電気）事件］…………… 195
大阪地判平25・3・29判時2194号56頁………………………………………… 166
大阪地判平25・11・25労判1088号32頁［地公災基金大阪府支部長（市立中学校教諭）事件］… 12, 211
京都地判平26・7・3労判1103号70頁［国・京都下労基署長（ケー・エム・フレッシュ）事件］…… 197
さいたま地判平26・10・24判時2256号94頁…………………………………… 151

家庭裁判所

東京家審平20・10・22家月61巻3号67頁……………………………………… 164
東京家審平22・6・23家月63巻2号159頁……………………………………… 164

〈著者紹介〉

西村健一郎（にしむら・けんいちろう）　第1章
 1945年　生まれ
   京都大学大学院法学研究科博士課程単位取得
   京都大学法学部教授，同志社大学大学院司法研究科教授を経て
 現　在　京都大学名誉教授
 専門分野　労働法・社会保障法
 主　著　『社会保障法』有斐閣，2003年
   『労働法 第12版』（プリマ・シリーズ），有斐閣，2014年

朝生万里子（あそう・まりこ）　第5章，第6章
 1963年　生まれ
   京都外国語大学　外国語学部卒業
 現　在　三菱UFJリサーチ＆コンサルティング㈱コンサルティング事業本部人の育ち支援室コンサルタント
 専門分野　労働法・社会保障法
 主　著　「よくわかる労働基準法」三菱UFJリサーチ＆コンサルティング，2010
   「労使補償とメンタルヘルス」信山社（共著），2014

金川めぐみ（かながわ・めぐみ）　第3章
 1972年　生まれ
   早稲田大学大学院社会科学研究科博士後期課程単位取得
 現　在　和歌山大学経済学部准教授
 専門分野　社会保障法
 主　著　「在宅介護の視点からみた認知症高齢者鉄道事故最高裁判決の意義と課題」『賃金と社会保障』1666号，2016年
   『チャレンジ現代社会と福祉』（編著）法律文化社，2012年

河野尚子（こうの・なおこ）　第2章
 1988年　生まれ
   同志社大学大学院法学研究科博士後期課程修了（博士〔法学〕）
 現　在　公益財団法人　世界人権問題研究センター　専任研究員
 専門分野　労働法・社会保障法
 主　著　「兼業・副業をめぐる法的課題：キャリアの複線化と兼業規制」『季刊労働法』256号，2017年
   「複数就業者の労災保険給付：ドイツ法との比較法的研究」『季刊労働法』246号，2014年

坂井岳夫（さかい・たけお）　第4章
 1979年　生まれ
   同志社大学大学院法学研究科博士後期課程退学
 現　在　同志社大学法学部准教授
 専門分野　社会保障法・労働法
 主　著　「高年齢の労働者に関する雇用政策・年金政策」『労働者像の多様化と労働法・社会保障法』有斐閣，2015年
   「企業年金の受給者減額に関する一考察」『同志社法学』61巻5号，2009年

社会保険の考え方
──法的理解と実務の論点──

2018年5月30日　初版第1刷発行	〈検印省略〉
	定価はカバーに表示しています

	著　者	西　村　健一郎
		朝　生　万里子
		金　川　めぐみ
		河　野　尚　子
		坂　井　岳　夫
	発行者	杉　田　啓　三
	印刷者	江　戸　孝　典

発行所　株式会社　ミネルヴァ書房
607-8494 京都市山科区日ノ岡堤谷町1
電話代表 075-581-5191
振替口座 01020-0-8076

Ⓒ 西村健一郎ほか, 2018　　共同印刷工業・清水製本

ISBN978-4-623-08207-0
Printed in Japan

よくわかる社会保障
―――――― 坂口正之／岡田忠克編　B5判　210頁　本体2500円

社会保障の理念・歴史・概念や，年金・医療・介護・労働等の各種保険制度など，社会保障の基本的なポイントをあますところなく，わかりやすく解説した入門書。近年の法改正等をふまえた最新版。

社会保障
―――――― 岩田正美／大橋謙策／白澤政和監修　B5判　316頁　本体3000円

社会保障に関する制度を概説するだけでなく社会的背景やこれからの動きなども交えわかりやすく解説。好評の前著を，最新情報で改訂。

高齢者に対する支援と介護保険制度
―――――― 岩田正美／大橋謙策／白澤政和監修　B5判　228頁　本体2600円

幅広い理論を整理し，最新の動向を盛り込むとともに，当事者主体の視点から，高齢者に対する支援に必要な知識を厳選。

保健医療サービス
―――――― 岩田正美／大橋謙策／白澤政和監修　B5判　210頁　本体2600円

各種法律や規則によって細かく体系化されているわが国の保健医療サービスを体系の枠組みが捉えやすいようにわかりやすく解説。

よくわかる労働法
―――――― 小畑史子著　B5判　220頁　本体2800円

労働者派遣法，若者雇用促進法，雇用機会均等法，育児介護休業法など，最新の法改正を踏まえた最新版。

保険経済の根本問題
―――――― 押尾直志著　A5判　388頁　本体7500円

●理論と実証　現在保険は，不払問題や金融資本の一部のような様相も呈し課題は山積している。本書では，歴史的・理論的検証を行い，保険・共済事業の課題と今後目指すべきあり方について提言する。

―――― ミネルヴァ書房 ――――
http://www.minervashobo.co.jp/